普通高等教育"十四五"系列教材

水利水电工程建设法规

王立久 曹明莉 编著

中国水利水电出版社
www.waterpub.com.cn
·北京·

内 容 提 要

本教材以规范水事活动的基本法——《水法》为基础，以水工程基本建设程序为主线，分章阐述水事活动的相关法律法规。全书共分 10 个部分，主要内容包括：绪论、水事立法与实施、我国水系及其水资源法规、我国水系治理与防护法规、水利工程建设基本程序、水利工程建设市场法规、水利水电工程勘察设计法规、水利水电工程施工法规、水利工程建设监理法规、水事基本法等。

本教材可用作普通高等学校水利水电工程、水文与水资源工程、港口航道与海岸工程、水务工程、水利科学与工程、智慧水利等水利类专业，防灾减灾科学与工程专业，土木类的给排水科学与工程专业，以及水利水电工程管理专业的教学用书，也可用作水利系统干部培训及水利工程专业技术人员资格考试专用教材，还可作为国家机关、企事业单位从事水事法律、政策法规工作者的参考用书。

图书在版编目（CIP）数据

水利水电工程建设法规 / 王立久，曹明莉编著.
北京：中国水利水电出版社，2025.3. --（普通高等教育"十四五"系列教材）. -- ISBN 978-7-5226-2309-2
Ⅰ．D922.297
中国国家版本馆CIP数据核字第2025PQ1879号

	普通高等教育"十四五"系列教材
书　名	**水利水电工程建设法规** SHUILI SHUIDIAN GONGCHENG JIANSHE FAGUI
作　者	王立久　曹明莉　编著
出版发行	中国水利水电出版社 （北京市海淀区玉渊潭南路1号D座　100038） 网址：www.waterpub.com.cn E-mail：sales@mwr.gov.cn 电话：(010) 68545888（营销中心）
经　售	北京科水图书销售有限公司 电话：(010) 68545874、63202643 全国各地新华书店和相关出版物销售网点
排　版	中国水利水电出版社微机排版中心
印　刷	天津嘉恒印务有限公司
规　格	184mm×260mm　16开本　15.5印张　377千字
版　次	2025年3月第1版　2025年3月第1次印刷
印　数	0001—2000 册
定　价	**46.00 元**

凡购买我社图书，如有缺页、倒页、脱页的，本社营销中心负责调换
版权所有·侵权必究

前　言

老子云：水为五行之首，万物之始。东汉著名医学家张仲景叹乎：水为何物？命脉也！可见，水既是资源、能源，更是生命的源泉。毛泽东主席亦曾言"水利是农业的命脉"。2011年中央一号文件提出"水是生命之源、生产之要、生态之基"的理念，指出"加快水利改革发展，不仅事关农业农村发展，而且事关经济社会发展全局；不仅关系到防洪安全、供水安全、粮食安全，而且关系到经济安全、生态安全、国家安全"。

据文献记载，从公元前206年至1949年中华人民共和国成立的2155年间，中国就发生了1029次大水灾，几乎每两年就有一次。近代"洪水横流，弥溢平原，化为巨浸，死亡流离之惨触目惊心"的大水灾则是1931年江淮大洪水，长江、淮河、汉水、运河同时泛滥，16个省受灾，其中最严重的是安徽、江西、江苏、湖北、湖南五省，山东、河北、浙江次之。受灾人口达1亿，死亡370万人。此后，1954年、1998年的大洪水都给人以深刻印象。

水是万物之母、生存之本、文明之源，水对人类活动至关重要，大多数社会和文明都曾试图建立对水的治理、使用和分配规则，但水的"狂野性"成了立法者水法概念和立法实践的挑战。

水治则天下安。我国历来是一个"治水国家"，在中华文明的历史长河中，治水兴利历来是治国安邦的大事，"治水"的历史就是一部国家的发展史。圣人治世，其枢在水。大禹治水是文明起源的重要标志。无论秦皇汉武、唐宗宋祖，还是康乾盛世，无不把发展水利作为治国安邦的重点。习近平总书记指出："在我们五千多年中华文明史中，一些地方几度繁华、几度衰落。历史上很多兴和衰都是连着发生的。要想国泰民安、岁稔年丰，必须善于治水。"

中国很早就认识到"兴水利，而后有农功，有农功，而后裕国"的道理。我国水法规也是从世代相传、约定俗成、乡规民约的"雏形"逐渐演化而来。大禹治水规定"土地和水均属天子"，后来有西周的"伐崇令"、秦始皇的"田律"、唐代的"水部式"、宋代的"农田水利约束"、明代的"大明律"、清代的"大清律例",历代治水方略自成体系,展现了中华古代水事法律体系脉络之吉光片羽。

治水离不开水(利)工程。芍陂(安丰塘)与灵渠、都江堰、漳河渠、郑国渠并称为我国古代五大水利工程,还有"它山堰""黄河后套八大渠""京杭大运河"等,都已载入世界历史文化遗产名录。近代,从灌溉、航运、养殖,到生产生活用水以及水能发电,使水资源的自然功能、社会功能和经济功能融于一体,已形成多目标开发利用和保护的水事体系。

水事,即个人、单位或地区之间涉及与水有关的权利与义务关系的事务的总称。"徒法不足以自行",水事活动必须要有法律、法规予以规范。随着近现代中国水资源开发及水利事业的蓬勃发展,"以法治水"的发展观念深入人心,以《中华人民共和国水法》为基础的水事法规体系日臻完善。诸如相继颁布的《中华人民共和国防洪法》《中华人民共和国水土保持法》《中华人民共和国水污染防治法》《中华人民共和国长江保护法》《中华人民共和国黄河保护法》《中华人民共和国湿地保护法》等法律,还有《中华人民共和国河道管理条例》《中华人民共和国防汛条例》《长江河道采砂管理条例》《取水许可和水资源费征收管理条例》《南水北调工程供用水管理条例》《大中型水利水电工程建设征地补偿和移民安置条例》《农田水利条例》等行政法规,以及部门规章和地方政府法规等,已形成完整的水事法律体系,在我国各项水事活动中发挥着越来越重要的规范保障作用。

对于水利类专业的本科生,"水利水电工程建设法规"是必修课,也是培养职业素质的重要环节,只有做到学法、懂法、自觉守法、严格执法,才能适应新时代水事活动的基本需求,才能在水工程建设中充分发挥专业特长、学以致用。

我国幅员辽阔,地形多样,气候复杂,河湖众多,其独特的地理条件决定了我国水势的复杂性,也警示着人们掌控水利对中华民族发展和国家兴衰的重要性。习近平总书记指出,中华优秀传统文化是我们最深厚的文化软实力,也是中国特色社会主义植根的文化沃土。水文化产生于水事活动。黄河文化、长江文化、大运河文化等,见证了中华文化的起源、兴盛、交融、积累、传承,包含了很多对水的思考和实践。几千年来,以老子"上善若水,水善利万物而不争"为代表的水文化,负载和传承着中华文明的精神内核,孕育了中华民族高妙独特的精神境界和博大精深的生命哲学。因此,学习水法规离不开对传统水文化的深刻认识,学习水法规也是继承中华文明、弘扬民族精神的具体体现。

本教材以水事活动的基本法《中华人民共和国水法》为基础，以水工程建设基本程序为主线，分章编写。主要涉及水事法律法规基本概念，水资源治理与保护、水工程基本建设程序、水工程实施过程中一些法律法规。教材的内容组织及编写，摈弃传统"宣贯式"逐章阐述相关法律法规"八股式"做法，从水事活动专业和水文化角度讲授水法规，这种形式在水利水电领域尚属首次。

本教材由王立久、曹明莉编著，全书由王立久统筹。绪论、第一章至第五章、第九章由王立久编写，第六章至第八章由曹明莉编写。编写过程中参考了诸多文献资料，其中一些观点和资料使我们受益匪浅，经消化吸收一并融入本教材，在此一并致谢。

由于编者水平有限，书中不妥或疏漏之处在所难免，欢迎广大读者提出宝贵修改意见。

编著者
2024 年 12 月

目 录

前言

绪论 ··· 1
  第一节　我国的法律体系 ·· 1
    一、基本概念 ·· 1
    二、法律体系概述 ·· 3
  第二节　水事法规概述 ··· 5
    一、基本定义 ·· 5
    二、水事法规的基本特征 ··· 9
    三、水事活动法律关系的构成要素 ·· 10
    四、水事活动法律关系的产生、变更和消灭 ··································· 12
    五、水事法规的表现形式 ··· 14
  第三节　学习《水利水电工程建设法规》的目的、意义及学习方法 ······· 15
    一、目的 ·· 15
    二、意义 ·· 16
    三、学习方法 ·· 16
    四、本书的内容框架及编写思路 ·· 17
  思考题 ·· 18

第一章　水事立法与实施 ··· 20
  第一节　水事立法 ··· 20
    一、立法 ·· 20
    二、水事立法的概念 ··· 20
    三、水事立法的机构和权限 ·· 21
    四、水事立法程序 ·· 21
    五、水法规发展历程 ··· 23
  第二节　水事法规实施 ··· 25
    一、水行政执法 ··· 25
    二、水事法规的司法 ··· 31
    三、法律遵守 ·· 33

  思考题 …………………………………………………………………………… 34

第二章　我国水系及其水资源法规 ………………………………………………… 35
  第一节　我国水系流域管理 ……………………………………………………… 35
    一、水系 …………………………………………………………………… 35
    二、流域 …………………………………………………………………… 37
    三、流域管理体制 ………………………………………………………… 37
  第二节　水利工程类别及其管理 ………………………………………………… 38
    一、水利工程的类别、特点及等级 ……………………………………… 38
    二、水利水电工程建设法规及技术标准 ………………………………… 41
    三、水利工程运行管理 …………………………………………………… 43
  第三节　水资源规划及管理 ……………………………………………………… 49
    一、水资源概述 …………………………………………………………… 49
    二、水资源法 ……………………………………………………………… 54
    三、水资源规划 …………………………………………………………… 54
    四、水资源管理 …………………………………………………………… 55
    五、水资源开发与保护 …………………………………………………… 57
  思考题 …………………………………………………………………………… 59

第三章　我国水系治理与防护法规 ………………………………………………… 60
  第一节　洪涝灾害与治理 ………………………………………………………… 60
    一、洪涝灾害概念 ………………………………………………………… 60
    二、洪涝灾害特征 ………………………………………………………… 62
    三、洪灾防治 ……………………………………………………………… 62
  第二节　防洪工程 ………………………………………………………………… 63
    一、概述 …………………………………………………………………… 63
    二、防洪规划的编制 ……………………………………………………… 65
    三、流域治理与保护 ……………………………………………………… 67
    四、防汛抗洪 ……………………………………………………………… 69
    五、法律责任 ……………………………………………………………… 70
  第三节　水土保持 ………………………………………………………………… 70
    一、概述 …………………………………………………………………… 70
    二、水土保持规划 ………………………………………………………… 73
    三、水土流失预防与治理 ………………………………………………… 74
  第四节　水污染防治 ……………………………………………………………… 76
    一、概述 …………………………………………………………………… 76
    二、管理体制与制度 ……………………………………………………… 77
    三、防治措施 ……………………………………………………………… 77
    四、入河入海排污口管理 ………………………………………………… 78

第五节　湿地保护 …………………………………………………… 79
　　　一、概述 ……………………………………………………………… 79
　　　二、湿地资源管理制度 ……………………………………………… 80
　　　三、湿地保护与利用 ………………………………………………… 81
　　　四、湿地修复 ………………………………………………………… 81
　　思考题 …………………………………………………………………… 82

第四章　水利工程建设基本程序 …………………………………… 83
　　第一节　水利工程概述 ………………………………………………… 83
　　　一、水利工程的概念和特点 ………………………………………… 83
　　　二、水利工程项目 …………………………………………………… 83
　　　三、水利工程项目管理目标 ………………………………………… 85
　　第二节　水利工程基本建设程序 ……………………………………… 87
　　　一、概念和特点 ……………………………………………………… 87
　　　二、基本建设程序的步骤和内容 …………………………………… 87
　　　三、项目竣工财务决算 ……………………………………………… 94
　　第三节　管理体制及职责 ……………………………………………… 95
　　　一、主要职责 ………………………………………………………… 95
　　　二、项目法人 ………………………………………………………… 96
　　　三、实行"三项制度" ……………………………………………… 97
　　思考题 …………………………………………………………………… 98

第五章　水利工程建设市场法规 ……………………………………… 100
　　第一节　水利工程建设市场管理 ……………………………………… 100
　　　一、水利工程建设市场 ……………………………………………… 100
　　　二、水利工程市场体系 ……………………………………………… 102
　　　三、水利工程市场管理部门 ………………………………………… 104
　　第二节　水利工程招标投标 …………………………………………… 104
　　　一、概述 ……………………………………………………………… 104
　　　二、工程招标 ………………………………………………………… 107
　　　三、水利工程投标 …………………………………………………… 112
　　　四、法律责任 ………………………………………………………… 115
　　第三节　水利工程合同与造价 ………………………………………… 118
　　　一、工程合同 ………………………………………………………… 118
　　　二、工程造价 ………………………………………………………… 123
　　思考题 …………………………………………………………………… 127

第六章　水利水电工程勘察设计法规 ………………………………… 129
　　第一节　概述 …………………………………………………………… 129
　　　一、水利水电工程勘察设计的相关概念 …………………………… 129

二、水利水电工程勘察设计法规与标准概述 ················· 132
第二节　水利水电工程勘察设计资格管理 ····················· 135
一、水利水电工程勘察设计单位资质管理 ····················· 135
二、工程勘察设计人员资格管理 ······························· 141
第三节　水利水电工程勘察设计市场管理 ····················· 144
一、工程勘察设计发包与承包管理 ··························· 144
二、工程勘察设计合同管理 ·································· 146
第四节　水利水电工程勘察设计质量管理 ····················· 148
一、工程勘察设计单位质量责任 ····························· 148
二、水利工程勘测设计失误问责制度 ························· 149
三、水利水电工程勘察设计产品质量评定 ····················· 152
思考题 ··· 154

第七章　水利水电工程施工法规 ··································· 155
第一节　概述 ·· 155
一、基本概念 ·· 155
二、水利施工法规 ··· 157
第二节　水利工程施工许可 ······································ 158
一、开工建设条件 ··· 158
二、建筑业企业的资质管理 ·································· 158
三、施工企业、人员从业资格管理 ··························· 165
第三节　水利工程施工管理 ······································ 173
一、工程项目管理组织 ·· 174
二、项目策划 ·· 176
三、项目施工管理 ··· 179
第四节　水利工程安全生产 ······································ 182
一、安全生产管理 ··· 182
二、监督管理 ·· 188
三、应急救援与调查处理 ····································· 189
思考题 ··· 190

第八章　水利工程建设监理法规 ··································· 192
第一节　水利工程建设监理法规概述 ··························· 192
一、水利工程建设监理 ·· 192
二、我国水利工程建设监理制度 ······························ 196
第二节　建设监理单位资质管理 ································ 197
一、资质等级和业务范围 ····································· 198
二、资质申请和审批 ·· 201
三、监督管理 ·· 202

第三节　水利监理工程师注册执业制度 …………………………………… 202
　　　　一、水利监理工程师概念 …………………………………………………… 203
　　　　二、注册 ……………………………………………………………………… 203
　　　　三、执业 ……………………………………………………………………… 206
　　　　四、继续教育 ………………………………………………………………… 207
　　　　五、监督管理 ………………………………………………………………… 208
　　第四节　水利工程质量管理 ………………………………………………… 209
　　　　一、工程质量监督管理 ……………………………………………………… 209
　　　　二、工程质量检测管理 ……………………………………………………… 212
　　　　三、水利工程建设监理单位质量责任 ……………………………………… 216
　　　　四、工程质量管理罚则 ……………………………………………………… 217
　　思考题 …………………………………………………………………………… 219

第九章　水事基本法 …………………………………………………………… 220
　　第一节　《中华人民共和国水法》 ………………………………………… 220
　　　　一、概述 ……………………………………………………………………… 220
　　　　二、《水法》解读 …………………………………………………………… 220
　　　　三、法律责任 ………………………………………………………………… 222
　　第二节　《中华人民共和国长江保护法》 ………………………………… 223
　　　　一、概述 ……………………………………………………………………… 223
　　　　二、《长江保护法》解读 …………………………………………………… 224
　　第三节　《中华人民共和国黄河保护法》 ………………………………… 225
　　　　一、概述 ……………………………………………………………………… 225
　　　　二、《黄河保护法》解读 …………………………………………………… 227
　　　　三、法律责任 ………………………………………………………………… 227
　　　　四、黄河治理标志性变革 …………………………………………………… 228
　　第四节　《中华人民共和国水污染防治法》 ……………………………… 229
　　　　一、概述 ……………………………………………………………………… 229
　　　　二、《水污染防治法》解读 ………………………………………………… 230
　　思考题 …………………………………………………………………………… 231

参考文献 ………………………………………………………………………… 233

编后语 …………………………………………………………………………… 234

绪　论

唐代诗人白居易在其《新乐府序》中就曾强调"首句标其目"。既然讲法规，就应以"法"为纲目；既然是教科书，就应对全书编写要义有所交代，如全书编写架构、内容、学习的意义等。

第一节　我国的法律体系

一、基本概念

1. 法

"法"是一种规范，它规定了人的行为的自由程度，即在法律界限之内，人可以自由地活动；超越了界限，则要被纠正。

"法"是由国家制定或认可，以权利义务为主要内容，由国家强制力保证实施的社会行为规范及其相应的规范性文件的总称。"法"作为一种特殊的社会规范，是人类社会发展的产物。"法"的本质是国家意志，是国家利益的集中反映。

马克思对法的基本观点是：首先，"法"的本质表现为"法"的**权威性**；其次，"法"的本质反映法的**阶级性**；最后，"法"的本质最终体现为"法"的**物质制约性**。"法"的物质制约性是指"法"的内容受社会存在的制约，其最终也是由一定的社会物质生活条件所决定的。

2. 法律

"法律"强调的是具体的、明确的、应用性的规范；"法"则是这些具体规范的总和，往往指整个制度或一个学科的研究体系，它是抽象的、伦理性的。

马克思主义法律理论认为，法律是社会的组成部分，也是社会关系的反映，社会关系的核心是经济关系，经济关系的中心是生产关系。生产关系是由生产力决定的，而生产力三要素（劳动资料、劳动对象、劳动者）则是不断发展变化的，最终导致包括法律在内的整个社会的发展变化。按照这种观点，立法者不是在创造法律，而是在表述法律，是将社会生活中客观存在的包括生产关系、阶级关系、亲属关系等在内的各种社会关系以及相应的社会规范、社会需要上升为国家的法律，并运用国家权威予以保护。所以，"法"的本质存在于国家意志、阶级意志与社会存在、社会物质条件之间的对立统一关系之中。

新质生产力是2023年9月习近平总书记在黑龙江考察调研期间首次提到的新的词汇。所谓新质生产力，是由技术革命性突破、生产要素创新性配置、产业深度转型升级而催生的当代先进生产力，它以劳动者、劳动资料、劳动对象及其优化组合的质变为基本内涵，以全要素生产率提升为核心标志。新质生产力是生产力现代化的具体体现，必然驱动新时代我国经济社会高质量发展。

3. 法规

法律规范简称法规，是指法律、法令、条例、规则和章程等法定文件的总称，是由国家机关制定或认可并由国家强制力保证其实施的具体行为规范。也就是说，法规指国家机关制定的规范性文件，如我国国务院制定和颁布的行政法规，省、自治区、直辖市人民代表大会及其常务委员会制定和公布的地方性法规。法规同样也具有法律效力。

任何一个法律规范都必须由**假定条件、行为模式、法律后果**三部分组成，法学上称之为法律规范的三要素。

(1) 假定条件。假定条件是指在法律规范中，确定适用该规范的条件和环境的部分。

(2) 行为模式。行为模式是指行为规则的本身，是法律规范确定的允许做什么、禁止做什么、要求做什么的部分。

(3) 法律后果。法律后果是指法律规范所规定的人们的行为在法律上可能引起的结果，是法律规范的一个组成部分。其包括肯定式法律后果和否定式法律后果。前者表现为法律上的权利或奖励，即法律承认这种行为合法、有效，并加以保护，如有权要求有关部门或人员保护自己参加选举活动；后者表现为法律上的责任或制裁，即从法律上不予承认、加以撤销或制裁，如应赔偿损失或被判处某种刑罚。

1) 肯定式法律后果的法律依据是《中华人民共和国民事诉讼法》（以下简称《民事诉讼法》）第二条："中华人民共和国民事诉讼法的任务，是保护当事人行使诉讼权利，保证人民法院查明事实，分清是非，正确适用法律，及时审理民事案件，确认民事权利义务关系，制裁民事违法行为，保护当事人的合法权益，教育公民自觉遵守法律，维护社会秩序、经济秩序，保障社会主义建设事业顺利进行。"

2) 否定式法律后果也称法律责任。法律责任是指自然人、法人或国家公职人员因违反法律而应依照法律承担的法律后果。它说明的是违反法律规范时，国家将给予怎样的处置，即法律规范的强制措施。

a. 法律责任的构成要件。主要有四个构成要件：①损害事实发生；②存在违法行为；③违法行为与损害事实之间有因果关系；④违法者主观上有过错。

b. 法律责任。涉及的法律责任主要包括民事责任、行政责任和刑事责任，这些责任在多个法律法规中有明确规定，旨在确保建设工程的合法性、安全性和质量。民事责任主要涉及合同违约或侵权行为导致的损失赔偿。行政责任涉及违反行政法规和规章制度的行为，可能会受到行政处罚，如警告、罚款、吊销执业资格等。刑事责任针对严重的违法行为，如贪污受贿、挪用项目建设资金等，可能会构成犯罪并受到刑事处罚。

c. 法律责任的基本特征。①具有法定性，主要表现为法律的强制性，即违反法律时就必然要受到法律的制裁，它是国家强制力在法律规范中的一个具体体现；②引起法律责任的原因是法律关系的主体违反了法律，包括没有履行法定义务以及超越法定权利；③法律责任的大小同违反法律义务的程度相适应，违反法律义务的内容多、程度深，法律责任就大；④法律责任必须由专门的国家机关和部门来认定，其他单位及个人是不能确定法律责任的。

d. 法律责任的分类。 依照行为违法的不同、违法者承担法律责任方式的不同，法律责任可分为：民事责任、行政责任、经济责任、刑事责任和违宪责任。具体内容可参阅有关法律法规的规定。

二、法律体系概述

（一）定义

法律体系在法学中有时也称为"法的体系"，即法系，通常是指一个国家全部现行法律规范分类组合为不同的法律部门而形成的有机联系的统一整体。简单地说，法律体系就是部门法体系。部门法，又称法律部门，是根据一定标准、原则所制定的同类规范的总称。

（二）组成内容

1. 从横向看

法律体系是由不同的法律部门组成的。在我国，组成法律体系的法律部门（一般指"七部门"）有**宪法及宪法相关法、社会法、刑法、民商法（民法典）、行政法、经济法、诉讼法与非诉讼程序法**等。

2. 从纵向看

法律体系又是由级别不同、效力不一的法律组成。如我国宪法是我国的根本大法，效力最高；民法典、刑法、劳动法、水法、建筑法等法律属于基本法，效力仅次于宪法；行政法规、地方性法规的效力则更低一些，其内容不得与宪法和基本法律相违背。这里就是所说的"三个层次"：宪法、基本法、行政规章及地方性法规。

《中华人民共和国立法法》（以下简称《立法法》）第二条第二款规定："国务院部门规章和地方政府规章的制定、修改和废止，依照本法的有关规定执行。"第五条规定："立法应当符合宪法的规定、原则和精神，依照法定权限和程序，从国家整体利益出发，维护社会主义法制的统一、尊严、权威。"

法律层级见图 0-1。

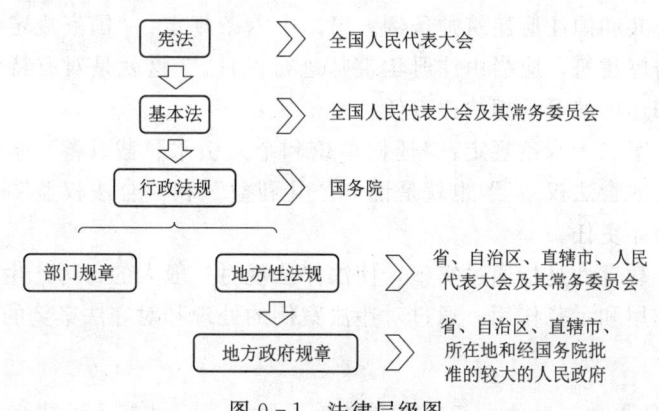

图 0-1 法律层级图

（三）法律效力

1. 定义

法律效力是指法律所具有或者赋予的约束力。规范性法律文件与非规范性法律文件都有一定的约束力。法律法规就是要求人们按照法律文件规定的"法条"从事有关活动，只要国家机关依据法定的职能和程序制定的规范性法律文件，就当然地具有一定的法律效力。

法律效力包括**时间效力**，意为法律的生效和终止生效的时间；法律**空间效力**，意为法律适用地域范围；法律对**人的效力**，意为法律适用的自然人、法人或其他组织。

如《中华人民共和国水法》（以下简称《水法》）的时间效力为1988年1月21日实施；空间效力为中华人民共和国境内；对人的效力为在中华人民共和国领域内开发、利用、节约、保护、管理水资源，防治水害，适用本法。

又如《中华人民共和国民法典》（以下简称《民法典》）的时间效力为2021年1月1日实施；空间效力为中华人民共和国领域内的民事活动；对人的效力为调整平等主体的自然人、法人和非法人组织之间的人身关系和财产关系。

2. 法律效力主要表现

(1) 规范性。规范性是指对土木水利建设工程实施过程各个环节进行规范，通过法律法规的规定，明确了工程建设行为的法律责任，引导从业企业和从业人员按照法律法规进行活动。

如《水法》第十四条规定："开发、利用、节约、保护水资源和防治水害，应当按照流域、区域统一制定规划。"第八十条规定："海水的开发、利用、保护和管理，依照有关法律的规定执行。"即体现了法律效力的规范性。

(2) 强制性。强制性是指通过法律法规规定的法律责任，强制遵法守法。强制对象是违法行为，通过对违法行为强制性制裁，能够使法律法规的规定得以落实。

如《水法》第十八条规定："规划一经批准，必须严格执行。"即体现了法律效力的强制性。

(3) 评价性。评价性是指法律法规作为一种行为标准，具有判断、衡量他人行为合法与否的评判作用。通过法律法规的具体规定，可以判断行为人的行为正确与否，进而评价其是否承担法律责任。

如《中华人民共和国注册建筑师条例》第二十六条规定："国家规定的一定跨度、跨径和高度以上的房屋建筑，应当由注册建筑师进行设计。"这就是对有特殊要求的建筑设计的评价标准，如违反就要承担法律责任。

又如《水法》第二十八条规定："任何单位和个人引水、截（蓄）水、排水，不得损害公共利益和他人的合法权益。"也就是说"公共利益"和"合法权益"是衡量标准，违者将承担相应的法律责任。

(4) 教育性。教育性是指通过实施，使法律法规对一般人的行为产生影响。这种作用具体表现为示警作用和示范作用。通过对违法案例的处理和对守法案例的褒贬，可教育人们守法。

【**案例**】　曾经轰动一时的九江市水利系统腐败窝案，共有158人涉案，其中党员干部125人，处级干部16人，科级干部89人，全案共移送司法机关处理17人，收缴违纪违法款7600余万元。九江市水利局党委书记、局长裴某春犯受贿罪、贪污罪，被判有期徒刑12年6个月。九江市水建公司总经理胡某犯受贿罪，被判有期徒刑10年6个月，并处罚金 10 万元。九江市德安县水利局长李某银、彭泽县水利局局长何某勇、修水县水利局局长丁某稳、湖江县水利局局长余某，五人分别处刑期不等的有期徒刑。参与水利工程围标、串标、买标卖标的企业法人邱某、张某、高某、王某军等 7 人被司法机关立案。

(5) 预测性。预测性是指凭借法律的存在，可以预估人与人之间及水工程建设活动的行为。水工程建设法律法规的存在为预测这一行为提供依据。因为一般情况下，人们都会守法。

白鹤滩水电站就是严格依据水利法律法规进行水工程建设的典例。它与已建成的乌东德、溪洛渡、向家坝、三峡、葛洲坝共 6 座世界级巨型梯级电站构建了世界最大清洁能源走廊。

白鹤滩水电站位于四川省凉山州和云南省昭通市境内，是金沙江下游干流河段梯级开发的第二个梯级电站，具有以发电为主，兼有防洪、拦沙、改善下游航运条件和发展库区通航等综合效益。白鹤滩水电站属于大（1）型枢纽工程，由拦河坝、泄洪消能设施、引水发电系统等主要建筑物组成。

白鹤滩工程的预可行性研究 2006 年启动，至 2016 年通过审查。共对 3 个坝址、9 条坝轴线的方案进行了研判。白鹤滩坝址地质条件虽然复杂，但是河段顺直，地形完整，稳定性好，基岩主要为玄武岩、覆盖层不厚，具备修建高拱坝的良好天然地形地质条件。

在建设过程中，建设者攻克一系列世界级难题，如首次利用柱状节理玄武岩作为特高拱坝基础、高地应力复杂地质条件世界最大规模地下厂房洞室群围岩稳定、窄河谷高水头巨泄量巨型高拱坝泄洪消能系列技术等，从而确保白鹤滩水电站的顺利建成和安全运行。

第二节 水事法规概述

《水法》是水事活动基本法，于 1988 年 1 月 21 日正式颁布，2002 年修订，2009 年第一次修正，2016 年第二次修正，标志着我国在水资源的开发利用和防治水害方面进入了依法治水的新阶段。

一、基本定义

水事法规是指国家权力机关或其授权的行政机关制定的，旨在调整国家及其有关机构、企事业单位、社会团体、公民之间在水事活动中或行政管理活动中发生的各种社会关系的法律、法规的统称。简言之，水事法规是指在水事活动中国家权力机关或其授权的行政机关制定的用以调整各种社会关系的法律、法规。

值得注意的是，在民事与刑事领域中，实体法与程序法是分别制定的，形成于不同的法律部门。而作为部门行政法的《水法》则完全不同，它的**实体性规定（实体法）**和**程序性规定（程序法）**往往是交织在一起的，共存于一部法律文件之中。其原因有二：其一是水事法律的程序性规范不仅限于诉讼领域，在水行政管理与行政决策活动中也存在大量程序性规范，如《水行政处罚实施办法》，它是《中华人民共和国行政诉讼法》（以下简称《行政诉讼法》）所不能囊括的；其二是在水事法律的程序性规范中往往隐藏有实体性内容，二者不可分，无法独立立法。

实体法是指规定具体权利义务内容或者法律保护的具体情况的法律，如《民法典》等。**程序法**是规定以保证权利和行政权得以实现或行使、义务和责任得以履行的有关程序为主要内容的法律，如《行政诉讼法》等。

（一）水事活动与水行政管理

1. 水事活动

水事是个人、单位或地区之间涉及与水有关的权利与义务关系的事务的总称。此处的"水"是广义的"水"，包括地表水和地下水的水量和水质、水域（如江河、湖泊、地下水层、行滞洪区等的水）以及水工程等。

《水法》规定，**水事活动**是指从事水资源开发、利用、节约、保护和防治水害等活动。第七十九条还定义了**水工程**，是指"在江河、湖泊和地下水源上开发、利用、控制、调配和保护水资源的各类工程"。换句话说，**水工程**是指原水（地表水和地下水）的取集和处理以及成品水输配、利用的工程，具体细分则包括拦蓄水工程、跨流域调水工程、地下水工程、给排水工程、渠系灌溉水工程、水处理工程以及水污染处理工程等。

此外还有"控制性水工程"的概念。水利部发布的《**长江流域控制性水工程联合调度管理办法（试行）**》第二条所称**控制性水工程**，是指位于长江干支流和湖泊，在流域水旱灾害防御、水资源利用和水生态保护等方面具有关键作用和较大影响的水库（含水电站、航电枢纽）、蓄滞洪区、泵站、水闸、引调水工程等。该办法第一条规定："为了加强长江流域控制性水工程联合调度管理，发挥控制性水工程在流域水旱灾害防御、水资源利用、水生态保护中的重要作用，根据《中华人民共和国水法》《中华人民共和国防洪法》《中华人民共和国长江保护法》等法律法规，制定本办法。"

水事活动在土木建筑领域则称为"建筑活动"。《中华人民共和国建筑法》（以下简称《建筑法》）第二条指出："本法所称建筑活动，是指各类房屋建筑及其附属设施的建造和与其配套的线路、管道、设备的安装活动。"建设活动常指"三建三业"，即城市建设、村镇建设、工程建设和建筑业、房地产业、市政公用事业。建设活动应当确保建筑工程质量和安全，符合国家的建筑工程安全标准、节约能源和保护环境，提倡采用先进设备、先进工艺、新型建筑材料和现代管理方式。

水事活动和建筑活动二者的区别在于：①实施的领域不同；②适用的法律法规不同；③采用的技术规范不同；④建设工程目的不同。

2. 水行政管理

水行政管理是指水行政机关依法对全社会的水事活动实施管理和统筹协调的总称。

（二）水事法规调整对象

水事法规用来调整水事活动中所发生的各种社会关系，亦即调整国家管理机关、企业、事业单位、经济组织、社会团体，以及公民在水事活动中所发生的社会关系。

水事关系是人们在开发、利用、管理和保护水资源过程中形成的一种最常见而又极为复杂的社会关系。水事关系一经纳入法律规范调整，就成为水事法律关系。通常所说的水事关系是指水事法律关系，其客体可以是物，可以是行为，也可以是和人身相联系的非物质财富，而最主要的客体是水和水事行为。水事法律关系包括法律关系内容，涉及面很广，形成了错综复杂的权利义务关系。《水法》所调整的水事关系具有明显的行政管理关系的属性，行政法律关系处于主导地位。

从事水事活动时，人或群体（部门、单位、法人等）的行为称为**水事行为**；在水事活动中，遵守水法规和具有普遍约束力的命令、政令的情况，称为**水事秩序**；在水事活动中形成的社会经济关系称为**水事关系**；形成水事关系的各方在利益不一致时即产生**水事矛盾**；当水事矛盾激化产生冲突时，即形成**水事纠纷**；为化解矛盾或解决纠纷所进行的协调工作称为**水事协调**。

以水的自然循环的"水工程"和以水的采集、净化、生产加工成商品水的"水工业"作为研究对象的学科，称之为**水工程学科**。水工程学科涵盖了水的自然循环和社会循环，它主要包括服务于水的自然循环的"水工程"和以水的社会循环为服务对象，为实现水的社会循环提供所需的**工程建设、技术装备、运营管理和技术服务**的"水工业"。

《水法》所指水事活动主体与《建筑法》所指建设活动主体不同，《建筑法》所指建设活动的主体是政府主管部门、建设单位、勘察单位、设计单位、施工单位（总承包）、监理单位，实施目标是建设工程项目（图0-2）。

法律关系包括主体、客体、内容三个组成部分。《水法》也一样，其法律关系的主体是指法律关系的参加者，即在法律关系中权利的享有者和义务的承担者。**公民、企事业单位、农村集体经济组织、社会团体、国家机关**都可以成为水事法律关系的主体。实施目标是水工程项目。

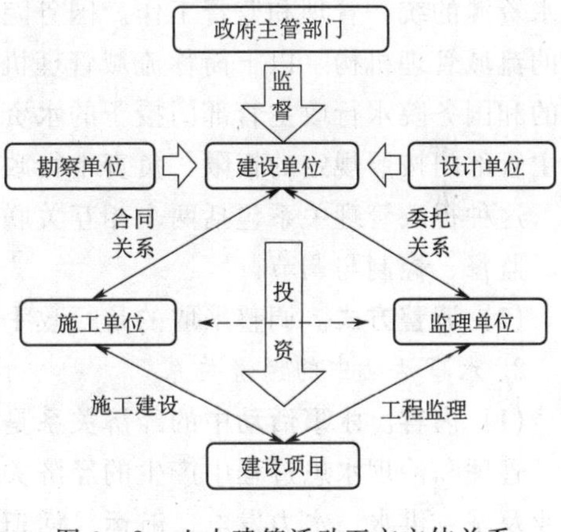

所要调整的社会关系主要体现在三个方面：一是水事活动中的行政管理关系；二是水事活动中的经济关系；三是水事活动中的民事关系。

图0-2 土木建筑活动五方主体关系

为加强水利工程质量管理，强化质量终身责任，提高质量责任意识，保证水利工程建设质量，水利部组织编制了《水利工程责任单位责任人质量终身责任追究管理办法（试行）》（2021年）。其第三条规定："本办法所称**责任单位**是指承担水利工程项目建设的单位，包括**建设、勘察、设计、施工、监理**等单位。"第四条规定："责任单位责任人包括责任单位的法定代表人、项目负责人和直接责任人等。项目负责人是指承担水利工程项目建设的建设单位（项目法人）项目负责人、勘察单位项目负责人、设计单位项目负责人、施工单位项目经理、监理单位总监理工程师等。"第五条规定："水利工程责任单位责任人的质量终身责任，是指水利工程责任单位责任人按照国家法律法规和有关规定，在工程合理使用年限内对工程质量承担相应责任。"水工程责任单位与管理见图0-3。

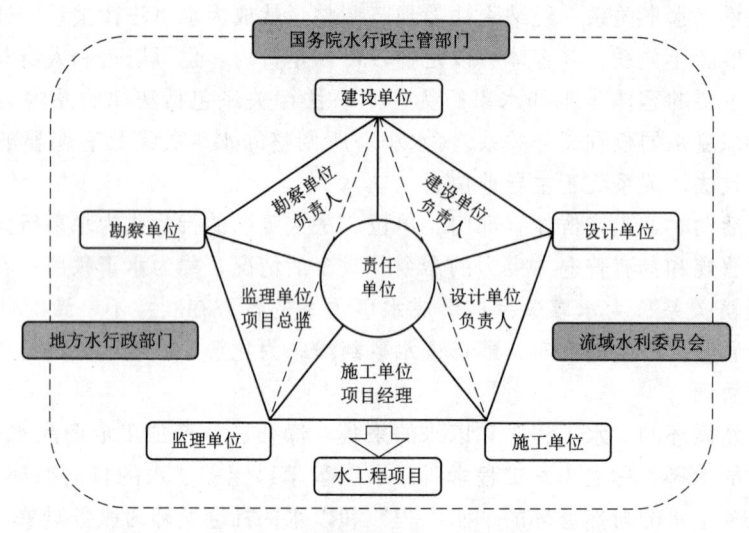

图0-3 水工程责任单位与管理

1. 水事活动中的行政管理关系

(1) 内容。 水事活动中的行政管理关系，是国家及其水行政主管部门与有关单位之间发生的相应的管理与被管理关系。《水法》第十二条规定："国务院水行政主管部门负责全国水资源的统一管理和监督工作。国务院水行政主管部门在国家确定的重要江河、湖泊设立的流域管理机构（以下简称流域管理机构），在所管辖的范围内行使法律、行政法规规定的和国务院水行政主管部门授予的水资源管理和监督职责。县级以上地方人民政府水行政主管部门按照规定的权限，负责本行政区域内水资源的统一管理和监督工作。"

这种行政管理关系包括两个相互关联的方面：一是规划、指导、协调与服务；二是检查、监督、控制与调节。

(2) 调整方式。 调整采取的是行政手段的方式。

2. 水事活动中的经济关系

(1) 内容。 **水事活动**中的经济关系是以水为载体，从事水资源开发、利用、保护、节约、管理和治理水患过程中产生的经济关系和经济活动的总称，包括防洪、治涝、灌溉、工业及城乡供水、水力发电、航运、河道整治、水土保持、水利旅游、水产、滩涂开发、牧区水利和水利移民、水环境保护等，也涉及勘测、科研、规划、设计、施工建设和运行管理、水资源合理配置，还有水行政部门与其他部门之间的经济活动和经济关系。

(2) 经济合同。 经济合同是法人之间为了实现一定的经济目的、明确相互间的权利、义务关系的协议。与一般经济合同不同的是，水事活动的经济合同关系大多具有较强的计划性。

(3) 调整手段。 调整采取的是行政的、经济的、民事的诸手段相结合的方式。

3. 水事活动中的民事关系

(1) 内容。 这一民事关系是指因从事水利活动而产生的国家、单位法人、公民之间的民事权利、义务关系，主要包括在水事活动中发生的有关自然人的损害、侵权以及对水工程损毁经济赔偿关系；土地征用、移民拆迁导致的拆迁安置关系等。

(2) 调整方式。调整主要采取的是民事手段的方式。

二、水事法规的基本特征

水事法规作为调整水行政管理和建设协作所发生的社会关系的法律规范，除具备一般法律基本特征外，还具有不同于其他法律的特征。

1. 行政隶属性

这是水事法规的主要特征，也是区别于其他法律的主要特征。这一特征决定了水事法规必然要采用直接体现行政权力活动的调整方法，即以行政指令为主的方法调整水事活动法律关系。

其调整方式主要包括：

(1) 授权。国家通过水事法规，授予国家水行政管理机关某种管理权限或具体的权力，对水事活动进行监督管理。如《水法》第七条规定："国务院水行政主管部门负责全国取水许可制度和水资源有偿使用制度的组织实施。"

(2) 命令。国家通过水事法律规范赋予水事活动法律关系主体某种作为的义务，如限期移民拆迁，控制水工程规模，审核从业人员及其企业资质资格等级等。

(3) 禁止。国家通过水事法律规范赋予水利法律关系主体某种不作为的义务，即禁止某种行为。如《水法》第三十七条规定："禁止在河道管理范围内建设妨碍行洪的建筑物、构筑物以及从事影响河势稳定、危害河岸堤防安全和其他妨碍河道行洪的活动。"

(4) 许可。国家通过水事法律规范，允许特别的主体在法律允许范围内有某种作为的权利。如《水法》第三十九条规定："国家实行河道采砂许可制度。河道采砂许可制度实施办法，由国务院规定。"第三十八条规定："需要扩建、改建、拆除或者损坏原有水工程设施的，建设单位应当负担扩建、改建的费用和损失补偿。但是，原有工程设施属于违法工程的除外。"

(5) 免除。国家通过水事法律规范，对主体依法应履行的义务在特定情况下予以免除。

(6) 确认。国家通过水事法律规范，授权水行政管理机关依法对争议的法律事实和法律关系进行认定，并确定其是否存在、是否有效。如由水行政主管部门或者其他有关部门委托的各级监督管理机构，检查受监水事活动的勘察单位、设计单位、施工单位和监理单位的资质等级和营业范围，监督勘察、设计、施工等单位严格执行技术标准，检查其水工程（产品）质量等。如《水法》第十二条规定："国务院水行政主管部门负责全国水资源的统一管理和监督工作。"

(7) 计划。国家通过水事法律规范，对水事活动进行计划调节。计划可分为两种：一种是指令性计划，另一种是指导性计划。指令性计划具有法律约束力，具有强制性，当事人必须严格执行；违反指令性计划的行为将要承担法律责任。指令性计划本身就是行政管理。指导性计划一般不具有约束力，是可以变动的，但是在条件可能的情况下也是应该遵守的。如《水法》第二十六条规定："国家鼓励开发、利用水能资源。在水能丰富的河流，应当有计划地进行多目标梯级开发。"

(8) 撤销。国家通过水事法律规范授权水行政管理机关运用行政权力对某些权利能力或法律资格予以撤销或消灭。如没有落实投资计划的水工程项目必须停建、缓建，无证设计、无证施工应坚决取缔等。

2. 经济性

经济性是水事法律制度的重要特征。水事经济也称水利经济，是以水为载体的经济活动，它不是以部门划界限，除水行政部门有水利经济活动外，水行政部门以外也有水利经济活动，如多数水力发电由电力部门经营，内河航运由交通部门经营；同时，在水行政部门的经济活动中，也有一部分不属于水利经济的范畴，如多种经营中的火力发电、房地产、饮食业等。因此，水利经济的主体在水行政部门，但水行政部门的经济并不是水利经济的全部。

3. 政策性

水事法律规范体现着国家的水利政策。它一方面是实现国家水利政策的工具，另一方面也把国家水利政策规范化。国家水利水电建设形势总是处于不断发展变化之中，水事法规要随着政策的变化而变化，适应客观需要。如国家人力、财力、物力紧张时，水利基建投资就要压缩，国力储备充足时，就可以适当增加水利基建投资。如《水法》第十一条规定："在开发、利用、节约、保护、管理水资源和防治水害等方面成绩显著的单位和个人，由人民政府给予奖励。"

4. 技术性

法律法规技术性主要是指在特定法律领域中，涉及专业技术或特定行业操作的标准、规则或要求。这些技术性规定通常具有强制性和具体的操作性，用以确保相关行业的安全、效率和公平性。如对规范性文件的体例格式，不同国家机关的规范性文件所用名称、法律解释方法等作出的规定。这类规定属于法律规范，但本身不反映法律的社会内容和法的本质，它反映的是法律技术内容，目的在于使法律体系协调一致，有效发挥法律的职能。

技术法规是指规定强制执行的产品特性或其相关工艺和生产方法（包括适用的管理规定）的文件，以及规定适用于产品、工艺或生产方法的专门术语、符号、包装、标志或标签要求的文件。这些文件可以是国家法律、法规、规章，也可以是其他的规范性文件，以及经政府授权由非政府组织制定的技术规范、指南、准则等。如《水法》第八条规定："国家厉行节约用水，大力推行节约用水措施，推广节约用水新技术、新工艺，发展节水型工业、农业和服务业，建立节水型社会。"

5. 综合性

水事活动涉及面广，内容复杂，既要考虑工程技术、投资效益，又要强调水利建设质量和安全；既要注意现行的政策法规及管理运行机制、社会政治经济状况，又要考虑各地区发展不平衡。因此水事法规涉及经济、金融、保险、工商、劳动、物资、环境、安全诸多领域。

三、水事活动法律关系的构成要素

水事活动法律关系是由水事法律关系**主体**、水事法律关系**客体**和水事法律关系的**内容**构成的，三者缺一不可，统称为水事法律关系三要素。

（一）水事法律关系主体

1. 含义

水事法律关系主体是指参加水利活动，受水事法规调整，在法律上享有权利、承担义务的人。此处所说的"人"主要是指自然人。在特定情况下，可以将法人等"人和组织"类推为法律主体。

2. 内容

(1) 国家机关。

1) 国家权力机关。国家权力机关是指全国人民代表大会及其常务委员会和地方各级人民代表大会及其常务委员会。

国家权力机关参加水利法律关系的职能是审查批准国家建设计划和国家预决算，制定和颁布建设法律，监督检查国家各项建设法律的执行。

2) 行政机关。行政机关是依照国家宪法和法律设立的依法行使国家行政职权，组织管理国家行政事务的机关，它包括国务院及其所属各部、委、地方各级人民政府及其职能部门。参加水事法律关系的主要行政机关如下所述：

一是国家计划机关。国家计划机关主要是中央和省（自治区、直辖市，包括计划单列市）两级的计划委员会，如国家计划委员会（后改组为国家发展改革委）的职权是负责编制长中期和年度建设计划，组织计划的实施，督促各部门严格执行工程建设程序等。

二是国务院水行政主管机关。国务院水行政主管机关是指水利部，其职权是制定水事活动法规，对水资源实行流域管理与行政区域管理相结合的管理体制。

三是国家建设监督机关。它主要包括国家财政机关、中国人民银行、国家审计机关、国家统计机关等。

四是国家建设各业务主管机关。它主要负责本部门、本行业的建设管理工作，如交通运输部、住房城乡建设部等。

五是审判机关和检察机关。作为国家机关组成部分的审判机关和检察机关不能以管理者身份成为建设法律关系的主体，而是水利法律关系监督与保护的重要机关。

(2) 社会组织。作为水事法律关系主体的社会组织一般应为法人，涉及水市场的责任主体、投资主体和市场主体。

（二）水事法律关系客体

1. 含义

水事法律关系客体是水事法律关系主体享有的权利和承担的义务所共同指向的事物。在通常情况下，水事主体都是为了某一客体，彼此才设立一定的权利、义务，从而产生水事法律关系。

2. 内容

(1) 表现为财的客体。财一般指资金及各种有价证券。在水利法律关系中表现为财的客体主要是指建设资金，如基本建设贷款合同的标的，即一定数量的货币。

(2) 表现为物的客体。法律意义上的物是指可为人们控制并具有经济价值的生产资料和消费资料。在水事法律关系中表现为物的客体主要是指建筑材料，如钢材、木材、水泥等，及其建成的水工建筑物或构筑物，还有建筑机械等设备。某个具体水利基本建设项目即是水事法律关系中的客体。

(3) 表现为行为的客体。法律意义上的行为是指人的有意识的活动。在水利法律关系中，行为多表现为完成一定的工作，如勘察设计、施工安装、检查验收等活动。勘察设计合同的标的，即完成一定的勘察设计任务；水工程承包合同的标的，即按期完成一定质量要求的施工行为。

（4）表现为非物质财富的客体。 法律意义上的非物质财富是指人们脑力劳动的成果或智力方面的创作，也称智力成果。如设计单位提供的具有创造性的设计图纸，该设计单位依法可以享有专有权，使用单位未经允许不能无偿使用。

（三）水事法律关系的内容

1. 含义

水事法律关系的内容即水事活动权利和水事活动义务。水事法律关系的内容是水事活动主体的具体要求，决定着水事法律关系的性质。

2. 内容组成

（1）水事活动权利。 水事活动权利是指水事法律关系主体在法定范围内，根据国家水行政管理要求和自己业务活动的需要有权进行各种水事活动。权利主体可要求其他主体做出一定的行为或抑制一定的行为，以实现自己的权利；因其他主体的行为而使权利不能实现时，有权要求国家机关加以保护并予以制裁。

（2）水事活动义务。 水事活动义务是指水事法律关系主体必须按法律规定或约定承担应负的责任。

四、水事活动法律关系的产生、变更和消灭

（一）相关概念

1. 水事活动法律关系的产生

水事活动法律关系的产生是指水事活动法律关系的主体之间形成了一定的权利和义务关系。如某建设单位与施工单位签订了工程承包合同，主体双方产生了相应的权利和义务。此时，受水利法律规范调整的水利法律关系即告产生。

2. 水事活动法律关系的变更

水事活动法律关系的变更是指水事活动法律关系的三个要素发生变化。

（1）主体变更。 主体变更是指法律关系主体数目增多或减少，也可以是主体改变。在建设合同中，客体不变，相应权利义务也不变，此时主体改变也称为合同转让。

（2）客体变更。 客体变更是指法律关系中权利义务所指向的事物发生变化。客体变更可以是其范围变更，也可以是其性质变更。

（3）内容的变更。 法律关系主体与客体的变更，必导致相应的权利和义务发生变更，即内容的变更。

3. 水事活动法律关系的消灭

水事活动法律关系的消灭是指水事活动法律关系主体之间的权利义务不复存在，彼此丧失了约束力。主要有以下三类：

（1）自然消灭。 水事活动法律关系自然消灭是指水事活动法律关系所规范的权利义务顺利得到履行，取得了各自的利益，从而使关系达到完结。

（2）协议消灭。 水事活动法律关系协议消灭是指水事活动法律关系主体之间协商解除某类建设法律关系规范的权利义务，致使该法律关系归于消灭。

（3）违约消灭。 水事活动法律关系违约消灭是指水事活动法律关系主体一方违约，或

因不可抗力致使某类水事关系的权利不能实现。

(二) 水事活动法律关系产生、变更和消灭的原因：法律事实

1. 法律事实的概念

法律事实是指能够引起水事活动法律关系产生、变更和消灭的客观现象和事实。其特点是客观存在，能引起水事法律后果，法律后果由《水法》《民法典》等法律法规确定。

水事活动法律关系不会自然而然地产生，不是任何客观现象都可以作为法律事实，也不能仅凭水事法律规范规定就在当事人之间发生具体的法律关系。只有通过一定的法律事实，才能在当事人之间产生一定的法律关系，或者使原来的法律关系变更或消灭。不是任何事实都可成为水事法律事实，只有当水事法规把某种客观情况同一定的法律后果联系起来时，这种事实才被认为是水事法律事实，成为产生水事活动法律关系的原因，从而和法律后果形成因果关系。

法律事实的构成是指引起法律后果所必须具备的法律事实的系统。在许多情况下，引起法律关系产生、变更和消灭的是两个或两个以上的法律事实的综合系统，是各种各样独立的事实情况的结合，其中的每一种情况都可具有特殊法律事实的意义。

水事活动法律关系的产生、变更和消灭需要具备三个条件，即**法律规范**、**法律主体**和**法律事实**。其中水事法律规范和法律主体是水事活动法律关系产生的前提条件，而法律事实则是水事活动法律关系产生的具备条件（原因）。只有在一定的法律事实发生后，水事活动法律关系才能产生，并因一定的法律事实的发生而变更或消灭，见图0-4。

2. 法律事实的分类

法律事实按是否包含当事人的意志可分为如下两类。

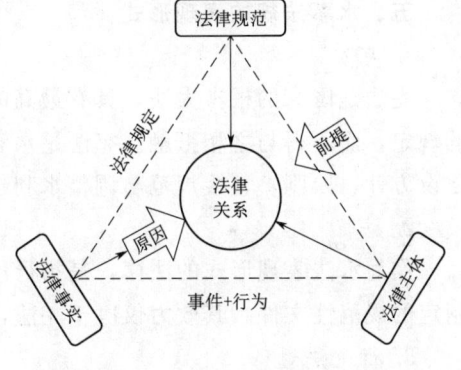

图0-4 法律法规与法律事实之间的关系

(1) 事件。事件是指不以当事人意志为转移而产生的事实。当法律规范规定把某种自然现象和建设权利义务关系联系在一起的时候，这种现象就成为法律事实的一种，即事件。这是法律关系产生、变更或消灭的原因之一。

事件可分为如下类型：

1) **自然现象引起的事件**，如地震、台风、水灾、火灾，甚至生老病死等自然现象。

2) **社会现象引起的事件**，如战争、暴乱、政府禁令等。这里所称的政府禁令是指行政禁令，属于不可抗力范围，即以政府机构行政法规的形式确定禁止的决定或命令。

(2) 行为。行为是指人的有意识的活动，包括积极的作为或消极的不作为，都能引起法律关系的产生、变更或消灭。

行为可分为如下类型：

1) **适法行为。**适法行为是指基于法律规定或有法律依据，受法律保护的行为，如根据设计任务书进行的初步设计的行为、依法签订建设工程承包合同的行为。

2) **违法行为。**违法行为是指受法律禁止的侵犯其他主体的权利和义务的行为，可分

为**行政违法行为、民事违法行为、刑事违法行为和违宪行为**，如违反法律规定或因过错不履行水工程合同；在没有国家批准的情况下擅自动工建设等行为。

3）**行政行为**。行政行为是指国家授权机关依法行使对水利活动管理权而发生法律后果的行为，如国家建设管理机关下达基本建设计划，监督执行水工程项目建设程序的行为。

4）**立法行为**。立法行为是指国家机关在法定权限内通过规定的程序制定、修改、废止水利法律规范性文件的活动，如国家制定、颁布建设法律、法规、条例、标准定额等行为。

5）**司法行为**。司法行为是指国家司法机关的法定职能活动。它包括各级检察机关所实施的法律监督，各级审判机构的审判、调解活动等，如人民法院对水工程纠纷案件作出判决的行为。

3. 法律事实的构成

事件和行为结合就构成相应的法律事实，即事件和事件构成、事件和行为构成、行为和行为构成。

五、水事法规的表现形式

1. 宪法

宪法是国家的根本大法，具有最高的法律效力，任何其他法律、法规都必须符合宪法的规定，而不得与之相抵触。宪法是水利活动的立法依据，同时又明确规定国家基本水利建设方针、原则，直接规范与调整水利建设的活动。

2. 法律

作为水法表现形式的法律，是指行使国家立法权的全国人民代表大会及其常务委员会制定的规范性文件。其效力仅次于宪法，在全国范围内具有普遍的约束力。

3. 行政法规

水行政法规指国务院以及水利部制定颁布，或水利部与其他部委联合颁布的规范性文件，其效力低于宪法和法律，在全国范围内有效。行政法规的名称包括但不限于"条例""办法""行政措施""决定""命令""指示""规章"等。

4. 地方性法规与规章

地方性法规是指地方人民代表大会常务委员会制定的规范性文件。地方规章是指地方政府制定颁布的规范性文件。地方性法规与规章的效力低于宪法、法律、行政法规，只能在本区域有效。

5. 技术法规

技术法规是国家制定或认可的，在全国范围内有效的规程、规范、标准、定额、方法等技术文件。它是水事活动工程技术人员从事经济技术作业、管理监测的依据，包括预算定额、设计规范、施工规范、验收规范等。

6. 国际公约、国际惯例、国际标准

我国参加或与外国签订的调整经济关系的国际公约和双边条约，以及国际惯例、国际上通用的技术规程都属于建设法规，应当遵守与实施。

7. 最高人民法院司法解释规范性文件

最高人民法院对于法律的系统性解释文件和对法律适用的说明对法院审判有约束力，具有法律规范性质，在司法实践中具有重要的地位和作用。在民事领域，最高人民法院制定的司法解释文件有很多，比如《最高人民法院关于人民法院在审理建设工程施工合同纠纷案件中如何认定财政评审中心出具的审核结论问题的答复》等。

第三节 学习《水利水电工程建设法规》的目的、意义及学习方法

一、目的

（一）提高对法律法规的认识

掌握水事法规所涉及的法律、法规的基本理论，具备解决实际水事活动相关法律法规的能力。

在水事活动实施过程中树立法律意识，恪守法律责任，逐渐形成果决的法律执行力和团队合作凝聚力。

（二）熟悉水利水电建设活动的基本程序

水利水电建设活动的基本程序是指水利水电工程建设实施全过程中各项工作的先后顺序。任何工程项目的建设过程，一般都要经过**施工准备阶段、施工阶段、竣工验收阶段**，每个阶段又包含着许多环节。这些阶段和环节有其不同的工作步骤和内容，之间既相互有机联系，又相对独立。前一个阶段的工作是进行后一个阶段工作的依据，没有完成前一个阶段的工作，就不能进行后一个阶段的工作。《水利工程建设项目管理规定（试行）》（2016 年）将基本程序划分为 8 个步骤：项目建议书、可行性研究报告、施工准备、初步设计、建设实施、生产准备、竣工验收、后评价。二者统称为"**三阶段八步骤**"。

熟悉水事活动的基本建设程序是学习《水利水电工程建设法规》的重要方面，要做到以下几点：

（1）掌握水系及其水资源以及水工程的勘察、设计、施工、监理所涉及的法律法规，并能在实践中逐渐加深对其的理解和应用。必须掌握水利水电建设活动基本程序"三阶段八步骤"。必须熟悉水事市场交易过程。

（2）通识招标投标基本过程、法律依据、实施程序，为今后实践奠定基础。

（3）掌握水事责任主体、投资主体、市场主体概念，及勘察设计、施工、监理从业资质和专业技术人员执业资格条件。

（三）培养三种能力

1. 专业能力

掌握水事活动所涉及法律法规的法律知识，具备解决水事实施过程中所遇到的法律问题能力。俗称"不专业"就是指不懂法规或不按技术标准操作的行为。操千曲而后晓声，观千剑而后识器，学深学透水利水电工程建设法规必然会在水事活动领域大展宏图。

2. 方法能力

每一水事活动都是一个过程，有过程就会有因过程而形成的方法。这方法有两个层

面，其一是执行这一过程的法律方法，使得水事活动能实施顺利进行。其二是解决水事活动实施过程中出现问题的方法，也就是说水事活动实施过程中不可避免会出现问题，解决问题的方法至关重要。工程上的问题大都与违背法律法规或技术标准有关。因此做到遵法守法，熟悉水事法律法规是关键。

3. 社会能力

团队是由不同层次专业人员组成的一个共同体。水利工程都是依法由团队实施，因此团队合作、交流沟通就显得十分重要。团队的构成要素（简称5P）分别为**目标**（purpose）、**人**（people）、**定位**（place）、**权限**（power）、**计划**（plan），在教材中都有明确规定，只是称谓不同罢了。学好基本建设程序，就会深知团队的合作与交流的重要性。认清法律法规中的"法律责任"就知晓违法所付出的代价。

二、意义

（一）有利于水利水电工程建设活动的健康发展

有助于实施者深度理解水事活动的法律、法规和全面把握及依法规范水事行业健康发展。如果实施者的法治理念偏颇，就会弄虚作假，必然导致质量通病甚至重大事故普遍发生。

有助于读者提高法律意识和综合素质，甚至维护法律权益，规范执法行为，为土木工程、水利工程专业大学毕业生尽快融入社会、依法从事水事活动奠定坚实法律基础，确保水利工程项目的合法性和安全性。

作为当代的大学生，未来市场经济的建设者，21世纪参与国际竞争的中国高素质人才，如果没有相应的法律法规知识，没有较强的法治观念和较高的法律素质，就不能适应市场经济和社会发展的需要。

（二）有利于建设法治环境

培养良好的法治观念和法律素质，有助于大学生树立法治意识，增强公民责任感，在社会生活中自觉学法、守法、用法，促进水资源合理利用和保护，为创造良好的法治环境起带头作用。

三、学习方法

（一）教学

教学是人类特有的人才培养活动，也是培养学生成为社会所需要的人极为重要一环。教师的传道授业解惑亦在于此。通过这种活动，教师有目的、有计划、有组织地引导学生学习和掌握文化科学知识和技能，促进学生素质的提高。

本课程涉及知识点多，且知识点较为零碎，听老师的精讲课程，会加深理解记忆。同样的一个法条知识点，没有老师讲解，可能需要花费大量的时间去理解掌握。

（二）实践

恩格斯的自然哲学揭示人的思想产生于劳动，即人的主观意识产生于人的实践行为，同时人的主观意识反作用于客观存在。马克思强调人的社会实践，强调实践的社会性。

《实践论》是毛泽东关于马克思主义认识论的代表著作，深刻地论述和丰富了马克思主义的认识论，武装了中国共产党，也教育全党树立马克思列宁主义必须同中国实际相结合的观点。毛主席指出，真理的标准只能是社会的实践，实践的观点是辩证唯物论的认识论之第一的和基本的观点。

我国著名哲学家、思想家、军事家王阳明畅言"知行合一"说,"知者行之始,行者知之成"。习近平总书记历来重视"知行合一",反复强调知是基础、是前提,行是重点、是关键,必须以知促行、以行促知,做到知行合一。

学习本课程应注重理论与实践相结合。本书中的案例就是实践,是本课程的教学实践。案例从法律角度主要涉及行政和民事法律关系,这也是水事法规最基本的法律关系;从内容讲,涉及问题的方方面面,也比较全面。案例对于加深理解水事法规大有益处。

结合专业知识,深度学习水事法规极为重要,会使学习有的放矢。

有条件还可实施水工程建筑市场的工程招投标现场模拟,让学生身临其境,实战演练,活学活用。

也可以在教师指导下编制《项目建议书》、《工程项目可行性研究报告》(简约版)、《工程项目报建申请书》或者《施工许可证申请报告书》,为学生将来从业充实业务能力。

还可模拟造价合同的签署过程,有利于学生毕业后适应社会和工作需要。

(三) 自学

自学就是自觉地学习,自己钻研,自己解决问题。正如联合国教科文组织早就指出的,自学在任何时候都是不可替代的有效学习方式,尤其是在指导下的自学。

学习本课程要注重法律知识的灵活运用和以教学为主、自学为辅的学习方式。特别是学习过程中要熟悉**水法**,作为学习水事法规的基础,抓牢基本建设程序这一主线,依次学习水工程勘察、设计、施工、监理的相关法规。纲举目张,这是学习本课程的关键。

本教材的特别之处在于首次从水事活动角度讲授水法规,贴近专业,便于读者自学。

本书中习题只提供部分思考题,至于其他类型习题,如概念题、问答题、填空题、简答题等,一并留给授课老师在考试试卷中发挥。本教材涉及诸多水事法律法规基本知识点,对理解、消化、提高和掌握水利水电工程建设法规的相关知识十分重要,授课老师要善于归纳总结,以利于学生掌握。

学习水事法规本质上就是学深学透"法条"。法条在立法、司法、执法、守法、法学研究以及法学教学诸方面均具有不可替代的价值。了解法律条文书写格式有助于对法律法规的学习。

> 法律文本一般由编、章、节、条、款、项、目组成。编、章、节是对法条的归类,在适用法律时只需引用到条、款、项、目即可,无须指出该条所在的编、章、节。

四、本书的内容框架及编写思路

水利水电工程建设法规的根本大法是《水法》,因此"水利水电工程建设法规"课程就是要以《水法》为基础,参考《建筑法》,按水利水电工程基本建设程序贯穿各个章节。本书内容框架如图 0-5 所示,本书编写思路如图 0-6 所示。

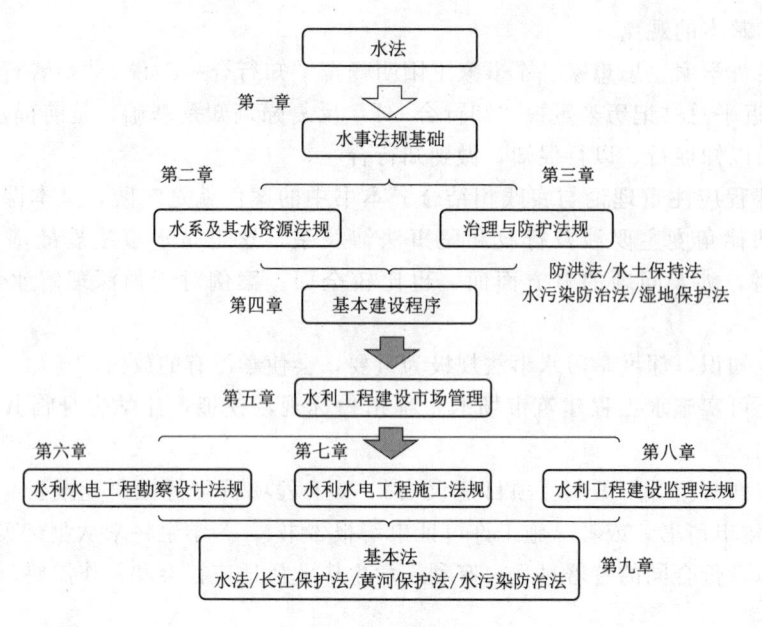

图 0-5 本书内容框架

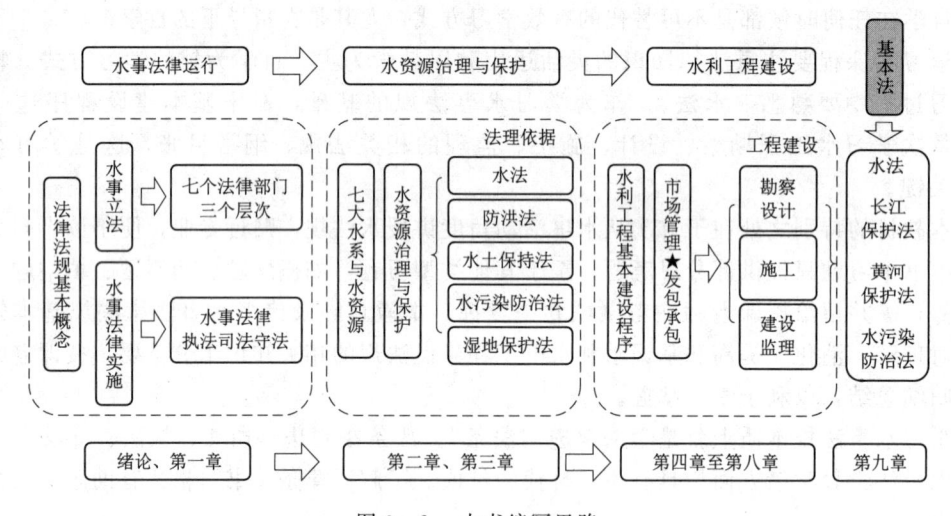

图 0-6 本书编写思路

【思考题】

1. 简述法与法律的基本概念。
2. 马克思主义法律的基本观点是什么？
3. 简述法规的定义及其基本构成。
4. 法律责任的主要表现是什么？
5. 简述我国法律体系的组成内容。
6. 何为法律效力？主要表现是什么？

思 考 题

7. 水事法规的定义是什么？
8. 简述水事活动、水工程、水事关系的定义。
9. 水行政管理活动的调整对象是什么？
10. 何为水利工程的责任单位及责任单位负责人？
11. 简述水事活动中行政管理关系的内容及调整方式。
12. 简述水事活动中行政民事关系的内容及调整方式。
13. 简述水事法规的基本特征。
14. 水事活动法律关系的构成要素有哪些？
15. 简述法律事实的产生、变更和消灭原因。
16. 简述水事法规的表现形式。

第一章 水事立法与实施

《吕氏春秋·分职》中提到，"如平直必以准绳"。**立法**也称法律制定，通常是指特定国家机关依照一定程序，制定或者认可反映统治阶级意志，并以国家强制力保证实施的行为规范的活动。

实际上，从法律角度，立法与实施涉及的是法律的运行（**运行论**），是指法律从制定、实施到实现的过程，包括法律制定、法律执行、法律适用、法律遵守等环节。

第一节 水 事 立 法

一、立法

立法是指国家权力机关及其行政机关依照其权限，按照一定的程序制定、修改或废止法律的活动。立法是国家的重要政治活动，是把党的主张和人民的意志通过法定程序转化为国家意志的过程，关系党和国家事业发展全局。《立法法》是规范国家立法制度和立法活动、维护社会主义法治统一的基本法律。

《**立法法**》是一部规范所有法律行为的法，又被称为"管法的法"。该法于2000年3月15日第九届全国人民代表大会第三次会议通过，根据2015年3月15日第十二届全国人民代表大会第三次会议《关于修改〈中华人民共和国立法法〉的决定》完成第一次修正，根据2023年3月13日第十四届全国人民代表大会第一次会议《关于修改〈中华人民共和国立法法〉的决定》完成第二次修正。

《立法法》第四条规定："立法应当坚持以经济建设为中心，坚持改革开放，贯彻新发展理念，保障以中国式现代化全面推进中华民族伟大复兴。"第九条规定："立法应当适应改革需要，坚持在法治下推进改革和在改革中完善法治相统一，引导、推动、规范、保障相关改革，发挥法治在国家治理体系和治理能力现代化中的重要作用。"

《立法法》的颁布施行对完善立法体制机制，健全立法制度，规范立法活动，推动形成和完善以宪法为核心的中国特色社会主义法律体系，推进全面依法治国，发挥了重要作用。

二、水事立法的概念

水事立法是指国家权力机关和水行政机关按照宪法、法律规定的权限和法定的程序制定、修改和废止水事法律、法规的活动，是我国社会主义立法的一个重要组成部分。

水事立法依据是《**立法法**》，法律、行政法规、地方性法规、自治条例和单行条例的制定、修改和废止，适用该法。国务院部门规章和地方政府规章的制定、修改和废止依照该法的有关规定执行。

省、自治区、直辖市的人民代表大会及其常务委员会根据本行政区域的具体情况和实际需要，在不与宪法、法律、行政法规相抵触的前提下，可以制定地方性法规。国务院各部、委员会、中国人民银行、审计署和具有行政管理职能的直属机构，可以根据法律和国务院的行政法规、决定、命令，在本部门的权限范围内，制定规章。

三、水事立法的机构和权限

《立法法》第十条规定："全国人民代表大会和全国人民代表大会常务委员会根据宪法规定行使国家立法权。全国人民代表大会制定和修改刑事、民事、国家机构的和其他的基本法律。"第十二条规定："全国人民代表大会及其常务委员会有权作出决定，授权国务院可以根据实际需要，对其中的部分事项先制定行政法规，但是有关犯罪和刑罚、对公民政治权利的剥夺和限制人身自由的强制措施和处罚、司法制度等事项除外。"第十三条规定："授权决定应当明确授权的目的、事项、范围、期限以及被授权机关实施授权决定应当遵循的原则等。**授权的期限不得超过五年，但是授权决定另有规定的除外。**"

1. 全国人民代表大会及其常务委员会的水事立法权

拥有水事法律立法权的是全国人民代表大会及其常务委员会。法律适用于全国，其法律效力最高，其他所有法规都不得与其相抵触。

2. 国务院的水事行政法规立法权

国务院有权根据宪法和法律制定行政法规，其中包括由国务院制定发布的条例、规定、办法，和经国务院批准，由相关部门发布的规定、办法和实施细则。法规的效力仅次于法律，在全国范围内具有普遍的约束力。

3. 国务院水事部门规章的权限

国务院相关部委有权根据法律、行政法规发布水事行政规章，其中综合性规章主要由水利部发布。建设规章一方面可以将法律、行政法规的规定进一步具体化，以便于其更好地贯彻执行；另一方面作为对法律、法规的补充，为有关政府部门的行为提供依据。部门规章对全国都具有约束力，但其效力低于行政法规。

4. 地方国家权力机关的地方性水事法规立法权

省、自治区、直辖市人民代表大会及其常务委员会以及省、自治区人民政府所在的市人民代表大会及其常务委员会，有权根据各地行政区域的具体情况制定地方性建设法规，并须报全国人民代表大会常务委员会和国务院备案，但不得与宪法、法律和行政法规相抵触。上述除直辖市以外的市人民代表大会及其常务委员会制定的地方性法规，须报省、自治区人民代表大会及其常务委员会批准。地方性法规在其所管的行政区内具有法律效力。

5. 地方行政机关制定地方性水事规章的权限

各省、自治区、直辖市人民政府及省、自治区人民政府所在地的人民政府，有权根据法律、行政法规制定地方规章。水事地方规章在其行政区内具有法律效力，但其法律效力低于地方性法规。

四、水事立法程序

《立法法》第五条规定："立法应当符合宪法的规定、原则和精神，依照法定的权限和程序，从国家整体利益出发，维护社会主义法制的统一、尊严、权威。"

立法程序指的是有立法权的国家机关在制定、修改、废止水事法律、法规的活动中必须遵循的法定步骤和方法，主要有：法律制定程序，行政法规制定程序，部门行政规章制定程序，地方性行政法规制定程序，地方政府规章制定程序。

1. 法律制定程序

《立法法》第十七条规定："全国人民代表大会主席团可以向全国人民代表大会提出法律案，由全国人民代表大会会议审议。全国人民代表大会常务委员会、国务院、中央军事委员会、最高人民法院、最高人民检察院、全国人民代表大会各专门委员会，可以向全国人民代表大会提出法律案，由主席团决定列入会议议程。"

《立法法》第十八条规定："一个代表团或者三十名以上的代表联名，可以向全国人民代表大会提出法律案，由主席团决定是否列入会议议程，或者先交有关的专门委员会审议、提出是否列入会议议程的意见，再决定是否列入会议议程。"

2. 行政法规制定程序

(1) 行政法规案的提出。行政法规案主要是国务院各部委在本部门工作规范内提出编制规划（分五年规划和年度规划）的建议，经国务院法制局综合平衡，审查后报国务院审议。对列入规划需要制定的行政法规，由国务院各主管部门负责起草。起草重要的行政法规，其主要内容与几个主管部门的业务有密切关系的，由国务院法制局或者主要部门负责，组成各有关部门参加的起草小组进行工作。

(2) 行政法规案的审议。国务院法制局对法规草案进行初步审查，审查的范围包括必要性和可能性；法规草案的内容是否与法律相符合；是否准确、清楚，是否存在有待协调之内容；法规起草是否符合程序要求，附送材料和手续是否完备等。法规草案经初步审查后，由国务院法制局将审查报告与法规草案一起提交国务院审议。

(3) 行政法规案的处理。行政法规案的处理是指国务院对行政法规案是否通过作出的决定。国务院通过行政法规案，要经过国务院常务会议，经过全体会议组成人员充分讨论、发表意见，由国务院总理作出最后决定。

(4) 行政法规的发布。国务院发布的行政法规由国务院总理签署发布令。经国务院批准由国务院各部委和直属机构发布的行政法规，由部门首长签署发布令。经国务院总理签署发布的行政法规，由新华社发转，在国务院公报、人民日报上刊载。

3. 部门行政规章制定程序

部门行政规章制定程序是指国务院各部门依法制定、修改和废止行政规章的步骤和方法。

目前我国在这方面虽没有统一规定，但一般也包括部门行政规章案的提出、审议、处理和发布四个阶段。

4. 地方性行政法规制定程序

地方性行政法规案的提出是指由宪法、组织法和其他有关法律规定的，有地方性法规提案权的国家机构和人员向地方立法机关提出地方性法规案，使其列入地方立法机关的议事日程的活动。

提出地方性行政法规案的是本级人民代表大会主席团、本级人民代表大会常务委员会、本级人民代表大会代表10人以上联名及人民代表大会常务委员会组成人员5人以上的联名。提出地方性法规案，应当提交提案机关的主要负责人签名或者提案人全体签名的书面报告，并附该项法规草案的说明和有关的参考资料。

地方性行政法规案的审议是指地方立法机关对列入议程的地方性行政法规案正式进行审查讨论。

地方性行政法规案的表决是指地方立法机关对地方性行政法规案作出决定，地方人民代表大会或地方人民代表大会常务委员会进行表决，全体代表过半数同意即可通过。

通过地方性行政法规，要报全国人民代表大会常务委员会及国务院备案。

地方人民代表大会及地方人民代表大会常务委员会通过的地方性行政法规应当以本级人民代表大会或本级人民代表大会常务委员会名义发布公告，予以公布，并在本级人民代表大会常务委员会公报和当地主要报刊上刊载。

5. 地方政府规章制定程序

地方政府规章案一般由地方人民政府所属的委、办、厅、局在本部门职责范围内提出。如果规章草案中的主要内容涉及两个以上部门职责的，应由主要的有关部门会签后联合提出。属于地方全局性的规章案，可由政府法制局提出。规章案提出单位的主要负责人签署后，应当连同规章草案的说明书和有关资料一同上报。

对地方政府规章案的初步审查由地方人民政府法制机构负责。经初步审查合格的，法制机构应当作出审查报告，并与规章案一并交本级人民政府审议通过。

对规章案的审议由地方人民政府常务会议或全体会议进行。

地方政府规章的处理是在地方人民政府常务会议或全体会议组成人员讨论的基础上，由行政首长作出最后决定。

地方政府规章以人民政府令的形式发布，发布令由地方政府行政首长签署，地方人民政府公报，当地主要报刊对规章予以全文刊载，并报国务院备案。

五、水法规发展历程

1. 第一阶段：分级、分部门的行政区域管理体制（1949—1997年）

中华人民共和国成立伊始，百废待兴，由于国家政治体制、行政管理等原因，我国流域水管理形成了以行政区划为单元的"**分级、分部门**"体制，并相应出台和实施了一些法律法规。国务院1988年发布的《**中华人民共和国河道管理条例**》（以下简称《河道管理条例》）是我国流域水管理的第一部行政法规，在流域管理史上具有开拓性意义。1949—1984年，水利部先后在黄河、长江、淮河等七大水系成立了流域管理机构，并且于1975—1988年间分别内设了水资源保护局。然而，**1984年通过的第一部水事法律《中华人民共和国水污染防治法》**（以下简称《水污染防治法》）第四条规定，水污染防治实行"环保部门统一管理与分级、分部门管理相结合"的体制，即部分学者所称的"地方行政分割体制"，却并没有明确流域管理机构的地位与职能。其中分管的"有关部门"是指**水利部门、卫生行政部门、地质矿产部门、市政管理部门、水资源保护局**，加上主管部门，**形成"六龙治水"局面**。实际上，水资源保护局受水利部、环保部双重领导，但是由于人事和财务的关系，主要接受水利部的领导。根据1988年颁布的第一部《**水法**》第九条的规定，国家对水资源实行水利部门统一管理与"其他有关部门"分级、分部门管理相结合的体制。与《水法》类似，作为水土保持基本法律的《**中华人民共和国水土保持法**》（1991年，以下简称《水土保持法》），在第五条规定了"区域管理、水利部门主管"的体制。但这两部法律均没有明确规定流域管理机构的地位及职能。

2. 第二阶段：流域管理与行政区域管理相结合的体制（1998—2010年）

20世纪90年代以来，我国经济和社会迅速发展造成严重的水短缺和水污染，行政区域管理体制的弊端日益显现，以流域为单位对水资源利用和保护，实行综合管理被提上日程，流域管理机构开始在规划编制、水量分配、水质监测等方面发挥一定作用。为适应这一客观形势和现实需要，我国先后制定或修改了四部水事法律和一些流域管理行政法规，使我国流域水管理体制发生了重大变化。

一是1997年制定并于1998年实施，2009年修正的《中华人民共和国防洪法》（以下简称《**防洪法**》）。

二是作为水资源利用和保护的基本法，于2002年修订、2009年修正的《**水法**》。其改变了原法确立的区域管理体制，规定"流域管理与行政区域管理相结合"，确立了流域管理作为水资源管理体制之一部分的地位。

三是作为全国水污染防治的基本法，于1996年修正、2008年修订的《**水污染防治法**》。其第十九条、第二十六条、第六十三条详细规定了中央和地方政府职能部门的职责，也明确规定流域水资源保护机构享有审批排污口设置、监测省界水体的水质、协商有关省份政府划定饮用水水源保护区等职权。在《水污染防治法》的框架下，环保部与国家发展改革委、水利部、住房城乡建设部2008年联合出台《**淮河、海河、辽河、巢湖、滇池、黄河中上游等重点流域水污染防治规划（2006—2010年）**》，并由中央政府对规划实施进行资金和项目支持。

四是于2009年修正、2010年修订的《**水土保持法**》。

3. 第三阶段：流域管理机构与政府机构改革（2011年至今）

近年来，自提出实行最严格的水资源管理制度的2011年中央一号文件（《**中共中央国务院关于加快水利改革发展的决定**》）实施以来，我国以流域综合管理为目标，进行流域水管理体制特别是流域管理机构的改革。2012—2013年，水利部会同环保部等多个部门编制的七大流域综合规划（2012—2030年）先后获得国务院批复。七大流域综合规划明确提出，流域综合管理到2030年基本实现或全面建成。

我国除了在七大水系设立流域管理机构，实行区域管理为主、流域管理为辅以外，省内流域则普遍实行行政区域管理。

2011年，我国首部流域综合性行政法规——《**太湖流域管理条例**》颁布实施，这是我国流域管理体制改革的标志性成果。

2007—2008年，无锡、湖州、衢州、嘉兴、温州等江浙地区陆续试行河长制，中共中央办公厅、国务院办公厅2016年发布的《**关于全面推行河长制的意见**》使河长制在全国推进和实施。2017年修正的《水污染防治法》首次将河长制写入法条。

国务院2015年出台的《**水污染防治行动计划**》（俗称"**水十条**"），是我国2015—2030年水污染防治的纲领性文件，在控制污染物排放、推动经济结构升级、节约保护水资源等10个方面进行了全面部署。2017年11月，环保部六大区域督查中心由事业单位转为环保部派出行政机构，并分别更名为环保部华北、华东、华南、西南、西北和东北监督局，使其享有名正言顺的行政执法权，这成为我国强化流域水环境管理的重要标志。

在此水管理法律体制下，2016年以来国家颁布或修订一系列法律法规。《**水法**》根据2016年7月2日第十二届全国人民代表大会常务委员会第二十一次会议《关于修改〈中华人民共和国节约能源法〉等六部法律的决定》第二次修正。《**防洪法**》根据2016年7月2日第十二届全国人民代表大会常务委员会第二十一次会议《关于修改〈中华人民共和国节约能源法〉等六部法律的决定》第二次修正。《中华人民共和国长江保护法》（以下简称《**长江保护法**》）于2020年12月26日在第十三届全国人民代表大会常务委员会第二十四次会议上通过。《中华人民共和国黄河保护法》（简称《黄河保护法》）于2022年10月30日在第十三届全国人民代表大会常务委员会第三十七次会议上通过。《**水污染防治法**》根据2017年6月27日第十二届全国人民代表大会常务委员会第二十八次会议《关于修改〈中华人民共和国水污染防治法〉的决定》第二次修正。《**中华人民共和国湿地保护法**》于2021年12月24日在第十三届全国人民代表大会常务委员会第三十二次会议上通过，并于2022年6月1日起施行。

第二节 水事法规实施

法律实施是指通过一定的方式使法律规范的要求和规定在社会生活中得到贯彻和实现的活动，不仅包括国家机关及其工作人员执行法律规范的活动，而且还包括社会团体和公民实现法律规范的活动。根据法律实施的主体的不同，可以把法律实施的方式分为法律遵守和法律适用，其中法律遵守即为守法，而法律适用则包括一切司法和执法活动。

水事法规的实施是指国家机关及其公务员、社会团体、公民实现水事法律规范的活动，包括水事法规的**执法**、**司法**和**守法**三个方面。

一、水行政执法

（一）水行政执法定义及种类

行政执法是指行政主体依照行政执法程序及有关法律、法规的规定，对具体事件进行处理并直接影响相对人权利与义务的具体行政法律行为，是国家行政机关在执行宪法、法律、行政法规或履行国际条约时所采取的具体办法和步骤，是为了保证行政法规的有效执行，而对特定的人和特定的事件所做的具体的行政行为。

水行政执法是指水行政主管部门和被授权或被委托的单位，依法对各项水事活动和建设行为进行监督检查，并对违法行为执行行政处罚的行为。

《**水行政执法监督检查办法（试行）**》第一条指出："为规范水行政执法监督检查工作，促进地方水行政主管部门和流域管理机构依法履行法定执法职责，全面落实严格规范公正文明执法要求，维护公民、法人和其他组织的合法权益，根据有关法律法规和规定，制定本办法。"

按照行政执法的行为方式，可以将行政执法行为划分为行政处理、行政监督检查、行政处罚、行政强制执行等。

1. 行政处理

行政处理又称行政处理决定，或称行政决定，指执法者依法对相对人的权利和义务作出单方面的处理。行政处理包括三类：行政许可（赋予权利和设定义务的决定）、行政命令（剥夺、取消权利和免除义务的决定）和行政奖励（奖励性决定）。

2. 行政监督检查

行政监督检查是指行政机关为实现其管理职能，对公民、法人或其他组织执行法律、法规、规章和行政决定的情况进行的监督检查。

3. 行政处罚

行政处罚是指行政机关依法对违反行政管理秩序的公民、法人或者其他组织，以减损权益或者增加义务的方式予以惩戒的行为。

水行政处罚是指水行政执法机关对违反相关法律、法规、规章的公民、法人或者其他组织依法实施的行政处罚。

水行政处罚原则依据《**中华人民共和国行政处罚法**》（以下简称《行政处罚法》）和《**水行政处罚实施办法**》，其原则是：处罚法定原则、处罚教育相结合原则、公正公开原则和过罚相当原则。

4. 行政强制执行

《中华人民共和国行政强制法》（以下简称《行政强制法》）第二条指出，**行政强制**包括行政强制措施和行政强制执行。**行政强制措施**是指行政机关在行政管理过程中，为制止违法行为、防止证据损毁、避免危害发生、控制危险扩大等情形，依法对公民的人身自由实施暂时性限制，或者对公民、法人或者其他组织的财物实施暂时性控制的行为。

行政强制执行是指行政机关或者行政机关申请人民法院，对不履行行政决定的公民、法人或者其他组织，依法强制履行义务的行为。

《行政强制法》第八条规定："公民、法人或者其他组织对行政机关实施行政强制，享有陈述权、申辩权；有权依法申请行政复议或者提起行政诉讼；因行政机关违法实施行政强制受到损害的，有权依法要求赔偿。公民、法人或者其他组织因人民法院在强制执行中有违法行为或者扩大强制执行范围受到损害的，有权依法要求赔偿。"第九条规定了行政强制措施的种类：一是限制公民人身自由；二是查封场所、设施或者财物；三是扣押财物；四是冻结存款、汇款；五是其他行政强制措施。第十二条规定了行政强制执行的方式：一是加处罚款或者滞纳金；二是划拨存款、汇款；三是拍卖或者依法处理查封、扣押的场所、设施或者财物；四是排除妨碍、恢复原状；五是代履行；六是其他强制执行方式。

（二）水行政许可

1. 概念及法律特征

水行政许可是实施机关根据公民、法人或其他组织的申请，依法审查通过而颁发许可证、资质证、同意书等形式，准许其从事某种特定水事活动的一种具体水行政行为。其法律特征如下：

（1）水行政许可是一种以申请而为的**具体水行政行为**。没有水行政相对方的申请，水行政主体不得主动实施水行政许可。无申请则无许可。

（2）水行政许可的内容是**国家禁止的活动**。一般以禁止为前提，以个别解禁为内容。也就是在国家一般禁止的前提下，对符合特定条件的水行政相对方解除禁止，使其享有特定的资格或权利，如围垦河道、占用防洪规划保留地区土地等。

(3) 水行政许可是水行政主体赋予水行政相对方从事某种**特定水事活动**、实施某种特定水事行为的一种法律资格、法律权利的行为。水行政许可是针对特定的人、特定的事做出的具有收益性的一种具体行政行为。

(4) 水行政许可是一种**外部行政行为**。上级水行政主管部门对下级水行政主管部门，以及水行政主管部门对其直接管理的事业单位的人事、财务、外事等事项的审批，不属于水行政许可。

(5) 水行政许可是一种**要式行政行为**。行政许可必须遵守一定的法定形式，即应当是明示的书面许可，应当有正规的文书、印章等予以认可和证明。最常用的水行政许可形式是许可证、资格证、同意书等。

> 要式行政行为是指必须根据法定的方式或者必须具备法定的形式才能产生法律效力和后果的行政行为。这种行政行为一般会产生特定的非规范性法律文件。

2. 许可项目设定

(1) 法律依据。法律依据主要有《水法》《防洪法》《河道管理条例》《水库大坝安全管理条例》《取水许可和水资源费征收管理条例》《河道管理范围内建设项目管理的有关规定》《取水许可证制度实施办法》《河道采砂收费管理办法》《入河排污口监督管理办法》以及《**水行政许可实施办法**》等法律法规。

(2) 项目审定。水行政许可的项目审定主要有如下 25 项：

1) **河道围垦审核（省级）**。执法依据为《防洪法》第二十三条，"确需围垦的，应当进行科学论证，经水行政主管部门确认不妨碍行洪、输水后，报省级以上人民政府批准"。

2) **大型水库注册登记**。执法依据为《水库大坝安全管理条例》第二十三条："大坝主管部门对其所管辖的大坝应当按期注册登记，建立技术档案。"

3) **水利工程质量检测单位资格认定**。执法依据为《**国务院对确需保留的行政审批项目设定行政许可的决定**》。

4) **建设项目水资源论证机构资质认定**。执法依据为《国务院对确需保留的行政审批项目设定行政许可的决定》。

5) **取水许可**。执法依据为：①《水法》第七条，"国家对水资源依法实行取水许可制度和有偿使用制度"；第四十八条，"直接从江河、湖泊或者地下取用水资源的单位和个人，应当按照国家取水许可制度和水资源有偿使用制度的规定，向水行政主管部门或者流域管理机构申请领取取水许可证"。②《**取水许可和水资源费征收管理条例**》第三条，"县级以上人民政府水行政主管部门按照分级管理权限，负责取水许可制度的组织实施和监督管理"。

另外，《**取水许可管理办法**》第二条规定："取用水资源的单位和个人以及从事取水许可管理活动的水行政主管部门和流域管理机构及其工作人员，应当遵守本办法。"第三条规定："水利部负责全国取水许可制度的组织实施和监督管理。水利部所属流域管理机构（以下简称流域管理机构），依照法律法规和水利部规定的管理权限，负责所管辖范围内取水许可制度的组织实施和监督管理。县级以上地方人民政府水行政主管部门按照省、自治区、直辖市人民政府规定的分级管理权限，负责本行政区域内取水许可制度的组织实施和监督管理。"

《建设项目水资源论证管理办法》第二条规定："对于直接从江河、湖泊或地下取水并需申请取水许可证的新建、改建、扩建的建设项目（以下简称建设项目），建设项目业主单位（以下简称业主单位）应当按照本办法的规定进行建设项目水资源论证，编制建设项目水资源论证报告书。"报告书包括建设项目概况、取水水源论证、用水合理性论证、退（排）水情况及其对水环境影响分析、对其他用水户权益的影响分析、其他事项等内容。

6）非防洪建设项目洪水影响评价报告书审批。执法依据为《防洪法》第三十三条："在洪泛区、蓄滞洪区内建设非防洪建设项目，应当就洪水对建设项目可能产生的影响和建设项目对防洪可能产生的影响作出评价，编制洪水影响评价报告，提出防御措施。洪水影响评价报告未经有关水行政主管部门审查批准的，建设单位不得开工建设。"

7）占用防洪规划保留区土地审核。执法依据为《防洪法》第十六条，"防洪规划确定的河道整治计划用地和规划建设的堤防用地范围内的土地，经土地管理部门和水行政主管部门会同有关地区核定，报经县级以上人民政府按照国务院规定的权限批准后，可以划定为规划保留区"。

8）河道管理范围内修建项目审批。执法依据为：①《水法》第三十八条第一款，"在河道管理范围内建设桥梁、码头和其他拦河、跨河、临河建筑物、构筑物，铺设跨河管道、电缆，应当符合国家规定的防洪标准和其他有关的技术要求，工程建设方案应当依照防洪法的有关规定报经有关水行政主管部门审查同意"。②《防洪法》第二十七条，"建设跨河、穿河、穿堤、临河的桥梁、码头、道路、渡口、管道、缆线、取水、排水等工程设施，应当符合防洪标准、岸线规划、航运要求和其他技术要求，不得危害堤防安全、影响河势稳定、妨碍行洪畅通；其工程建设方案未经有关水行政主管部门根据前述防洪要求审查同意的，建设单位不得开工建设"。③《河道管理条例》第十一条，"修建开发水利、防治水害、整治河道的各类工程和跨河、穿河、穿堤、临河的桥梁、码头、道路、渡口、管道、缆线等建筑物及设施，建设单位必须按照河道管理权限，将工程建设方案报送河道主管机关审查同意。未经河道主管机关审查同意的，建设单位不得开工建设。建设项目经批准后，建设单位应当将施工安排告知河道主管机关"。

9）河道采砂许可。执法依据为：①《水法》第三十九条，"国家实行河道采砂许可制度"。②《河道管理条例》第二十五条，"在河道管理范围内进行下列活动，必须报经河道主管机关批准；涉及其他部门的，由河道主管机关会同有关部门批准：（一）采砂、取土、淘金、弃置砂石或者淤泥"。

另外，《河道采砂规划编制与实施监督管理技术规范》（SL/T 423—2021）规定："采砂规划编制与实施监督管理应符合流域综合规划、防洪规划、河道岸线保护与利用规划和航道规划等，并与生态环境、水功能区划、河道整治、航道整治等相关专项规划相协调。采砂规划编制与实施监督管理应正确处理好利用与保护、干流与支流、上游与下游、左岸与右岸等方面关系。采砂规划编制与实施监督管理，应充分考虑河势稳定、防洪安全、供水安全、通航安全、生态环境保护及基础设施安全运行等要求。"

10）水土保持方案审批。执法依据为《水土保持法》第二十五条第一款："在山区、丘陵区、风沙区以及水土保持规划确定的容易发生水土流失的其他区域开办可能造成水土流失的生产建设项目，生产建设单位应当编制水土保持方案，报县级以上人民政府水行政主管部门审批，并按照经批准的水土保持方案，采取水土流失预防和治理措施。没有能力编制水土保持方案的，应当委托具备相应技术条件的机构编制。"

11）对江河、湖泊新建、改建或者扩大排污口的审核。执法依据为《水法》第三十四条："禁止在饮用水水源保护区内设置排污口。在江河、湖泊新建、改建或者扩大排污口，应当经过有管辖权的水行政主管部门或者流域管理机构同意，由环境保护行政主管部门负责对该建设项目的环境影响报告书进行审批。"

12）水工程防洪规划同意书的审批。执法依据为《水法》第十九条："建设水工程，必须符合流域综合规划。在国家确定的重要江河、湖泊和跨省、自治区、直辖市的江河、湖泊上建设水工程，未取得有关流域管理机构签署的符合流域综合规划要求的规划同意书的，建设单位不得开工建设；在其他江河、湖泊上建设水工程，未取得县级以上地方人民政府水行政主管部门按照管理权限签署的符合流域综合规划要求的规划同意书的，建设单位不得开工建设。"

13）开发建设项目水土保持方案验收。执法依据为《水土保持法》第二十七条："依法应当编制水土保持方案的生产建设项目中的水土保持设施，应当与主体工程同时设计、同时施工、同时投产使用；生产建设项目竣工验收，应当验收水土保持设施；水土保持设施未经验收或者验收不合格的，生产建设项目不得投产使用。"

14）江河故道利用审批。执法依据为《河道管理条例》第二十九条："江河的故道、旧堤、原有工程设施等，不得擅自填堵、占用或者拆毁。"

15）河道整治工程建设方案。执法依据为《河道管理条例》第十一条："修建开发水利、防治水害、整治河道的各类工程和跨河、穿河、穿堤、临河的桥梁、码头、道路、渡口、管道、缆线等建筑物及设施，建设单位必须按照河道管理权限，将工程建设方案报送河道主管机关审查同意。未经河道主管机关审查同意的，建设单位不得开工建设。"

16）大中型水库整险加固设计审批和竣工验收。执法依据为《水库大坝安全管理条例》第二十七条第二款："险坝加固必须由具有相应设计资格证书的单位作出加固设计，经审批后组织实施。险坝加固竣工后，由大坝主管部门组织验收。"

17）险坝加固运行方式改变审批。执法依据为《水库大坝安全管理条例》第二十六条第二款："在险坝加固前，大坝管理单位应当制定保坝应急措施，经论证必须改变原设计运行方式的，应当报请大坝主管部门审批。"

18）改变江河河势自然控制点的审批。执法依据为《中华人民共和国防汛条例》第三十五条第二款："未经有管辖权的人民政府或其授权的部门批准，任何单位和个人不得改变江河河势的自然控制点。"

19）扩占河道岸线的审批。执法依据为《河道管理条例》第十七条第一款："河道岸线的利用和建设，应当服从河道整治规划和航道整治规划。计划部门在审批利用河道岸线的建设项目时，应当事先征求河道主管机关的意见。"

20）水库管理范围内建设活动审批。执法依据为《水库大坝安全管理条例》第十七条，"禁止在坝体修建码头、渠道、堆放杂物、晾晒粮草。在大坝管理和保护范围内修建码头、鱼塘的，须经大坝主管部门批准"。

21）水利工程调度运用计划审批。 执法依据为《中华人民共和国防汛条例》第十四条："水库、水电站、拦河闸坝等工程的管理部门，应当根据工程规划设计、经批准的防御洪水方案和洪水调度方案以及工程实际状况，在兴利服从防洪，保证安全的前提下，制定汛期调度运用计划，经上级主管部门审查批准后，报有管辖权的人民政府防汛指挥部备案，并接受其监督。"

22）建设项目水资源论证报告书审批。 执法依据为：①《建设项目水资源论证管理办法》第十条，"水利部或流域管理机构负责对以下建设项目水资源论证报告书进行审查：（一）水利部授权流域管理机构审批取水许可（预）申请的建设项目；（二）兴建大型地下水集中供水水源地（日取水量5万吨以上）的建设项目。其他建设项目水资源论证报告书的分级审查权限，由省、自治区、直辖市人民政府水行政主管部门确定"。②《国务院对确需保留的行政审批项目设定行政许可的决定》第168项，建设项目水资源论证报告书由各级人民政府水行政主管部门、流域管理机构审批。

23）占用农业灌溉水源、灌排工程设施审批。 执法依据为：①《占用农业灌溉水源、灌排工程设施补偿办法》第六条，"任何单位或个人占用农业灌溉水源、灌排工程设施，必须事先向有管辖权或管理权的水行政主管部门提出申请，并提交有关文件资料，经审查批准后，发给同意占用的文件，并报上一级水行政主管部门备案"。②《国务院对确需保留的行政审批项目设定行政许可的决定》第170项，占用农业灌溉水源、灌排工程设施由各级人民政府水行政主管部门、流域管理机构审批。

24）水利基建项目初步设计文件审批。 执法依据为：①《水利工程建设程序管理暂行规定》第七条，"初步设计由项目法人组织审查后，按国家现行规定权限向主管部门申报审批"。②《国务院对确需保留的行政审批项目设定行政许可的决定》第172项，水利基建项目初步设计文件由县级以上人民政府水行政主管部门审批。

25）水利工程开工审批。 执法依据为：①《水利工程建设程序管理暂行规定》第八条，"建设实施阶段是指主体工程的建设实施，项目法人按照批准的建设文件，组织工程建设，保证项目建设目标的实现"；"水利工程具备《水利工程建设项目管理规定（试行）》规定的开工条件后，主体工程方可开工建设。项目法人或者建设单位应当自工程开工之日起15个工作日内，将开工情况的书面报告报项目主管单位和上一级主管单位备案"。②《国务院对确需保留的行政审批项目设定行政许可的决定》第173项，水利工程开工由县级以上人民政府水行政主管部门审批。

3. 许可实施

水行政许可的实施机关是实施水行政许可行为的主体，包括法定水行政机关、受委托的行政机关、行使集中许可权的行政机关以及受理与办理行政许可的行政机关和法律授权的组织。

实施程序为受理、审查和作出决定。

（1）**受理**。申请人应提供申请人基本情况、申请具体事项、申请的理由和法律依据，以及应当具备的其他材料。

（2）**审查**。审查申请人是否具备从事某项水行政许可的条件，征询相关方面意见，并考核申请人，核实申请内容。

(3) 作出决定。 经过审核后，认为申请人符合法定条件的，就应当作出向申请人颁发该水行政许可证书或资质证或同意书等有关的水行政决定并及时颁发相应证书。

（三）水利监督

水利部于 2022 年 12 月 5 日修订印发了《**水利监督规定**》，2019 年 7 月 19 日水利部印发的《水利监督规定（试行）》同时废止。

所谓**水利监督**，是指水利部、流域管理机构、地方各级水行政主管部门在法定职权范围内，对本级及下级水行政主管部门、其他行使水行政管理职责的机构及其所属企事业单位，组织开展的监督工作。

(1) 水利监督权限。 水利部统筹协调、组织指导全国水利监督工作。流域管理机构依据职责和授权，负责流域内或指定范围的水利监督工作。地方各级水行政主管部门按照管理权限，负责本行政区域内的水利监督工作。

(2) 水利监督范围。 水利监督范围包括党中央、国务院重大决策部署落实情况，水利部重要工作部署落实情况，法定职责履行情况等。

(3) 水利监督事项。 主要包括如下事项：

1）水利安全生产和质量监督管理。

2）流域综合规划、流域专业（专项）规划、区域水利规划编制与实施，水利建设项目前期工作。

3）重点防洪工程设施水毁修复、大中型水库防洪调度和汛限水位执行、山洪灾害监测预警、蓄滞洪区建设和管理。

4）水资源开发、利用、节约、保护、配置和管理。

5）河长制湖长制落实，河湖水域及其岸线管理和保护，河道采砂管理。

6）水土保持和水生态修复。

7）灌区工程、农村供水工程建设与管理，小水电管理。

8）水利建设市场监督管理，水利工程建设与运行。

9）水资源调度及调水工程调度运行管理。

10）中央水利资金使用和管理。

11）水文水资源监测、预报、评价。

12）水利工程移民及水库移民后期扶持政策落实。

13）水政监察和水行政执法。

14）水利网络安全和信息化建设及应用。

15）其他水利监督事项。

(4) 水利监督原则和体制。 坚持依法依规、客观公正、问题导向、分级负责、统筹协调的原则，实行**综合监督、专业监督、专项监督、日常监督**相结合的监督体制。具体可参看《**水利监督规定**》的有关要求。

二、水事法规的司法

司法，又称法的适用，通常是指国家司法机关及其司法人员依照法定职权和法定程序，具体运用法律处理案件的专门活动。这里的司法机关是行使司法权的国家机关，在我国一般是指人民法院和人民检察院，从广义上理解也可以包括公安机关、国家安全机关、司法行政机关、军队保卫部门、监狱等负责刑事侦查的机构。

司法包括行政司法和专门机关司法。

行政司法是指由行政机关充当争议的裁决人，依照行政司法程序解决行政争议和其他特定纠纷的一种行政行为，是国家行政机关按照准司法程序审理特定的具体案件、裁决特定行政争议的活动。

专门机关司法是指国家司法机关，主要指人民法院依照诉讼程序对争议与违法行为作出的审理判决活动。

下面着重介绍一下**行政司法**的类型。

(1) 行政调解。行政调解是行政机关处理行政纠纷的一种方法，是指国家行政机关对属于本机关职权管辖范围内的行政纠纷，以国家法律、法规及政策为依据，在行政机关的主持下，以当事人各方自愿为原则，通过说服教育的方式，促使民事纠纷或轻微刑事案件当事人通过协商互谅达成协议，以解决纠纷的一种调解制度，通常称为政府调解。行政调解应遵循自愿原则、合法原则、公平公正原则和注重效果原则。

根据《最高人民法院关于建立健全诉讼与非诉讼相衔接的矛盾纠纷解决机制的若干意见》的规定，我国的行政调解协议具有民事合同性质。因此，应当按照法律对合同的规定来处理行政调解的相关问题。与司法调解相比，行政调解同人民调解一样，属于诉讼外调解，所达成的协议均不具有法律上的强制执行的效力，但对当事人均应具有约束力。

(2) 行政复议。行政复议是指在相对人不服行政执法决定时，依法向指定的部门（行政机关）提出重新处理的申请。

行政复议本质上是指行政相对人认为行政主体的具体行政行为侵犯其合法权益，依法向行政复议机关提出复查该具体行政行为的申请，行政复议机关依照法定程序对被申请的具体行政行为进行合法性、适当性审查，并作出行政复议决定的一种法律制度。行政复议作为行政管理相对人行使救济权的一项重要法律制度，其目的是纠正行政主体作出的违法或者不当的具体行政行为，以保护行政管理相对人的合法权益。

《中华人民共和国行政复议法》第二条规定："公民、法人或者其他组织认为行政机关的行政行为侵犯其合法权益，向行政复议机关提出行政复议申请，行政复议机关办理行政复议案件，适用本法。"

《住房城乡建设行政复议办法》第三条规定："行政复议机关应当认真履行行政复议职责，遵循合法、公正、公开、及时、便民的原则，坚持有错必纠，保障法律、法规和规章的正确实施。"

(3) 行政仲裁行政仲裁亦称"行政公断"，是指国家行政机关以第三者身份依法对当事人之间的争议，按照法定仲裁程序予以解决的制度。

《中华人民共和国仲裁法》（以下简称《仲裁法》）第二条规定："平等主体的公民、法人和其他组织之间发生的合同纠纷和其他财产权益纠纷，可以仲裁。"

行政仲裁是具有准司法性质的行政活动。行政机关所设的特定仲裁机关依法对民事争议当事人双方提交仲裁的争议进行裁决，其裁决具有法律效力，争议双方受到裁决约束。行政仲裁机构只能是行政机关设立的解决民事争议的专门机构。

（4）行政处罚。《水行政处罚实施办法》第二条规定："公民、法人或者其他组织违反水行政管理秩序的行为，依法给予水行政处罚的，由县级以上人民政府水行政主管部门或者法律、法规授权的组织（以下统称水行政处罚机关）依照法律、法规、规章和本办法的规定实施。"

依据《水行政处罚实施办法》第四条，水行政处罚的种类包括：
1）警告、通报批评。
2）罚款、没收违法所得、没收非法财物。
3）暂扣许可证件、降低资质等级、吊销许可证件。
4）限制开展生产经营活动、责令停产停业、责令关闭、限制从业。
5）法律、行政法规规定的其他水行政处罚。

依据《水行政处罚实施办法》第五条，下列水行政处罚机关在法定授权范围内以自己的名义独立行使水行政处罚权：
1）县级以上人民政府水行政主管部门。
2）国务院水行政主管部门在国家确定的重要江河、湖泊设立的流域管理机构（简称流域管理机构）及其所属管理机构。
3）省、自治区、直辖市决定行使水行政处罚权的乡镇人民政府、街道办事处。
4）法律、法规授权的其他组织。

《水行政处罚实施办法》第六条规定："县级以上人民政府水行政主管部门可以在其法定权限内委托符合本办法第七条规定条件的水政监察专职执法队伍、水行政执法专职机构或者其他组织实施水行政处罚。"受委托组织应当符合下列条件：
1）依法成立并具有管理公共事务职能。
2）具有熟悉有关法律、法规、规章和水利业务，并取得行政执法资格的工作人员。
3）需要进行技术检查或者技术鉴定的，应当有条件组织进行相应的技术检查或者技术鉴定。

（5）行政诉讼。行政诉讼是人民法院适用司法程序解决行政争议的活动。《**行政诉讼法**》第二条规定："公民、法人或者其他组织认为行政机关和行政机关工作人员的**行政行为**侵犯其合法权益，有权依照本法向人民法院提起诉讼。"这里所称的行政行为，包括法律、法规、规章授权的组织作出的行政行为。

行政诉讼属于专门机关司法，是指公民、法人或其他组织在认为行政主管部门及其工作人员的行为侵犯自己的合法权益时，依法向法院请求司法保护，并由法院对行政行为进行审查和裁决的一种诉讼活动。

行政诉讼解决的是行政主体与行政相对人之间的行政争议，由行政相对人、利害关系人提起（行政主体没有起诉权和反诉权），要求存在某个行政行为为现行条件。

三、法律遵守

法律遵守是指**公民、社会组织和国家机关**以法律作为自己行为的准则，也称守法。一切违反宪法和法律的行为，必须予以追究，任何组织或者个人都不得有超越宪法和法律的特权。**水事法规遵守**是指从事水事活动应当遵守法律、法规，不得损害社会公共利益和他人的合法权益的行为。在我国，一切组织和个人都是守法的主体。

我国《**中华人民共和国宪法**》（以下简称《宪法》）第五条明确规定："一切国家机关和武装力量、各政党和各社会团体、各企业事业组织都必须遵守宪法和法律。"第三十三条规定："任何公民享有宪法和法律规定的权利，同时必须履行宪法和法律规定的义务。"

公职人员作为国家法律的直接实施者、执行者，要当好遵法守法"先行者"。法律面前人人平等，遵纪守法是公职人员从政的底线和红线，也是安身立命的最基本要求、最基本职责和最基本素养。**习近平总书记曾强调，政府是执法主体**，对执法领域存在的有法不依、执法不严、违法不究甚至以权压法、权钱交易、徇私枉法等突出问题，老百姓深恶痛绝，必须下大气力解决。

公职人员必须坚持依法行使权力，带头遵守法律规定，既要严格执行"**法无授权不可为**"，又要严格落实"**法定职责必须为**"，按照法律规定的原则、程序、内容行使职权，坚决杜绝以言代法、以权压法、徇私枉法。坚持"公平、公正、公开"的原则，做到情为民所系、权为民所用、利为民所谋，规规矩矩办好每件事，赢得人民群众的信任和拥护。

2022年10月22日中国共产党第二十次全国代表大会通过的《中国共产党章程》第三条第四项"自觉遵守党的纪律，首先是党的政治纪律和政治规矩，模范遵守国家的法律法规，严格保守党和国家的秘密，执行党的决定，服从组织分配，积极完成党的任务"，对党政机关和党员依法办事均提出了明确要求。

《中华人民共和国公职人员政务处分法》第二条指出："本法适用于监察机关对违法的公职人员给予政务处分的活动。"第三条指出："监察机关应当按照管理权限，加强对公职人员的监督，依法给予违法的公职人员政务处分。"

【思考题】

1. 简述水事立法的概念及其依据。
2. 简述水事立法程序。
3. 简述水行政执法的定义及行政处理类别。
4. 水行政处罚的原则是什么？
5. 简述水行政强制措施。
6. 水行政许可的法律特征是什么？
7. 水行政许可的项目种类有哪些？
8. 简述水行政执法监督检查的内容。
9. 简述水行政司法中调解、复议和仲裁的概念。

第二章 我国水系及其水资源法规

古人云："圣人治世，其枢在水。"水资源是基础性和战略性的经济资源，也是生态与环境的控制要素。学习水事法律法规必须要了解我国水系及其资源状况，以及水资源法规相关内容。

第一节 我国水系流域管理

我国陆地面积960多万km^2，有万条河流，总长度为43万km，河流流淌过的地域称为流域，其中流域面积大于$50km^2$的河流共45203条，流域面积超过$100km^2$的河流有1500多条，流域面积超过$10000km^2$的有228条，这些流域内的各种河流和湖泊等水体组成的水网系统称为水系，即一条干流及其支流组成的河网系统。

一、水系

（一）水系的特征

我国地形多样，地质构造复杂，故河流水系类型也多种多样，主要类型有辫状水系（长江源头）、格子状水系（如闽江）、网状水系（如许多山前洪积扇及三角洲平原）、树枝状水系（如黄河、长江、珠江）、羽状水系（渭河）、放射状水系（海南岛五指山）、梳状水系（淮河）等。

水系特征主要包括河流的流程、流向、流域面积、支流数量及其形态、河网密度、水系归属、河道特征（河谷宽窄、河床深度、河流弯曲系数）、落差、发源地、沿河湖泊补给等。这些特征直接影响水资源水系水文特征，如流量、水位、含沙量、汛期、枯水期、结冰期，甚至水能利用和航运价值等。

水系的形态特征一般用以下计算参数衡量：

(1) 河网密度，是水系总长与水系分布面积之比，表示每平方公里面积上河流的长度。其大小与地区的气候、岩性、土壤、植被覆盖等自然环境以及人类改造自然的各种措施有关。在相似的自然条件下，河网密度越大，河水径流量也越大。

(2) 河系发育系数，是各级支流总长度与干流长度之比。一级支流总长度与干流长度之比称为一级河网发育系数，二级支流总长度与干流长度之比称为二级河网发育系数。河流的发育系数越大，表明支流长度超过干流长度越多，对径流的调节作用越有利。

(3) 河系不均匀系数，是干流左岸支流总长度和右岸支流总长度之比，表示河系不对称程度。不均匀系数越大，表明两岸汇入干流的水量越不平衡。

(4) 湖泊率和沼泽率，是水系内湖泊面积或沼泽面积与水系分布面积（流域面积）之比。由于湖泊或沼泽能调节河水流量，促使河流水量随时间的变化趋于均匀，减少洪水灾害和保证枯水季节用水。因此，湖泊率和沼泽率越大，对径流的调节作用越显著。

(二) 我国七大水系

我国有七大水系，其总面积超过 435 万 km²，贯穿整个国家，滋润着天南地北，养育着华夏民族。**七大水系**包括长江水系、黄河水系、松花江水系、珠江水系、海河水系、淮河水系和辽河水系。

1. 长江水系

长江是我国长度最长和流量最大的河流，也是世界第三和亚洲最大的河流，全长 6387km，干流自西向东经我国中部的 11 个省（自治区、直辖市），即青海、西藏、四川、云南、重庆、湖北、湖南、江西、安徽、江苏和上海。流域总面积达 180 万 km²，年平均入海水量近 1 万亿 m³，为第二长河黄河的 20 倍。

2. 黄河水系

黄河是我国境内第二长和第二大的河流，也是我国的母亲河，我国文明的主要发源地及古代政治中心基本都在黄河流域。黄河全长 5464km，自西向东流经我国北方的 9 个省（自治区），即青海、四川、甘肃、宁夏、内蒙古、陕西、山西、河南和山东，流域面积达 75.24 万 km²。

3. 松花江水系

松花江是我国第三大河黑龙江在中国境内的最大分支，由于黑龙江现在大部分不在我国境内，并且是中俄的边界河，因此，其分支松花江在我国境内流域面积反而比较大，松花江总长度为 1927km，主要流经我国东北的黑龙江和吉林，也有部分覆盖到辽宁和内蒙古，流域总面积为 55.72 万 km²，占东北地区的 60%，是我国东北地区最重要的河流。

4. 珠江水系

珠江是我国境内第四长的河流，全长 2320km，流经云南、贵州、湖南、江西、广西、广东、香港和澳门 8 个省（特别行政区）。珠江水量丰沛，是我国水量第二大的河流，仅次于长江，年径流量是黄河的 6 倍，在我国境内流域达 44.21 万 km²。

5. 海河水系

海河是我国七大河流之一，全长 1090km，流经山西、河北、内蒙古、河南、山东、北京和天津 7 个省（自治区、直辖市），是我国华北地区的最大水系，流域总面积 31.8 万 km²。海河包括五大支流，即潮白河、永定河、大清河、子牙河、南运河，和一个小支流的北运河。

6. 淮河水系

淮河古称淮水，与长江、黄河、济水并称"四渎"，是我国七大河之一。淮河发源于河南省桐柏县桐柏山太白顶西北侧河谷，于江苏省扬州市三江营入江。淮河位于黄河和长江之间的中国东部，是我国地理及气候的南北分界线，全长约 1000km，流经河南、湖北、安徽、山东和江苏 5 个省，流域总面积 27 万 km²。

7. 辽河水系

辽河也是中国七大河流之一，全长 1345km，注入渤海，流经河北、内蒙古、辽宁和吉林 4 个省（自治区），流域面积 21.9 万 km²。

一般以西辽河为正源，而西辽河又有两源，南源老哈河，北源西拉木伦河。东源东辽河，出吉林省东南部吉林哈达岭西北麓，北流经辽源市，穿行二龙山水库，在辽宁省昌图县福德店与西源西辽河汇合。西辽河与东辽河流至辽宁省铁岭市昌图县福德店水文站上游汇入左侧支流东辽河后始称辽河。

二、流域

流域是降水自然形成的以分水岭为边界、以江河湖泊为纽带的空间单元；或者说是指某一封闭的地形单元，该单元内有溪流（沟道）或河川排泄某一断面以上全部面积的径流。人们经常把流域作为一个生态经济系统进行经营管理。

流域多具备以下特性：

(1) 独立性。 这是自然地理单元属性所决定的，每个流域都是一个相对独立的生态系统，与其他流域的物质、能量几乎没有交换。根据其内部各个自然因素之间、社会因素之间以及自然因素与社会因素之间的相互作用关系，独立提出法律对策和制度设计。

(2) 流域性。 流域性也称**整体性**，这是自然属性和社会属性所决定的。降水以流域为单元产流、径流、汇流、演进，这是不以人的意志为转移的客观规律。流域内的水的流动相互贯通，以上下游、左右岸、干支流、地上地下的形式自然联系。流域内山林湖草沙等生态要素紧密相连，互相影响、互相依存，构成生命共同体。流域内不同区域、行业对水的需求多样、诉求各异，防洪、供水、灌溉、发电、航运、生态、环境的多目标相互交织，组成复杂的利益相关体。流域性是江河湖泊最根本、最明显的特性。这一特性决定了治水管水必须以流域为基础单元，坚持流域整体，全流域一盘棋。

(3) 空间性。 这是管理属性决定的。流域内以水为纽带和自然空间单元，形成自然与人交融的整体。流域边界内的空间，由人类针对空间的改造、利用、占有和支配过程中建立起来的社会关系，形成流域生态的法律制度体系。

三、流域管理体制

流域管理，又称流域治理、流域经营、集水区经营。也就是说，为了充分发挥水土资源及其他自然资源的生态效益、经济效益、社会效益，以流域为单元，在全面规划的基础上，合理安排农、林、牧、副各业用地，因地制宜地布设综合治理措施，对水土及其他自然资源进行保护、改良与合理利用。

我国《水法》规定："国家对水资源实行流域管理与行政区域管理相结合的管理体制。"

（一）国务院水行政主管部门

根据有关法律、法规和国务院的有关规定，**水利部为国务院的水行政主管部门**，其他如住房城乡建设部、交通运输部、自然资源部、生态环境部、中国气象局等行政管理部门，按照国务院授予的职责也承担了部分与其主管业务相关的涉及水资源的行政管理职能。

《**水法**》第四十四条规定："国务院发展计划主管部门和国务院水行政主管部门负责全国水资源的宏观调配。"《**防洪法**》第八条规定："国务院水行政主管部门在国务院的领导下，负责全国防洪的组织、协调、监督、指导等日常工作。国务院水行政主管部门在国家确定的重要江河、湖泊设立的流域管理机构，在所管辖的范围内行使法律、行政法规规定和国务院水行政主管部门授权的防洪协调和监督管理职责。国务院建设行政主管部门和其他有关部门在国务院的领导下，按照各自的职责，负责有关的防洪工作。"

（二）流域水利委员会

为了对水资源的开发利用进行科学、高效的管理，实行以流域为单元的全面规划、统筹兼顾、综合利用、发挥水资源的综合效益、建立流域管理与区域管理相结合的管理体系。七大江河流域的水行政主管职责，是由水利部派出的流域机构行使，它们分别称为"某河水利委员会"，如"黄河水利委员会""长江水利委员会"等。当然，流域机构还负责管理本流域以外邻近地区的水行政。

我国七大水系共有6个水利委员会，因为松花江和辽河的水利委员会合为"松辽水利委员会"，除了负责松花江和辽河的水行政外，还管理着东北地区国际界河（湖）及独流入海河流区域内的水行政。目前，我国共有七大流域机构，即除了上述七大江河的6个流域机构外，还有一个太湖流域管理局，驻地上海市，代表水利部在太湖流域，钱塘江流域，浙江省、福建省（韩江流域除外）区域内行使水行政主管职责。

（三）地方人民政府水行政管理体制

地方人民政府的水管理体制是省（自治区、直辖市）水利（水务）厅（局）、地区（市）水利（水务）局、县（市）水利（水务）局、乡（镇）水利管理站。其中地区行署水利（水务）局是省级人民政府派出机构的水行政主管部门，乡（镇）水利管理站既是县（市）级水行政主管部门在乡镇的延伸，又是服务于当地的具有双重功能的基层水利组织。另外，新疆生产建设兵团设有水利局，负责新疆生产建设兵团管辖范围内的水行政管理工作。

第二节　水利工程类别及其管理

水利工程，也称水工程，是用于控制和调配自然界的地表水和地下水，为达到除害兴利目的而修建的工程。水力发电是指通过建设水电站、水利枢纽、航电枢纽等工程，将水能转换成电能的生产活动。

水是人类生产和生活必不可少的宝贵资源，但其自然存在的状态并不完全符合人类的需要。只有修建水利工程，才能控制水流，防止洪涝灾害，并进行水量的调节和分配，以满足人民生活和生产对水资源的需要。水工程需要修建坝、堤、溢洪道、水闸、进水口、渠道、渡漕、筏道、鱼道等不同类型的水工建筑物，以实现其目标。

一、水利工程的类别、特点及等级

（一）工程分类

1. 根据服务对象进行分类

水利工程按服务对象的分类包括防止洪水灾害的**防洪工程**；防止旱、涝、渍灾，为农业生产服务的农田水利工程，或称**灌溉和排水工程**；将水能转化为电能的**水力发电工程**；改善和创建航运条件的**航道和港口工程**；为工业和生活用水服务，并处理和排除污水和雨水的城镇**供水和排水工程**；防止水土流失和水质污染，维护生态平衡的**水土保持工程和环境水利工程**；保护和增进渔业生产的**渔业水利工程**；围海造田，满足工农业生产或交通运输需要的**海涂围垦工程**等。

一项水利工程同时为防洪、灌溉、发电、航运等多种目标服务，称为**综合利用水利工程**。

2. 根据工程目标进行分类

(1) 蓄水工程：指水库和塘坝（不包括专为引水、提水工程修建的调节水库），按大、中、小型水库和塘坝分别统计。

(2) 引水工程：指从河道、湖泊等地表水体自流引水的工程（不包括从蓄水、提水工程中引水的工程），按大、中、小型规模分别统计。

(3) 提水工程：指利用扬水泵站从河道、湖泊等地表水体提水的工程（不包括从蓄水、引水工程中提水的工程），按大、中、小型规模分别统计。

(4) 调水工程：指水资源一级区或独立流域之间的跨流域调水工程，蓄、引、提工程中均不包括调水工程的配套工程。

(5) 地下水源工程：指利用地下水的水井工程，按浅层地下水和深层承压水分别统计。

> 运河工程是种以航运为主的水利工程，隶属港口航道与海岸工程专业范畴，是指人工开凿的通航河道，是用以沟通地区或水域间水运的人工水道，通常与自然水道或其他运河相连（如京杭大运河、南水北调工程等）。与公路、铁路等运输方式相比，水运具有运能大、单位运输成本低、能耗小、污染少等优势。除航运外，运河还可用于灌溉、分洪、排涝、给水等。

（二）基本特点

(1) 系统性和综合性。我国著名学者钱学森认为，系统是由相互作用相互依赖的若干组成部分结合而成的，具有特定功能的有机整体，而且这个有机整体又是它从属的更大系统的组成部分。系统就是一种体系，它在一定时空内以特定的行为模式相互影响。水利工程对自然界的地表水和地下水进行控制、治理、调配、保护、开发利用，包括水库工程、排水灌溉工程、水土保持工程、防洪工程、跨流域调水工程和水力发电工程。任一水利单项工程都是一独立系统。任何一个系统都可以看作是由许多功能要素为特定的个体组成的综合体。规划设计水利工程必须从全局出发，系统地、综合地进行分析研究，才能得到最为经济合理的优化方案。

> 水利单项工程是指具有独立的设计文件，竣工后可以独立发挥生产能力或效益的水利工程，有时也称作为工程项目。

(2) 环境协调性。水利工程不仅通过其建设任务对所在地区的经济和社会产生影响，而且对江河、湖泊，以及附近地区的自然面貌、生态环境、自然景观，甚至区域气候，都将产生不同程度的影响。这种影响就是环境协调性。规划设计时必须对其进行全面估计，体现"天人合一"的理念，既要充分发挥水利工程的积极作用，又要消除水利工程对环境的破坏。

(3) **工作运行的复杂性**。水利工程中各种水工建筑物或构筑物都是在难以确切把握的气象、水文、地质等自然条件下进行设计、施工和运行的，不仅要承受水的物理性推力、浮力、渗透力、冲刷力以及地震力等的作用，又要接受化学的和生物的多重组合侵蚀，既要承受耐久性作用，又涉及环境协调性影响，工作环境较其他建筑物更为复杂。

(4) **水利工程的效益具有随机性**。水利工程随着每年水文气象状况不同而收益也有所不同。这是因为水利工程设计都是源于随机性基础数据，其运行也必然受制于水文气象随机性影响。水利工程规划是流域规划或地区水利规划的组成部分，而一项水利工程的兴建，既有兴利除害有利的一面，又有淹没、浸没、移民、迁建等不利的一面。

(5) **水利工程兴建时必须按照基本建设程序、有关法律法规和技术标准进行**。因为水利工程一般规模体量较大，工程技术复杂，施工工期较长，项目投资具有投资内容独特、投资数额大、影响时间长的特征。

(三) 水利工程等级

水利水电工程等别划分及洪水标准，既关系到工程自身的安全，又关系到其下游（或保护区）人民生命财产、工矿企业和设施的安全，还对工程效益的正常发挥、工程造价和建设速度有直接影响。它的确定是设计中遵循自然规律和经济规律，体现国家经济政策和技术政策的一个重要环节。

1. 等别划分指标

水利水电工程按照功能可分为防洪工程、治涝工程、灌溉工程、供水工程、发电工程等。工程是由多种水工建筑物组合起来能发挥单项或综合功能的系统，因此分类之间既有交叉关系，也有从属关系，比如水库工程可能涵盖防洪、灌溉、供水、发电等多功能，这就给水利水电工程的等别划分造成了困难。通过综合考虑，对水利水电工程功能及等别确定划分指标，并与《防洪标准》（GB 50201—2014）进行了协调，按照**水库总库容、防洪、治涝、灌溉、供水、发电**等六类指标进行工程分等，然后在工程分等基础上，再根据组成工程的水工建筑物的相应指标进行分级，并制定相应的洪水标准。

2. 等级划分依据

依据《水利水电工程等级划分及洪水标准》（SL 252—2017），水利水电工程按规模、效益及其在经济社会中重要性划分为 Ⅰ～Ⅴ 5 个等别，见表 2-1；按水工建筑物所在工程等别、作用和其重要性划分为 1～5 级。

表 2-1　　　　　　　　　　水利水电工程分等指标

工程等别	工程规模	水库总库容 /10^8m³	防洪 保护人口 /10^4人	防洪 保护农田面积 /10^4亩	防洪 保护区当量经济规模 /10^4人	治涝 治涝面积 /10^4亩	灌溉 灌溉面积 /10^4亩	供水 供水对象重要性	供水 年引水量 /10^8m³	发电 发电装机容量 /MW
Ⅰ	大（1）型	≥10	≥150	≥500	≥300	≥200	≥150	特别重要	≥10	≥1200
Ⅱ	大（2）型	<10, ≥1.0	<150, ≥50	<500, ≥100	<300, ≥100	<200, ≥60	<150, ≥50	重要	<10, ≥3	<1200, ≥300

续表

工程等别	工程规模	水库总库容 /$10^8 m^3$	防洪 保护人口 /10^4 人	防洪 保护农田面积 /10^4 亩	防洪 保护区当量经济规模 /10^4 人	治涝 治涝面积 /10^4 亩	灌溉 灌溉面积 /10^4 亩	供水 供水对象重要性	供水 年引水量 /$10^8 m^3$	发电 发电装机容量 /MW
Ⅲ	中型	<1.0, ≥0.1	<50, ≥20	<100, ≥30	<100, ≥40	<60, ≥15	<50, ≥5	比较重要	<3, ≥1	<300, ≥50
Ⅳ	小（1）型	<0.1, ≥0.01	<20, ≥5	<30, ≥5	<40, ≥10	<15, ≥3	<5, ≥0.5	一般	<1, ≥0.3	<50, ≥10
Ⅴ	小（2）型	<0.01, ≥0.001	<5	<5	<10	<3	<0.5		<0.3	<10

注 1. 水库总库容指水库最高水位以下的静库容；治涝面积指设计治涝面积；灌溉面积指设计灌溉面积；年引水量指供水工程渠首设计年均引（取）水量。
2. 保护区当量经济规模指标仅限于城市保护区；防洪、供水中的多项指标满足1项即可。
3. 按供水对象的重要性确定工程等别时，该工程应为供水对象的主要水源。
4. 1亩≈666.67m^2。

为维护水工建筑物自身安全所需要防御的洪水大小，一般以某一频率或重现期洪水表示，分为设计洪水标准和校核洪水标准。

二、水利水电工程建设法规及技术标准

水利工程管理的基本任务就是要确保水工建筑物的安全，充分发挥其效益，促进其综合经营，提高科学管理水平，服务于社会。我国发布了各种条例、通则、办法、决定和标准等，用以规范水利工程的管理。

（一）水利建设法规

1. 基本法

水利水电工程基本法是《水法》。《水法》是我国调整水资源的开发、利用、节约、保护以及管理水资源和防治水害过程中发生的各种社会关系的法律法规的基本法，是国家法律体系的重要组成部分。《水法》第一条指出："为了合理开发、利用、节约和保护水资源，防治水害，实现水资源的可持续利用，适应国民经济和社会发展的需要，制定本法。"第三条指出："水资源属于国家所有。水资源的所有权由国务院代表国家行使。"《水法》所指水资源包括地下水和地表水。

2. 广义水法

水法有狭义和广义之分。

狭义水法仅指《水法》，其法律效力仅在宪法之下。我国现行《水法》于1988年1月21日第六届全国人民代表大会常务委员会第24次会议通过，于2002年8月进行了修改，于2009年8月和2016年7月进行了第一次和第二次修正。

广义水法是指水法规，是规范水事活动的法律、法规、规章以及其他规范性文件的总称，主要有如下内容：

(1)《中华人民共和国水法》。
(2)《中华人民共和国建筑法》。
(3)《中华人民共和国防洪法》。
(4)《中华人民共和国环境影响评价法》。
(5)《中华人民共和国水土保持法》。
(6)《中华人民共和国防震减灾法》。
(7)《水利工程质量管理规定》。
(8)《水利工程建设安全生产管理规定》。
(9)《水利工程建设项目招标投标管理规定》。
(10)《水利工程建设程序管理暂行规定》。
(11)《水利工程建设项目管理规定（试行）》。
(12)《水利工程建设监理单位资质管理办法》。
(13)《注册监理工程师（水利工程）管理办法》。
(14)《河道管理条例》。
(15)《水库大坝安全管理条例》。

（二）技术标准

1. 标准的定义

国际标准化组织（ISO）**对"标准"作出的定义**是：一种或一系列具有强制性要求和指导性功能，内容含有细节性技术要求和有关技术方案的文件，其目的是让相关的产品或者服务达到一定的安全标准或者进入市场的要求。《标准化工作指南　第1部分：标准化和相关活动的通用术语》（GB/T 20000.1—2014）附录A表A.1中对标准的定义是："为了在一定范围内获得最佳秩序，经协商一致确立并由公认机构批准，为活动或结果提供规则、指南和特性，供共同使用和重复使用的文件。"

2. 技术标准的概念

技术标准是对生产、建设、商品流通的质量、规格和检验方法，以及对技术文件常用的图形、符号等所作的规定。技术标准包括基础技术标准、产品标准、工艺标准、检测试验方法标准，及安全、卫生、环保标准等。工程建设标准指对基本建设中各类工程的勘察、规划、设计、施工、安装、验收等需要协调统一的事项所制定的标准。

3. 水利工程技术标准的概念

水利工程技术标准是指专门针对水利工程的勘察、规划、设计、施工、安装、验收等标准。标准是在一定范围内获得的最佳秩序，是对活动或其结果规定共同的和重复使用的规则、导则或特性的文件。该文件经协商一致并经一个公认机构的批准。作为法定标准，一般强调的是公开性、通用性、一致性、系统性。

4. 我国技术标准体系

(1) 国家标准：是指由国家的官方标准机构或国家政府授权的有关机构批准、发布并在全国范围内统一和使用的标准，如我国国家标准（GB）。

(2) 行业标准（或协会标准）：是指由一个国家内一个行业的标准机构制定并在一个行业内统一和使用的标准，如我国水利行业标准（SL）、铁路行业标准（TB）、通信行业标准（YD），美国土木工程师学会标准（ASCE）等。

(3) 企业标准：是指由一个企业（包括企业集团、公司）的标准机构制定并在本企业内统一和使用的标准，通常用 QB 表示。

> 企业标准一般以"Q"作为企业标准的开头。如 Q/×××J2.1—2024，×××为企业代号，可以是企业简称的汉语拼音大写字母；J 为技术标准代号；2.1 为某个标准在企业标准体系中的位置号（2 为技术标准体系中的第二序列产品标准，1 为其中的第一个产品标准）；2024 为标准制定年份。

(4) 地方标准，用 DB 表示，例如《安全生产等级评定技术规范　第 66 部分：水利施工企业》（DB11/T 1322.66—2019）是 2019 年 7 月 1 日实施的一项中华人民共和国北京市地方标准，归口于北京市水务局。

以上各层次之间有一定的依从和内在联系，形成一个覆盖全面又层次分明的标准体系，如《**水资源规划规范**》（GB/T 51051—2014）、《**建设工程监理规范**》（GB/T 50319—2013）、《**中小河流水能开发规划编制规程**》（SL 221—2019）、《**水利水电工程施工安全管理导则**》（SL 721—2015）、《**淤地坝维修养护标准**》（SL/T 823—2024）、《**黑土区水土流失综合防治技术规范**》（SL/T 446—2024）、《**调水工程设计导则**》（SL/T 430—2024）、《**水库大坝隐患探测技术规程**》（SL/T 827—2024）等。

三、水利工程运行管理

水利工程的运用、操作、维修和保护工作，是水利管理的重要组成部分。水利工程建成后，必须通过有效的管理，才能实现预期的效果和验证原来规划、设计的正确性。

我国最早的水利法是《水部式》（注："式"意为设范立制），它是唐代中央政府颁行的水利管理法规，涉及农田水利管理、航运船闸和桥梁渡口的管理和维修、渔业管理以及城市水道管理等内容。

我国最早的防洪法是金章宗泰和二年（1202 年）颁布的《河防令》，规定每年"六月一日至八月终"为涨水月（即汛期），沿河州官和县令必须上堤轮值；汛期过后，负责河务的县令仍要轮流掌管河防。

目前，我国各类运行的水利工程都有相应管理法规。如《**水库大坝安全管理条例**》第三条规定："国务院水行政主管部门会同国务院有关主管部门对全国的大坝安全实施监督。县级以上地方人民政府水行政主管部门会同有关主管部门对本行政区域内的大坝安全实施监督。各级水利、能源、建设、交通、农业等有关部门，是其所管辖的大坝的主管部门。"第四条规定："各级人民政府及其大坝主管部门对其所管辖的大坝的安全实行行政领导负责制。"

> 中华人民共和国境内坝高 15m 以上或者库容 100 万 m^3 以上的水库大坝包括永久性挡水建筑物以及与其配合运用的泄洪、输水和过船建筑物等。

(一) 基本任务与主要工作内容

1. 工程管理的基本任务

(1) 始终保持工程建筑物和设备的完整、安全，使之处于良好的技术状况。

(2) 正确运用工程设备，以控制、调节、分配、使用水源，充分发挥其防洪、灌溉、供水、排水、发电、航运、水产、环境保护等效益。

(3) 正确操作闸门启闭和各类机械、电机设备，提高效率，防止事故；改善经营管理，不断更新改造工程设备和提高管理水平。

2. 主要工作内容

水利工程检查观测、水利工程养护修理、水利调度以及适当进行技术改造。其主要工作内容如下：

(1) 制定和贯彻有关水利工程管理的行政法规。

(2) 制定、修订和执行技术管理规范、规程，如工程检查观测规范、工程养护修理规范、水利调度规程、闸门启闭操作规程等。

(3) 建立、健全各项工作制度，如计划管理制度、技术管理制度、经济管理制度、财务器材管理制度和安全保卫制度等。

(二) 水利工程管理的分类

水利工程种类繁多，其作用和所处的客观环境也互不相同，因而其管理内容和管理方法也都有各自特点。

1. 水库管理

水库属于调节径流的工程。**水库管理**的重点是做好大坝安全管理工作，防止溃坝而造成严重后果。

《**水库大坝安全管理条例**》第十二条规定："大坝及其设施受国家保护，任何单位和个人不得侵占、毁坏。大坝管理单位应当加强大坝的安全保卫工作。"第十三条规定："禁止在大坝管理和保护范围内进行爆破、打井、采石、采矿、挖沙、取土、修坟等危害大坝安全的活动。"第十五条规定："禁止在大坝的集水区域内乱伐林木、陡坡开荒等导致水库淤积的活动。禁止在库区内围垦和进行采石、取土等危及山体的活动。"

大坝管理单位必须按照有关技术标准，对大坝进行安全监测和检查；对监测资料应当及时整理分析，随时掌握大坝运行状况。发现异常现象和不安全因素时，大坝管理单位应当立即报告大坝主管部门，及时采取措施。

在汛期，综合利用的水库，其调度运用必须服从防汛指挥机构的统一指挥；以发电为主的水库，其汛限水位以上的防洪库容及其洪水调度运用，必须服从防汛指挥机构的统一指挥。任何单位和个人不得非法干预水库的调度运用。

2021年3月国务院办公厅印发了《**国务院办公厅关于切实加强水库除险加固和运行管护工作的通知**》。水利部副部长刘伟平指出，我国水库大坝具有"六多"的特点。

第一，**总量多**。我国现有水库9.8万座，是世界上水库大坝最多的国家。

第二，**小水库多**。我国现有水库中95%的水库是小型水库。

第三，**病险水库多**。自20世纪初，水利部开展了大规模的水库除险加固工作，有力有效保障了水库的安全。但截至目前，仍然还有大量的病险水库。

第四，**土石坝多**。我国的大坝类型中92%是土石坝，而我国以前溃坝的坝型和出险的坝型，绝大多数正是土石坝。

第五，**老旧坝多**。我国现有的水库大坝，80%是20世纪50—70年代修建的。

第六，**高坝多**。全世界已建成的200m以上的高坝有77座，中国有20座，占26%，排第一位；在建的200m以上的高坝，全世界在建22座，中国有15座，占68%，排第一位。

我国小型水库病害类型主要是渗漏、滑坡和洪水漫顶三种，其中渗漏和滑坡占据80%以上。为此，水利部颁布了《**小型病险水库除险加固项目管理办法**》，其中第十三条规定："小型病险水库除险加固项目实行项目法人责任制、招标投标制、建设监理制、合同管理制。各地可结合本地实际优化小型病险水库除险加固项目建设管理，体现简化、高效原则，提升管理实效。"

水库效益是通过水库调度实现的。在水库调度中，要坚持兴利服从安全的原则。水库的**兴利调度**要权衡轻重缓急，考虑多方面需要，如工业、农业和城市供水，水力发电，改善通航条件，发展水库渔业，以及维护生态平衡和水体自净能力等需要。为了充分发挥水库的综合效益，在水库调度中，需要进行许多技术工作（**水库调度图、水库预报调度、水库群调度**）。多泥沙河流上的水库调度，为了减少库区淤积、延长水库寿命，还需要进行水库泥沙观测和专门研究水沙调度问题。

水库调度图是以时间（月、旬）为横坐标，以水库水位或蓄水量为纵坐标，由一些控制水库蓄水量和供水量（或电站发电出力）的指示线，划分出不同的供水区（或供电区），用以指导长期调节水库控制运用的主要工具。

2. 水闸管理

水闸是用以挡水，控制过闸流量，调节闸上下游水位的低水头水工建筑物，一般有节制闸、分洪闸、进水闸、排水闸、冲沙闸和挡潮闸等分类。

发挥水闸的作用是通过**水闸调度**来实现的。

水闸管理中最常见的问题是过闸流量的测定不准确，闸门启闭不灵，闸门漏水、锈蚀和腐蚀，闸基渗漏和变形，闸上下游冲刷和淤积等。

为保持水闸的正常运用，需要做好技术管理工作：一要定期率定闸门上下游水位、闸门开度与过闸流量之间的函数关系，保证过闸流量的测读准确性；二要按规章制度要求启闭闸门设备，做好闸室消能工以及水工建筑物的养护维修；三要严格水闸启闭规程，备用的动力机械设备或电源应完好。

3. 堤防管理

堤防是约束水流的挡水建筑物。堤防特征是堤线长、穿堤涵闸、管线等与堤身结合部容易形成薄弱点。河道堤防往往由于河势变化而形成险工，堤身内部因蚁穴、开裂、沉陷等缺陷给堤坝带来隐患。所以，堤防管理的中心任务就是防止出现险情（如**漫堤、管涌**

等）和决堤。

堤防管理工作的内容如下：

（1）堤防与相对应的河道由一个机构统一管理并实行分段管理。

（2）进行堤防外观检查测量和必要的河道观测，根据堤坝本身变形和河势变化及时采取堤防的加固除险措施。

（3）有计划地开展堤坝隐患探测，发现隐患及时处理。

（4）堤防养护除工程措施外，生物措施往往更经济有效，如绿化堤坡代替护坡，护堤地营造防浪林等。

（5）汛期应组织防汛队伍准备抢险料物，以应急需。

良渚文化是我国长江下游太湖流域一支重要的古文化，距今5300～4000年。考古专家们惊喜地发现，良渚文明的先人们竟然制造了防御洪水的水坝，而且时间比大禹治水时代还要早一千年，可谓是人类历史上最古老的水坝。

4. 引水工程管理

引水工程的作用是把天然河、湖泊或水库中可以调出的水通过引水线路输送到需水地点。引水线路主要有天然河道、人工开渠、敷设管道。引水沿线一般设有泵站、调节水库以及分水、跌水、平面或立体交叉建筑物等。

引水工程特点是引水工程建筑物种类和数量繁多，技术经济关系复杂，运行管理任务繁重。

引水工程管理工作的主要内容如下：

（1）对来水和用水情况时时进行采集、分析、预测。

（2）按照计划和统筹安排，有计划地引水、输水和分配用水，并做好计量管理工作。

（3）设法降低输水损失，提高输水效率，特别是设法降低能源消耗（如提水泵站）。

（4）采取有效措施，做好工程沿线养护维修，防止沿线水源污染，以满足用户的水质要求。

5. 灌溉工程管理

灌溉工程管理是农业灌溉节水，实现粮食高产目标的工程保障和物质基础。灌溉工程一般包括**水源工程、渠道和渠系建筑物**三部分。其管理要点如下：

（1）水源工程包括水库、拦河闸坝和引水渠首。水源工程的管理实际上也就是水库、水闸的管理。渠首工程还包括泵站和机电井，其管理特点是水泵、动力设备的操作、检修工作量所占比重较大。

（2）渠道一般分**干渠、支渠、斗渠、农渠、毛渠五级**，视灌区规模大小而异。灌溉渠道是一个系统，较大灌区的渠道需要按渠道的性质和自然条件，因地制宜分级管理，适当划分各级管理的范围和权限，制定各级渠道的检查养护制度，开展正常管理工作。渠道管理的主要任务是保持输水能力和降低输水损失。

（3）渠系建筑物种类繁多，有节制闸、进水闸、分水闸、冲沙闸、退水闸、渡槽、跌水、倒虹吸管、隧洞、涵管、桥梁和量水建筑物等。需要针对各类建筑物的不同功能、结构型式和所处的不同环境，制定规程、规范，进行检查养护和操作运用。渠系是一个整体，渠系建筑物的运用必须服从统一调度安排。

灌区和圩区是我国传统农业的两种基本类型。灌区是指有可靠水源，引、输、配水渠道系统和相应排水沟道的灌溉区域。圩区是指在平原河网或沿江滨湖等低洼易涝地区，通过圈圩筑堤，设置水闸、泵站，以外御洪水、内除涝水，从而形成的封闭的防洪排涝保护区域。圩区是包括农田、河网、湖泊、滩地、城镇及农村等在内的一个地区。

人民胜利渠是黄河下游兴建的第一个大型引黄自流灌溉工程，总干渠全长52.7km，渠首位于河南省黄河北岸武陟县秦厂村，至新乡市汇入卫河。1952年10月31日，毛主席视察人民胜利渠，并嘱托"你们要把黄河的事情办好"。

（三）标准化管理

1．颁布新规

2022年3月，水利部制定出台**《关于推进水利工程标准化管理的指导意见》《水利工程标准化管理评价办法》**（以下简称《评价办法》）及评价标准等文件。

我国已建成由**水库、堤防、水闸、灌区、泵站和调水工程**组成的水利工程体系，这些水利工程在发挥巨大防洪减灾、供水灌溉、生态保护效益的同时，也有在运行管理方面存在亟待解决的问题。部分存量病险工程尚未实施除险加固，工程安全隐患依然严重；基层水管单位技术力量薄弱、管护经费不足，运行管理水平相对落后；工程信息化、智慧化管理水平较低，运行管理手段落后。这些问题与新阶段水利高质量发展不相适应，必须加强水利工程运行管理，及时消除安全隐患，守住安全底线，同时，着力提升运行管理能力和水平，努力提高管理规范化、智慧化、标准化。

2．指导思想和总目标

《关于推进水利工程标准化管理的指导意见》提出了推进标准化管理的指导思想和总体目标；从**工程状况、安全管理、运行管护、管理保障和信息化建设**等5个方面，明确了标准化管理要求，确定了推进标准化管理的具体工作内容；从加强组织领导、落实资金保障、推进智慧水利、强化激励措施和严格监督检查等方面提出了保障措施。

3．标准化评价

《评价办法》共十六条，对标准化评价的适用范围、评价主体、工作程序、评价标准、申报水利部评价工作要求及退出机制作出规定。

水库、水闸、堤防等3类工程标准化管理评价标准，对应**工程状况、安全管理、运行管护、管理保障和信息化建设**等5个方面标准化管理要求，分别制定了标准化基本要求和水利部评价标准，细化了评价内容、评价指标和赋分原则。

《关于推进水利工程标准化管理的指导意见》要求，从工程状况、安全管理、运行管护、管理保障和信息化建设等5个方面，实现水利工程全过程标准化管理。

(1) 在工程状况方面：要求工程现状达到设计标准，无安全隐患；主要建筑物和配套设施运行性态正常，运行参数满足现行规范要求；金属结构与机电设备运行正常、安全可靠；监测监控设施设置合理、完好有效，满足掌握工程安全状况需要；工程外观完好，管理范围环境整洁，标识标牌规范醒目。

（2）在安全管理方面：要求工程按规定注册登记，信息完善准确、更新及时；按规定开展安全鉴定，及时落实处理措施；工程管理与保护范围划定并公告，重要边界界桩齐全明显，无违章建筑和危害工程安全活动；安全管理责任制落实，岗位职责分工明确；防汛组织体系健全，应急预案完善可行，防汛物料管理规范，工程安全度汛措施落实。

（3）在运行管护方面：要求工程巡视检查、监测监控、操作运用、维修养护和生物防治等管护工作制度齐全、行为规范、记录完整，关键制度、操作规程上墙明示；及时排查、治理工程隐患，实行台账闭环管理；调度运用规程和方案（计划）按程序报批并严格遵照实施。

（4）在管理保障方面：要求管理体制顺畅，工程产权明晰，管理主体责任落实；人员经费、维修养护经费落实到位，使用管理规范；岗位设置合理，人员职责明确且具备履职能力；规章制度满足管理需要并不断完善，内容完整、要求明确、执行严格；办公场所设施设备完善，档案资料管理有序；精神文明和水文化建设同步推进。

（5）在信息化建设方面：要求建立工程管理信息化平台，工程基础信息、监测监控信息、管理信息等数据完整、更新及时，与各级平台实现信息融合共享、互联互通；整合接入雨水情、安全监测监控等工程信息，实现在线监管和自动化控制，应用智能巡查设备，提升险情自动识别、评估、预警能力；网络安全与数据保护制度健全，防护措施完善。

4. 推进标准化管理的主要工作内容

（1）制订标准化管理工作实施方案。省级水行政主管部门和流域管理机构要加强顶层设计，按照因地制宜、循序渐进的工作思路，制订本地区（单位）水利工程标准化管理工作实施方案，明确目标任务、实施计划和工作要求，落实保障措施，有计划、分步骤组织实施，统筹推进水利工程标准化管理工作。

（2）建立工程运行管理标准体系。省级水行政主管部门和流域管理机构要依据国家和水利部颁布的相关管理制度和技术标准规范，结合工程运行管理实际，梳理工程状况、安全管理、运行管护、管理保障和信息化建设等方面的管理事项，制定标准化管理制度，按照工程类别编制标准化工作手册示范文本，构建本地区（单位）工程运行管理标准体系，指导水管单位开展标准化管理。以县域为单元，深化管理体制改革，健全长效运行管护机制，全面推进小型水库标准化管理，积极探索农村人饮工程标准化管理。

（3）推进标准化管理的实施。水管单位要根据省级水行政主管部门或流域管理机构制定的标准化工作手册示范文本，编制所辖工程的标准化工作手册，针对工程特点，厘清管理事项、确定管理标准、规范管理程序、科学定岗定员、建立激励机制、严格考核评价，按照标准化管理要求，全面开展标准化管理创建工作。

（4）做好标准化管理评价。省级水行政主管部门和流域管理机构要结合实际，制定本地区（单位）的标准化评价细则及其评价标准，建立标准化管理常态化评价机制，深入组织开展标准化评价工作。

5. 水工程管理考核

《评价办法》是在《**水利工程管理考核办法**》的基础上，以水利工程标准化管理评价替代水工程管理考核工作。

（1）评价对象由水管单位改为水利工程。主要考虑到随着水管体制改革和机构改革的推进，各地集中管理逐步成为改革的趋势和方向，由一个水管单位管理多个水利工程的现象普遍存在，而诸多工程因类别、规模、功能、效益等各类因素影响，管理水平不尽相同，管理单位整体达标难度加大，示范带动作用受到影响。因此，本次标准化评价，将评价对象调整为水利工程。水利工程申请标准化评价的主体为该工程的管理单位，即各水管单位可根据管理实际对管辖工程中的某个或某几个工程申报标准化管理评价。

（2）评价内容突出了工程安全和信息化管理。标准化管理把保障工程安全作为首要任务，突出强化了工程实体和安全管理工作；并对运行管理全过程标准化提出明确要求，将管理标准细化到每项管理事项、每个管理程序，落实到每个工作岗位。同时，为适应水利高质量发展的新形势新要求，按照水利部加强智慧水利建设的总体部署，明确了信息化建设的具体要求，增加了赋分权重。

（3）评价标准充分考虑了地区间条件差异。水利部制定了一低一高两个标准，即标准化基本要求和水利部评价标准。省级水行政主管部门、流域管理机构可结合实际，制定本地区（单位）的评价标准，这个标准应满足水利部确定的基本要求。评价结果达到省级或流域管理机构评价标准的，认定为省级或流域管理机构标准化管理工程。通过省级或流域管理机构标准化评价且满足水利部评价条件的，可申请水利部评价。通过水利部评价的，认定为水利部标准化管理工程。

（4）强化了流域管理机构的作用。为贯彻落实**《水利部关于强化流域治理管理的指导意见》**精神，发挥流域管理机构组织推进流域内标准化管理工作的作用，《评价办法》明确流域管理机构负责指导流域内水利工程标准化管理和评价，受水利部委托承担水利部评价的具体工作。申报水利部评价的工程，由水利部按照工程所在流域委托相应流域管理机构组织评价。

（5）考虑了标准化管理评价和工程管理考核的衔接。截至2022年，全国有165家水管单位通过水利部水利工程管理考核验收。标准化文件印发后，已通过水利部验收的水管单位保留原称号，待到新一轮复核年限时，按照《评价办法》重新申报水利部标准化管理工程评价认定。

第三节　水资源规划及管理

一、水资源概述

（一）水资源定义

世界气象组织（WMO）和联合国教科文组织（UNESCO）编写的《国际水文学名词术语》（第三版）对水资源定义如下：水资源是指可资利用或有可能被利用的水源，这个水源应具有足够的数量和合适的质量，并满足某一地方在一段时间内具体利用的需求。全国科学技术名词审定委员会公布的水利科技名词，将水资源定义为地球上具有一定数量和可用质量，能从自然界获得补充并可资利用的水。

《节约用水　术语》（GB/T 21534—2021）认为水资源是能够获得且能为经济社会发展利用的水。"**常规水源**"是指陆地上能够得到且能自然水循环不断得到更新的淡水。"非

常规水源"是指矿井水、雨水、海水、再生水和矿化度大于 2g/L 的咸水的总称。"**居民生活用水**"是指使用公共供水设施或自建供水设施供水的居民日常家庭生活用水。

(二) 水资源来源

水资源主要指淡水水资源。淡水水资源的来源主要如下：

(1) **大气降水**。大气降水是指从天空云层中降落到地面上的液态水或固态水，如雨、雪、雹等。在一定温度下，空气形成饱和空气，如遇到气温降低，就会附着在空气中以尘埃为主的凝结核上，形成微小水滴，即形成云、雾；云中的小水滴互相碰撞合并，体积逐渐变大，进一步形成雨、雪、冰雹等降落到地面，成为降水。

大气降水通常用降水量、降水时间、降水强度以及降水量季节变化和降水变率等指标来表示。

降水强度等级一般采用持续时间 12h 和 24h 两种标准，24h 降水强度等级划分如下：降雨分为小雨（降水量小于 10mm）、中雨（降水量为 10～24.9mm）、大雨（降水量为 25～49.9mm）、暴雨（降水量为 50～99.9mm）、大暴雨（降水量为 100～249.9mm）、特大暴雨（降水量大于 250mm）；降雪分为微量降雪（零星小雪，降水量小于 0.1mm）、小雪（降水量为 0.1～2.4mm）、中雪（降水量为 2.5～4.9mm）、大雪（降水量为 5.0～9.9mm）、暴雪（降水量为 10.0～19.9mm）、大暴雪（降水量为 20.0～29.9mm）、特大暴雪（降水量大于等于 30.0mm）共 7 个等级。对于降雪，如果 24h 降水量在 5.0～9.9mm 之间为大雪，12h 降水量在 3.0～5.9mm 之间为大雪。

(2) **地表水**。地表水是指河流、湖泊或淡水湿地的水，是由大气降水的地面径流或冰川融化形成的。地表水由长年累月自然的降水和降雪累积或冰川融化而成，并且自然地流到海洋或者是经由蒸发消失，以及渗流至地下而形成地下水。湖泊、湿地、水库的蓄水量，土壤的渗流性，集水区中地表径流的特性等多种因素影响着地表水总水量的多寡。人类活动如兴建水库或开发湿地对地表水有着决定性的影响。

《**水功能区划分标准**》（GB/T 50594—2010）规定，水功能区划分应根据区划水域的自然属性，结合经济社会需求，协调水资源开发利用和保护、整体和局部的关系，确定该水域的功能及功能顺序，为水资源的开发利用和保护管理提供科学依据，以实现水资源的可持续利用。

水功能区划分应遵循的原则有：可持续发展原则；统筹兼顾，突出重点的原则；前瞻性原则；便于管理，实用可行的原则；水质水量并重原则。

水功能区应划分为两级：**一级水功能区**应包括保护区、保留区、开发利用区、缓冲区；开发利用区进一步划分的饮用水源区、工业用水区、农业用水区、渔业用水区、景观娱乐用水区、过渡区、排污控制区应为**二级水功能区**。

(3) **地下水**。地下水是贮存于包气带以下地层空隙，包括岩石孔隙、裂隙和溶洞之中的水。《**地下水管理条例**》将"地下水"定义为赋存于地表以下的水。该条例实行目标责任制和考核评价制度，制定地下水保护专项规划，编制地下水超采综合治理专项方案，实施地下水取水总量、水位"双控"制度，采取"节、控、换、补、管"等措施大力推进超采综合治理。

(4) **海水淡化**。海水淡化是一个将海水转化为淡水的过程。最常见的工艺方式是蒸馏法与逆渗透法。由于海水淡化成本过高而在我国鲜见使用。随着技术的进步，海水淡化的成本会逐渐降低，其中太阳能、风能、潮汐能等新能源海水淡化技术正日益受到人们的关注。

《海水淡化产品水水质要求》（HY/T 247—2018）对"海水淡化产品水"的定义是："海水经脱盐处理后所获得的淡水。"

(5) 冰山淡水。冰川是地球上最大的淡水水库，全球70%的淡水被储存在冰川中。如寻找其他来源来获取饮用水，专家们认为雨水和冰川水是最好的替代品。学界早有计划提出要利用冰山作为淡水的水源。冰川径流一般被视为是地表水。

（三）水资源基本特征

1. 必然性和偶然性

受科学技术水平和人们认识能力的限制，人们对水文现象与水资源发生多种变化的前因后果的认知并不十分清楚。人们常把这些变化中能够作出解释或预测的部分称为必然性。例如，河流每年的洪水期和枯水期以及年际间的丰水年和枯水年等。由于这种必然性在时间上具有年、月（季节）、日的变化，又称之为具有周期性，其相对应地称为多年周期、月周期或季节性周期等。

而将那些还不能作出解释或难以预测的部分，称之为水文现象或水资源的偶然性。这种偶然性反应又称为随机性，也就是说任一河流不同年份的流量过程不会完全一致；地下水位在不同年份的变化也不尽相同；泉水流量的变化也要有一定差异。对于随机性，其规律要由大量的统计资料或长系列观测数据分析得出。

2. 相似性和特殊性

相似性是指气候及地理条件相似的流域，其水文现象与水资源具有一定的相似性。水资源形成、分布特征在湿润地区河流径流的年内分布较均匀，而干旱地区则差异较大。

特殊性是指在不同下垫面条件下产生不同的水文现象和水资源的变化规律。如同一气候区，山区河流与平原河流的洪水变化特点不同；同为半干旱条件下河谷阶地和黄土高原地区地下水赋存规律也不相同。

下垫面是指与大气下层直接接触的地球表面。大气圈以地球的水陆表面为其下界，称为大气层的下垫面。它包括地形、地质、土壤、河流和植被等，是影响气候的重要因素之一。

3. 循环性、有限性及分布的不均匀性

水资源与其他固体资源的本质区别在于其具有流动性，属于一种动态资源，具有循环性。水资源能够得到大气降水的补给，处在不断利用、补给、消耗、恢复的循环之中，能够不断地供给人类利用和满足生态平衡的需要。在某种意义上，水资源具有"取之不尽"的特点，但实际上，全球淡水资源的蓄存量是十分有限的。全球的淡水资源仅占全球总水量的2.5%，且淡水资源的大部分储存在极地冰帽和冰川中，真正能够被人类直接利用的淡水资源仅占全球总水量的0.796%。可见，水循环过程是无限的，水资源的蓄存量是有限的，并非用之不尽、取之不竭。

水资源在自然界中时空分布的不均匀性是水资源的又一特性。如大洋洲的年径流模数为 51.0L/(s·km^2)，亚洲为 10.5L/(s·km^2)，二者相差数倍。我国水资源总体说来东南多，西北少；沿海多，内陆少；山区多，平原少；在同一地区，不同时间时分布差异性很大，一般夏多冬少。

年径流模数是流域出口断面的流量与流域面积之比。

4. 利用的多样性

水资源是被人类在生产和生活活动中广泛利用的资源，被广泛应用于农业、工业和生活，如发电、水运、水产、旅游和环境改造等。水资源具有既可造福于人类又可危害人类生存的两重性特征。

水资源质、量适宜，且时空分布均匀，将为区域经济发展、自然环境的良性循环和人类社会进步作出巨大贡献。水资源开发利用不当，又可制约国民经济发展，破坏人类的生存环境。如水利工程设计不当、管理不善，可造成垮坝事故，也可引起土壤次生盐碱化。在水量过多或过少的季节和地区，往往又产生各种各样的自然灾害。水量过多容易造成洪水泛滥，内涝渍水；水量过少容易形成干旱、盐渍化等自然灾害。适量开采地下水，可为国民经济各部门和居民生活提供水源，满足生产、生活的需求。无节制、不合理地抽取地下水，往往引起水位持续下降、水质恶化、水量减少、地面沉降，不仅影响生产发展，而且严重威胁人类生存。正是由于水资源利害的双重性质，在水资源的开发利用过程中尤其强调合理利用、有序开发，以达到兴利除害的目的。

（四）我国七大水系水资源体量

1. 年径流量及用水量

长江的年径流量为 9513 亿 m^3、黄河的年径流量为 661 亿 m^3、松花江的年径流量为 762 亿 m^3、辽河的年径流量为 148 亿 m^3、珠江的年径流量为 3338 亿 m^3、海河的年径流量为 228 亿 m^3、淮河的年径流量为 622 亿 m^3，我国七大水系年径流量总计为 15272 亿 m^3。

根据 2022 年水利部发布的《中国水资源公报》，2021 年全国水资源总量为 29638.2 亿 m^3，比多年平均值偏多 7.3%。其中，地表水资源量为 28310.5 亿 m^3，地下水资源量为 8195.7 亿 m^3，地下水与地表水资源不重复量为 1327.7 亿 m^3。

2023 年全国水资源总量为 25782.5 亿 m^3，比多年平均值偏少 6.6%。其中，地表水资源量为 24633.5 亿 m^3，地下水资源量为 7807.1 亿 m^3，地下水与地表水资源不重复量为 1149.0 亿 m^3。

2021 年，全国用水总量为 5920.2 亿 m^3。其中，生活用水为 909.4 亿 m^3，占用水总量的 15.4%；工业用水为 1049.6 亿 m^3（其中火核电直流冷却水 507.4 亿 m^3），占用水总量的 17.7%；农业用水为 3644.3 亿 m^3，占用水总量的 61.5%；人工生态环境补水为 316.9 亿 m^3，占用水总量的 5.4%。地表水源供水量为 4928.1 亿 m^3，占供水总量的 83.2%；地下水源供水量为 853.8 亿 m^3，占供水总量的 14.5%；其他水源供水量为

138.3亿 m³，占供水总量的2.3%。

2023年，全国用水总量为5906.5亿 m³。其中，生活用水为909.8亿 m³，占用水总量的15.4%；工业用水为970.2亿 m³（其中火核电直流冷却水490.0亿 m³），占用水总量的16.4%；农业用水为3672.4亿 m³，占用水总量的62.2%；人工生态环境补水为354.1亿 m³，占用水总量的6.0%。地表水源供水量为4874.7亿 m³，占供水总量的82.5%；地下水源供水量为819.5亿 m³，占供水总量的13.9%；非常规水源供水量为212.3亿 m³，占供水总量的3.6%。

2021年，全国人均综合用水量为419m³，万元国内生产总值（当年价）用水量为51.8m³。耕地实际灌溉亩均用水量为355m³，农田灌溉水有效利用系数为0.568，万元工业增加值（当年价）用水量为28.2m³，人均生活用水量（含公共用水）为176L/d，城乡居民人均用水量为124L/d。与2020年相比，万元国内生产总值用水量和万元工业增加值用水量分别下降5.8%和7.1%（按可比价计算）。

2023年，全国人均综合用水量为419m³，万元国内生产总值（当年价）用水量为46.9m³。耕地实际灌溉亩均用水量为347m³，农田灌溉水有效利用系数为0.576，万元工业增加值（当年价）用水量为24.3m³，人均生活用水量为177L/d（其中人均居民生活用水量为125L/d）。与2022年相比，万元国内生产总值用水量和万元工业增加值用水量分别下降6.4%和3.9%（按可比价计算）。

2. 装机容量

据有关资料，全国水力资源理论蕴藏量10MW以上的河流共3886条，水力资源理论蕴藏量6.9亿 kW；技术可开发量5.4亿 kW，年发电量24740亿 kW·h；经济可开发量4亿 kW，年发电量17534亿 kW·h。

水电装机容量是指水电站全部水轮发电机组额定容量的总和，是表征水电站建设规模和电力生产能力的主要指标之一。

截至2020年年底，中国水电装机约为3.7亿 kW，约占全国发电总装机容量的19%；发电量约为12000亿 kW·h，占全部可再生能源发电量的60%以上。2023年年底，中国水电装机容量为4.2亿 kW，占全国总装机容量的14.4%。水电仍是可再生能源发电的主力军。

2024年6月底，全国累计发电装机容量约30.7亿 kW，同比增长14.1%。

根据美国能源信息（Energy Intelligence）公司的数据及预测，目前水电是一种成本较低的发电方式，成本仅为6.1美分/(kW·h)，与陆上风电、光伏发电等发电形式相近，且远低于海上风电、太阳能光热发电、煤电、核电、潮汐发电等发电形式。因此，目前水电的发电成本具有较强的竞争力。

3. 农田灌溉能力

2021年9月9日，水利部部长李国英介绍，经济社会用水保障能力和水平得到大幅度提升，年供水能力达到了8500亿 m³，农村自来水普及率提高到83%，农田有效灌溉面积到了10.37亿亩，占到全国耕地面积的54%，生产了全国75%的粮食和90%的经济作物。

被称为"母亲河"的黄河，尽管水量并不丰沛，但却以占全国河川径流2.4%的有限水资源滋养着全国12%的人口，灌溉着15%的耕地。新中国成立以来，引黄灌溉、供水累计直接经济效益已经达到6000亿元人民币。

4. 航运里程

我国内河航运主要分布于长江水系、珠江水系和京杭大运河，货运量分别占全国的40%、15.5%和21.5%。

长江是中国水能最富有的河流，长江干流通航里程达到2800余千米，素有"黄金水道"之称。

二、水资源法

水安全，是一个国家或地区可以保质保量、及时持续、稳定可靠、经济合理地获取所需水资源、水资源性产品及维护良好生态环境的状态或能力。党的十八大以来，习近平总书记明确提出"节水优先、空间均衡、系统治理、两手发力"治水思路，确立国家"江河战略"，围绕水安全作出多项重大决策部署。党的二十大报告就水安全问题，明确提出"统筹水资源、水环境、水生态治理，推动重要江河湖库生态保护治理"的重大要求。

水资源法是指国家为调整人们在开发、利用、保护和管理水资源以及防治水害过程中产生的各种水事关系而制定的法律规范的总称。水资源法的调整对象是开发水利和防治水害方面的社会关系。它包括国家制定的各种水事法律、法规和其他规范性文件的总和。

要使水资源保护的各种技术手段、行政措施得以实现，运用法律的手段是必要的。水资源保护法律有一定的特殊性，它在调整水资源与社会关系时，更多地涉及水资源科学技术方面的问题，制定出来的法律法规有很强的科学技术色彩。

水资源保护法律以保护水资源和改善水环境状况为宗旨，它所约束的对象不仅是公民个人，而且包含了社会团体、企事业单位以及政府机关。

在我国，有关水资源保护的法律、法规有《水法》《水污染防治法》《中华人民共和国环境保护法》《水土保持法》《取水许可证制度实施办法》《中华人民共和国水土保持法实施条例》《城市地下水开发利用保护管理规定》《城市供水条例》《城市节约用水管理规定》《淮河流域水污染防治暂行条例》《实行最严格水资源管理制度考核办法》等。

三、水资源规划

1. 规划类别

规划分为流域规划和区域规划。流域范围内的区域规划应当服从流域规划，专业规划应当服从综合规划。

流域规划包括**流域综合规划**和**流域专业规划**。区域规划包括**区域综合规划**和**区域专业规划**。

"**综合规划**"是指根据经济社会发展需要和水资源开发利用现状编制的开发、利用、节约、保护水资源和防治水害的总体部署。"**专业规划**"是指防洪、治涝、灌溉、航运、供水、水力发电、竹木流放、渔业、水资源保护、水土保持、防沙治沙、节约用水等规划。

2. 规划依据

(1)《规划水资源论证技术导则》(SL/T 813—2021)。该导则包括11章和3个附录，主要技术内容包括论证范围、水平年及基本资料、规划分析、水资源承载状况分析、规划需水分析及节水评价、水资源配置论证、规划实施影响分析、结论和建议等。该标准适用于工业、农业、畜牧业、林业、能源、交通、市政、旅游、自然资源开发等有关专项规划和重大产业、项目布局以及开发区（新区）规划等涉及水资源开发利用规划的水资源论证。

该标准的发布实施将进一步推进规划水资源论证工作、规范报告书的编制和审查。

(2)《水资源规划规范》(GB/T 51051—2014)。该国标规定："水资源规划应根据国民经济和社会发展总体部署，按照自然和经济规律，统筹水资源的开发、利用、配置、节约、保护与管理，确定水资源可持续利用的目标和方向、任务和重点、模式和步骤、对策和措施，规范水事行为，实现水资源可持续利用，促进经济社会发展和生态环境保护。"

水资源规划内容应包括水资源及其开发利用现状评价、规划目标与任务制订、需水预测、供水预测、水资源供需分析、水资源配置、节水与供水方案制订、水资源保护、规划环境影响评价、实施方案制订与效果评价、水资源管理与规划保障措施制订等。

(3)《中小河流水能开发规划编制规程》(SL 221—2019)。该规程适用于流域面积小于 $3000km^2$ 的中小河流水能开发规划的编制和修订。单站装机容量小于 1.0MW 的河流水能开发规划可参照该规程执行。

中小河流水能开发规划要遵循如下要求：

第一，应贯彻国家关于在保护生态的基础上有序开发、合理利用水资源和绿色可持续发展的**原则**。

第二，服从流域综合规划，统筹考虑发电、防洪、供水、灌溉、防凌、治涝、航运、生态环境保护、水产养殖以及旅游等综合利用**要求**。

第三，根据当地经济社会发展需要，针对流域特性、开发现状及存在问题，拟订规划目标，选定开发总体方案、主要工程布局与实施程序，并协调处理好下列**关系**：水能开发规划与生态环境保护、国土综合利用等的关系；水能开发规划与其他专业规划之间的关系；上下游、左右岸、干支流、地区间、行业间的关系；现有工程与拟建工程之间的关系；需要与可能、近期与远景、整体与局部的关系；其他需要协调的关系。

四、水资源管理

1. 国家负责制定水资源战略规划

《**水法**》第十四条规定："国家制定全国水资源战略规划。开发、利用、节约、保护水资源和防治水害，应当按照流域、区域统一制定规划。"第十六条规定："制定规划，必须进行水资源综合科学考察和调查评价。水资源综合科学考察和调查评价，由县级以上人民政府水行政主管部门会同同级有关部门组织进行。"第十七条规定："国家确定的重要江河、湖泊的流域综合规划，由国务院水行政主管部门会同国务院有关部门和有关省、自治区、直辖市人民政府编制，报国务院批准。"

2. 相关依据

(1) **地下水管理**。《**地下水管理条例**》第三条规定："地下水管理坚持统筹规划、节水优先、高效利用、系统治理的原则。"第四条规定："**国务院水行政主管部门负责全国地下**

水统一监督管理工作。国务院生态环境主管部门负责全国地下水污染防治监督管理工作。国务院自然资源等主管部门按照职责分工做好地下水调查、监测等相关工作。"第五条规定:"县级以上地方人民政府对本行政区域内的地下水管理负责,应当将地下水管理纳入本级国民经济和社会发展规划,并采取控制开采量、防治污染等措施,维持地下水合理水位,保护地下水水质。县级以上地方人民政府水行政主管部门按照管理权限,负责本行政区域内地下水统一监督管理工作。地方人民政府生态环境主管部门负责本行政区域内地下水污染防治监督管理工作。县级以上地方人民政府自然资源等主管部门按照职责分工做好本行政区域内地下水调查、监测等相关工作。"

(2) 江河湖泊水资源管理。《河道管理条例》第三条规定:"开发利用江河湖泊水资源和防治水害,应当全面规划、统筹兼顾、综合利用、讲求效益,服从防洪的总体安排,促进各项事业的发展。"第四条规定:"**国务院水利行政主管部门是全国河道的主管机关**。各省、自治区、直辖市的水利行政主管部门是该行政区域的河道主管机关。"第五条规定:"**国家对河道实行按水系统一管理和分级管理相结合的原则**。长江、黄河、淮河、海河、珠江、松花江、辽河等大江大河的主要河段,跨省、自治区、直辖市的重要河段,省、自治区、直辖市之间的边界河道以及国境边界河道,**由国家授权的江河流域管理机构实施管理**,或者由上述江河所在省、自治区、直辖市的河道主管机关根据流域统一规划实施管理。其他河道由省、自治区、直辖市或者市、县的河道主管机关实施管理。"第六条规定:"河道划分等级。河道等级标准由国务院水利行政主管部门制定。"

(3) 水源地保护。水源保护包括对水质的保护和对水源枢纽工程、输水管线设施的保护。

按照不同水质标准和防护要求分级划分饮用水水源保护区。一般划分为一级保护区和二级保护区,必要时增设准保护区,各级保护区应有明确的地理界线。一级保护区水质标准不得低于《地表水环境质量标准》(GB 3838—2002)Ⅱ类标准,并符合《生活饮用水卫生标准》(GB 5749—2022)的要求。二级保护区水质标准不得低于《地表水环境质量标准》(GB 3838—2002)Ⅲ类标准。

生活饮用水卫生标准是从保护人群身体健康和保证人类生活质量出发,对饮用水中与人群健康的各种因素(物理、化学和生物),以法律形式作出量值规定,以及为实现量值作有关行为规范的规定,经国家有关部门批准,以一定形式发布的法定卫生标准。

依据地表水水域环境功能和保护目标(基于地表水的用途和保护需求),根据GB 3838—2002,将地表水按功能高低依次划分为五类:

Ⅰ类:主要适用于源头水、国家自然保护区。

Ⅱ类:主要适用于集中式生活饮用水地表水源地一级保护区、珍稀水生生物栖息地、鱼虾类产卵场、仔稚幼鱼的索饵场等。

Ⅲ类:主要适用于集中式生活饮用水地表水源地二级保护区、鱼虾类越冬场、洄游通道、水产养殖区等渔业水域及游泳区。

Ⅳ类:主要适用于一般工业用水区及人体非直接接触的娱乐用水区。

Ⅴ类:主要适用于农业用水区及一般景观要求水域。

五、水资源开发与保护

（一）开发目的

水资源开发利用的目的是发展经济，主要表现为多目的、综合、以供定用、有计划有控制地开发利用。当前各国都强调在开发利用水资源时，必须考虑**经济效益**、**社会效益**和**环境效益**三方面。

水资源开发利用涉及诸多领域，如农业灌溉、工业用水、生活用水、水能、航运、港口运输、淡水养殖、城市建设、旅游等。而防洪、防涝属于水资源开发利用的防灾减灾范畴。

（二）开发利用水资源的基本要求

《水法》第二十条规定："开发、利用水资源，应当坚持兴利与除害相结合，兼顾上下游、左右岸和有关地区之间的利益，充分发挥水资源的综合效益，并服从防洪的总体安排。"

（1）**开发、利用水资源**。应当首先满足城乡居民生活用水，并兼顾农业、工业、生态环境用水以及航运等需要。在干旱和半干旱地区开发、利用水资源，应当充分考虑生态环境用水需要。

（2）**国家厉行节约用水**。通过加强用水管理、转变用水方式，采取技术上可行、经济上合理的措施，降低水资源消耗、减少水资源损失、防止水资源浪费，合理、有效地利用水资源。《节约用水条例》（2024年2月23日国务院第26次常务会议通过，2024年3月9日国务院令第776号公布，自2024年5月1日起施行）为节水型社会的全面建设提供了法律保障。

（3）**跨流域调水**。应当进行全面规划和科学论证，统筹兼顾调出和调入流域的用水需要，防止对生态环境造成破坏。

《水资源调度管理办法》指出，水资源调度是指通过合理运用各类水工程，在时间和空间上对地表水资源进行调节、控制和分配的活动。

水资源调度应当遵循节水优先、保护生态、统一调度、分级负责的原则。开展水资源调度，应当优先满足生活用水，保障基本生态用水，统筹农业、工业用水以及水力发电、航运等需要。区域水资源调度应当服从流域水资源统一调度，水力发电、航运等调度应当服从流域水资源统一调度。

据《南水北调工程供用水管理条例》：南水北调**东线工程**指从江苏省扬州市附近的长江干流引水，调水到江苏省北部和山东省等地的主体工程；南水北调**中线工程**指从丹江口水库引水，调水到河南省、河北省、北京市、天津市的主体工程；**南水北调配套工程**指东线工程、中线工程分水口门以下，配置、调度分配给本行政区域使用的南水北调供水的工程。

（4）地方各级人民政府应当结合本地区水资源的实际情况，按照地表水与地下水统一调度开发、开源与节流相结合、节流优先和污水处理再利用的原则，合理组织开发、综合利用水资源。

(5) 国民经济和社会发展规划以及城市总体规划的编制、重大建设项目的布局，应当与当地水资源条件和防洪要求相适应，并进行科学论证；在水资源不足的地区，应当对城市规模和建设耗水量大的工业、农业和服务业项目加以限制。

(6) 在水资源短缺的地区，国家鼓励对雨水和微咸水的收集、开发、利用和对海水的利用、淡化。

(7) 地方各级人民政府应当加强对灌溉、排涝、水土保持工作的领导，促进农业生产发展；在容易发生盐碱化和渍害的地区，应当采取措施，控制和降低地下水的水位。

(三) 河湖生态系统保护与修复

《河湖生态系统保护与修复工程技术导则》(SL/T 800—2020) 适用于大中型河流、重要湖泊（水库）等水域的生态系统保护与修复工程设计，小型河流以及其他湖泊（水库）水域的生态系统保护与修复工程设计可参照执行，也适用于新建水利水电工程的生态系统保护与修复设计，以及已建水利水电工程的生态化改造、生态调度与管理。

河湖生态系统保护与修复工程建设应符合下列要求：

(1) 在开展河湖生态系统保护与修复工程前，应以国家及相关部门规划或上位规划为依据，编制河湖生态系统保护与修复规划。

(2) 应根据河湖生态系统实际情况，协调防洪安全、排涝安全、供水安全等方面需求和河湖生态系统保护与修复的关系，合理确定工程建设目标。

(3) 应根据不同的水文地域条件差异，因地制宜选择合适的工程技术措施，鼓励采用成熟可靠的新技术、新材料、新工艺。

(4) 应符合建设工程环境影响评价相关要求。

(四) 可持续水管理

1. 定义

可持续水管理是指为持续改善节约用水状况，降低由于水量、水质等变化对自身及流域内各利益相关方带来的不利影响和潜在风险，通过鼓励流域内政府、非政府组织、企业和社区等各利益相关方共同参与，结合组织自身的用水情况、流域情况，以及水管理制度、水平衡、水质等问题，实现在满足经济增长需求的同时，保证公平的、可持续的水资源开发利用。

2. 依据

(1) 《可持续水管理评价要求》(GB/T 38966—2020)。应将可持续水管理纳入其管理体系，遵循系统管理原则，按照"**收集与分析—承诺与规划—实施与监测—评估与改进—沟通与公开**"五个步骤开展可持续水管理。可持续水管理评价要求包括基本要求和进阶要求。其中，**基本要求**是必须符合项，不计分，而进阶要求计 80 分。可持续水管理评价等级分为 3 级，其中 3 级等级最低，评价等级详见表 2-2。

表 2-2 可持续水管理评价等级

等级	1 级	2 级	3 级
分值	64～80	40～64（含 64）	0～40（含 40）

注 1. 1 级代表国际领先水平，2 级代表国内领先水平，3 级代表国内先进水平。
2. 具体内容详见 GB/T 38966—2020 有关规定。

可持续水管理评价程序如下：

1）选择有能力的第三方评价机构，建立专家评审小组，负责开展组织可持续水管理评价工作。

2）根据各组织不同特点，依据本标准规定的基本要求和评价要求，评价组织可持续水管理评价指标及其要求。

3）查看报告文件、统计报表、原始记录；根据实际情况，开展对相关人员的座谈、实地调查、抽样调查等工作，确保数据资料完整和准确。

4）对资料进行分析后，满足评价基本要求的，按 GB/T 38966—2020 的评价方法内要求细则进行评分。

5）评价计分结果按 GB/T 38966—2020 的要求进行评级。

(2) 生态环境部颁布的《规划环境影响评价技术导则 流域综合规划》（HJ 1218—2021）。该标准落实《中华人民共和国环境影响评价法》（以下简称《环境影响评价法》）等法律法规，衔接《规划环境影响评价技术导则 总纲》（HJ 130—2019），进一步规范和指导流域综合规划环境影响评价工作。坚持"生态优先""以水定城、以水定地、以水定人、以水定产"的原则，以维护生态安全、改善生态环境质量为核心目标，兼顾应对气候变化和生物多样性保护等战略，将流域水资源、水生态和水环境统筹贯穿于整个评价过程。有利于从源头预防流域开发可能带来的环境污染和生态破坏，促进流域开发利用安排和生态环境保护目标的有序协调，推进流域整体性、系统性保护和绿色发展。

【思考题】

1. 我国七大水系有何特点？
2. 简述我国水行政管理体制。
3. 简述水工程的类别及其特点。
4. 防洪标准分类标准是什么？
5. 简述水工程运行管理的基本任务及内容。
6. 水工程管理有哪些种类？简述标准化管理的主要工作内容。
7. 简述水工程管理评价的对象及内容。
8. 简述水资源定义及种类。
9. 简述水资源规划定义及种类。
10. 简述水资源开发的基本要求及管理制度。

第三章　我国水系治理与防护法规

洪水泛滥是人类遭受的最严重的灾害之一，我国大约有 2/3 的国土面积曾遭遇洪水灾害。我国又是水土流失和水环境污染较为严重的国家，直接威胁着国家生态安全、饮水安全、防洪安全、粮食安全。湿地具有涵养水源、净化水质、维护生物多样性等多种生态功能，是自然生态系统的重要组成部分。

第一节　洪涝灾害与治理

一、洪涝灾害概念

洪涝是指因大雨、暴雨或持续降雨造成低洼地区淹没、渍水的自然现象。洪涝可分为**河流洪水、湖泊洪水和风暴洪水**等类型。其中河流洪水依照成因不同又可分为以下几种类型：**暴雨洪水、山洪、融雪洪水、冰凌洪水和溃坝洪水**。影响最大、最常见的**洪涝**是河流洪水，尤其是流域内长时间暴雨造成河流水位居高不下而引发堤坝决口，对地区发展损害最大，甚至会造成大量人员伤亡。

只有当洪涝发生在有人类活动的地方才能称之为"灾"。受洪涝威胁最大的地区往往是江河中下游地区，而中下游地区因其水源丰富、土地平坦又常常是经济发达地区。而导致城市发生洪涝的因素也有很多，如城市的"**雨岛效应**"（城市温度高，上升气流多，雨水多）、城市地表硬，覆盖多是隔水层，以及城市基础设施建设水平不足、排水排涝标准偏低、应急管理能力不足等因素，都降低了城市洪涝综合应对能力。

洪涝灾害包括**洪水灾害**和**雨涝灾害**。**洪水灾害**是由于强降雨、冰雪融化、冰凌、堤坝溃决、风暴潮等原因致使江河湖泊及沿海水量增加、水位上涨而泛滥以及山洪暴发所造成的灾害。**雨涝灾害**是因大雨、暴雨或长期降雨量过于集中而产生大量积水和径流、排水不畅，致使土堤、房屋等积水、受淹而造成的灾害。雨涝主要危害农作物生长，造成作物减产或绝收，破坏农业生产以及其他产业的正常发展，危及人的生命财产安全，影响国家的长治久安等。

发生于 **1954** 年的洪水为长江中下游近 100 年间最大的一次。长江中下游的湖南、湖北、江西、安徽、江苏五省受灾严重，京广铁路不能正常通车 100 余天；**1998** 年特大洪水是一场涉及长江、嫩江、松花江等江河流域地区的大洪水。据初步统计，包括受灾最重的江西、湖南、湖北、黑龙江 4 省，全国共有 29 个省（自治区、直辖市）遭受了不同程度的洪涝灾害，直接经济损失达 1660 亿元。

《山洪灾害调查与评价技术规范》（SL 767—2018）对山洪及相关概念所作定义如下：**山洪**是指在山丘区由降雨诱发的急涨急落的溪河洪水；**山洪灾害**是山丘区由溪河洪水及其可能诱发的泥石流、滑坡等对人民生命、财产造成损失的灾害；**山洪灾害防治区**是山丘区可能发生山洪灾害的区域和相应降雨汇流的区域；**山洪灾害危险区**是经现场调查确定或经分析评价按不同洪水重现期划分所确定的受山洪灾害威胁的乡（镇）、行政村（居民委员会）、自然村（组）等居民区范围。

能直观反映某一区域洪水风险信息的专题地图是**洪水风险图**，可依据《洪水风险图编制导则》（SL 483—2017），由防汛主管部门（应急管理部）主持编制、修订和管理，用于防洪土地利用规划、防洪减灾、洪水保险等。洪水风险图一般分为**江河湖泊洪水风险图**、**蓄滞洪区洪水风险图**、**水库洪水风险图**、**城市洪水风险图**四类。洪水风险图一般按 10 年一遇、20 年一遇、50 年一遇、100 年一遇及历史最大洪水或典型场次洪水（或水灾）编制。洪水风险图编制步骤一般可分为区域确定、资料收集与整编、洪水风险分析方法选择、洪水风险图绘制等。

据统计，2021 年我国全年因洪涝和地质灾害造成的直接经济损失就达 2477 亿元。2023 年全年各种自然灾害共造成 9544.4 万人次受灾，其中因灾死亡失踪 691 人次，紧急转移安置 334.4 万人次；倒塌房屋 20.9 万间，严重损坏 62.3 万间，一般损坏 144.1 万间；农作物受灾面积达到 $10539.3 \times 10^3 \, hm^2$；直接经济损失总计 3454.5 亿元。

洪涝灾害主要发生在长江、黄河、淮河、海河的中下游地区，四季都可能发生。如春涝主要发生在华南、长江中下游、沿海地区；夏涝是中国的主要涝害，主要发生在长江流域、东南沿海、黄淮平原；秋涝多为台风雨造成，主要发生在东南沿海和华南地区。

我国幅员辽阔，其气候条件以及地形、地质特性差异很大。如果沿着 **400mm 降水等值线**从东北向西南画出一条线，可将国土划分为东西两部分。东部地区呈现出暴雨和沿海风暴潮的特征；西部地区呈现出融冰、融雪和局部地区暴雨的特征。北方地区冬季可能会出现冰凌洪水，对局部河段堤坝形成灾害。

400mm 降水等值线，是我国一条重要的地理分界线，沿大兴安岭—张家口—兰州—拉萨—喜马拉雅山脉东部，成为半湿润与半干旱区分界线和森林植被与草原植被的分界线。

实际上，洪涝和旱灾是一对"双胞胎"，往往会结伴而至。从水资源分布特点看，如果一个时期降雨量超常，则后续不大可能再雨量充沛，这是"总量平衡"原理所决定的基本规律；从地域上讲，洪涝干旱往往同时出现在水利不发达地区，原因是落后贫穷地区对水资源的驾驭能力有限，发大水时不能将雨水合理疏导而成为肆虐的涝灾，洪涝过后水资源退却，只要降雨不足很快就发生干旱灾害，如此周而复始甚至形成恶性循环。

二、洪涝灾害特征

（一）约束条件

自然特征约束指除人为原因如植被破坏、围垦造田等外的因素。

(1) 水系特征：支流的多少、干支流构成的形状、河道的弯曲度、河流落差的大小。

(2) 水文特征：汛期长短、流量大小及水位变化、含沙量大小及河床泥沙淤积情况、有无凌汛现象。

(3) 气候特征：降水量的大小及频率。

(4) 地形：地势是否平坦，水流是否不畅。

（二）基本特点

(1) 洪灾涉及范围广。我国长江、淮河、黄河、辽河、松花江、海河等七大流域都有不同程度的洪涝灾害发生，特别是局地（支流）灾情严重，且洪水流量超限。

(2) 险情灾情类型多。暴雨、洪水、山洪、泥石流、滑坡、城市内涝等灾害每年都会发生。

(3) 山洪灾害频发。全国大江大河干堤堤防和大中型水库一直保持安全高效运行。险情和灾情主要是中小河流洪水、中小水库洪水和山洪灾害。尤其是山洪灾害造成的死亡人数占全国洪涝灾害死亡总数的 80% 以上。

三、洪灾防治

（一）除险加固势在必行

洪涝灾害是一种严重的自然灾害。经过多年水利建设，主要江河骨干防洪工程相继建设完成，使洪灾得到有效控制，洪涝灾害显著降低。

汛期，水利工程发挥的重要作用主要是防范**超标洪水、水库失事、山洪灾害**"三大风险"，因此必须保障水利工程安全运行。

除险加固势在必行，因为现有大量中小水利工程防洪标准偏低，部分已建工程老化失修，加上社会经济发展、人口激增，原有防洪效能下降，不能满足防洪需要。另外，与水争地现象普遍存在，环境恶化，中小河流灾害频发，加之江河河道自然演变，使城市防洪形势严峻。这些给我国的社会经济、工农业生产等方面带来了严重的影响。

对洪水灾害基本特征及其规律的研究也是势在必行。利用历史资料记载的灾害事实以及采用现代化智能技术，不仅是减灾研究的重要组成部分，而且有助于政府部门宏观决策，制定更有效的防灾减灾对策，也有利于指导洪泛区域的管理。

（二）洪灾的防治措施

对整个流域上中下游、山区、平原、丘陵、洼地进行全面规划和治理，使河库相通、塘堰相连，化水患为水利，可有效防治洪灾，具体措施如下：

（1）在河流中上游地区恢复植被，可起到保持水土、调峰的作用，能够削减洪峰。

（2）在河流中下游疏浚河道，修筑堤坝、水库等水利设施，在城市低洼处完善排涝设施。

（3）加强对天气的监测，对强降雨天气提前预报，建立预警机制。

（4）保护自然生态环境，不乱砍滥伐，减少洪涝灾害发生的可能性。

（三）洪灾抢险

一旦有洪涝发生，难免会造成人员伤亡或者房屋倒塌，因此抢险的首要工作是疏散居民到安全场所，并保证其安全，同时做好医药卫生措施。重要的工作是抗洪抢险，一旦大堤决口要千方百计封堵口门，组织队伍巡堤提早发现管涌等危险地段。

洪涝灾害过后，必须迅速疏通沟渠，尽快排涝去渍。还要及时中耕、松土、培土、施肥、喷药防虫治病，加强田间管理。如农田中大部分植株已死亡，则应根据当地农业气候条件，特别是生长季节的热量条件，及时改种其他适当的作物，以减少洪涝灾害损失。

第二节 防 洪 工 程

一、概述

（一）《防洪法》的立法宗旨和背景

1. 立法宗旨

《防洪法》是我国防治洪水活动的基本法律，是为防止洪水泛滥，防御和减轻洪涝灾害，维护人民生命和财产安全，保障社会主义现代化建设活动的一部强制性法律规范。

2. 立法背景

（1）我国是洪涝灾害频发的国家，其原因在于我国气候和地理条件，我国地处亚洲大陆东部，受季风影响显著，降雨无论是地域还是季节分布长年不均。另外，我国江河中下游人口密集，经济发达，受洪水影响较为严重。据不完全统计，自公元前206年至1949年的2155年间，有记载的较大洪水就有1029次，平均每两年一次，又以七大水系为多，以黄河为例，有历史记载就有1600余次，洪水改道就有7次之多。

（2）我国水土流失严重，河流湖泊淤积，行洪能力极端不足，水位逐年升高，流速越来越慢，行洪持续时间越来越长。

（3）河道防护及防洪工程设施保护不力，对蓄洪滞洪区的安全与建设缺乏有效管理。

（二）防洪的基本原则

《防洪法》第二条指出："防洪工作实行全面规划、统筹兼顾、预防为主、综合治理、局部利益服从全局利益的原则。"

1. 全面规划原则

防洪活动是一项既复杂又有综合性的系统工程，涉及环境、气候诸多因素，而洪水又是动态、瞬时变化的，干流与支流相互关联相互影响，因此防洪活动必须结合生态环境和水资源开发利用，跨地区、跨行业综合分析，进行全面规划。规划是防洪活动的基本依据，因此坚持全面规划是防洪活动一项重要原则。

2. 统筹兼顾原则

在洪水活动中涉及上下游、左右岸、干支流关系，局部与整体关系以及重点防护与一般防护的关系，因此防洪工作必须统筹兼顾，谨防顾此失彼，努力用低成本获得高效益。

3. 预防为主原则

防洪工作一是要预防，二是要治理，其中预防更重要。预防为主就是要思想上重视，行动上坚持不懈。洪涝灾害是一种自然现象，人类不可能完全避免，但人们可以采取相应措施，如根据气候变化和地理特点，对洪水制订应急预案，加强薄弱环节建设以及江河上游水土保持等措施，就会减少洪水造成的损失。

4. 综合治理原则

洪水成因涉及地理、环境、气候诸多因素，因此防治洪水是一项包括修筑堤坝、科学利用水库、抓好国土整治、防治水土流失等在内的系统工程，用以形成综合的防洪体系，才能有效防治洪水。

5. 局部利益服从全局利益的原则

我国地域辽阔，洪涝灾害频繁，同时受经济发展水平所限，全社会对防洪工程的投入难以满足抵御各种标准的洪水侵袭的需求，有时不得已只能牺牲局部而顾全大局。

(三) 我国防洪工作概况

1. 洪水治理

1949年中华人民共和国成立初期，百废待兴、巩固政权、恢复生产、发展经济，其中一项重要的任务就是兴修水利、整治江河，减轻水患。毛主席曾分别就黄河、淮河、海河水利工作题词——"一定把淮河修好""要把黄河的事办好""一定要根治海河"——充分表达了党和国家领导人整治江河、造福人民的决心和愿望。

多年来，党和人民与洪水，如1954年长江流域大洪水，1958年黄河下游大洪水，1963年海河流域大洪水，1991年淮河、太湖流域大洪水，1994年珠江大水，1998年长江和松花江、嫩江流域大洪水，1999年太湖流域大洪水，2016年长江流域洪水灾害等，进行顽强斗争。

多年来，我国建成堤坝超过29万km，是新中国成立初期的7倍；水库也由1200余座增加到8.72万座，总库容约200亿m^3扩充到7064亿m^3，重要城市防洪标准达到100年一遇~200年一遇。

近十年来，在习近平新时代中国特色社会主义思想科学指引下，社会各界关注治水、聚力治水、科学治水，解决了许多长期想解决而没有解决的水利难题，办成了许多事关战略全局、事关长远发展、事关民生福祉的水利大事要事，我国水利事业取得历史性成就、发生历史性变革。

大江大河基本形成由河道及堤防、水库、蓄滞洪区等组成的流域防洪工程体系，通过综合采取"拦、分、蓄、滞、排"措施，基本具备防御新中国成立以来实际发生的最大洪水能力；全国水利工程年供水能力达8900亿m^3，通过综合采取"蓄、引、提、调"等措施，可确保城乡供水安全，最大限度减轻干旱损失。监测预报预警能力显著提升，全国各类水情站点由2012年的7万多处增加到2021年的12万处，收齐全国站点信息由30min缩短到15min，南、北方主要河流洪水预报精准度分别提升到90%和70%以上，在有防治任务的2076个县建设了山洪灾害监测预警平台。

2. 建立防洪法制体系

我国防汛组织体系建设取得重大进展。实施各级人民政府行政首长负责制，统一指挥，分级分部门负责；发挥社会主义制度优越性，"一方有难，八方支援"的优良传统。

国家先后颁布《水法》《防洪法》《长江保护法》《黄河保护法》《水土保持法》《水污染防治法》《河道管理条例》等，各级地方人民政府根据国家有关防洪的法律法规，制定本地区相配套的法规，全国初步形成国家和地方防洪法治体系，使我国防洪管理和洪水调度逐步规范化、制度化、法制化。

二、防洪规划的编制

(一) 基本定义及主要制度

1. 基本定义

《防洪法》第九条规定："防洪规划是指为防治某一流域、河段或者区域的洪涝灾害而制定的总体部署，包括国家确定的重要江河、湖泊的流域防洪规划，其他江河、河段、湖泊的防洪规划以及区域防洪规划。防洪规划是江河、湖泊治理和防洪工程设施建设的基本依据。"

规划的主要内容是拟定防洪标准和选择优化防洪系统，包括对现有河流、湖泊的治理与保护计划以及兴修防洪工程的战略部署等。防洪规划应当确定防护对象、治理目标和任务、防洪措施和实施方案，划定洪泛区、蓄滞洪区和防洪保护区的范围，规定蓄滞洪区的使用原则。

2. 主要制度

（1）**防洪规划保留区制度**。防洪规划确定的河道整治计划用地、规划建设的堤防用地范围内的土地和防洪规划确定的扩大或者开辟的人工排洪道用地范围内的土地，经有关部门批准可以划定为规划保留区，并对其范围、审批权限及保护措施进行规定。这是为确保防洪规划顺利贯彻实施而制定的一项重要制度。

（2）**防洪规划同意书制度**。防洪工程和其他水工程、水电站的可行性研究报告按照国家规定的基本建设程序报请批准时，应当附具有关水行政主管部门签署的符合防洪规划要求的规划同意书。这一制度有利于水行政主管部门监督防洪规划的有效实施，为全面执行防洪规划、做好防洪工作打下了坚实的基础。

（3）**洪水影响评价制度**。在洪泛区、蓄滞洪区内建设非防洪建设项目，应当就洪水对建设项目可能产生的影响和建设项目对防洪可能产生的影响作出评价，编制洪水影响评价报告，提出防御措施。建设项目可行性研究报告按照国家规定的基本建设程序报请批准时，应当附具有关水行政主管部门审查批准的洪水影响评价报告。

（4）**河道管理范围内建设项目审批制度**。建设跨河、穿河、穿堤、临河的桥梁、码头、道路、渡口、管道、缆线、取水、排水等工程设施，应当符合防洪标准、岸线规划、航运要求和其他技术要求，不得危害堤防安全、影响河势稳定、妨碍行洪畅通；项目可行性研究报告按照国家规定的基本建设程序报请批准前，其中的工程建设方案应当经有关水行政主管部门根据前述防洪要求审查同意。

（5）**防御洪水方案制度**。有防汛抗洪任务的县级以上地方人民政府根据流域综合规划、防洪工程实际状况和国家规定的防洪标准，制定防御洪水方案（包括对特大洪水的处置措施）。长江、黄河、淮河、海河的防御洪水方案，由国家防汛指挥机构制定，报国务院批准；跨省、自治区、直辖市的其他江河的防御洪水方案，由有关流域管理机构会同有关省、自治区、直辖市人民政府制定，报国务院或者国务院授权的有关部门批准。防御洪水方案经批准后，有关地方人民政府必须执行。各级防汛指挥机构和承担防汛抗洪任务的部门和单位，必须根据防御洪水方案做好防汛抗洪准备工作。

(二) 防洪规划的编制原则与审查

1. 防洪规划的编制原则

《**防洪法**》第十一条规定:"编制防洪规划,应当遵循确保重点、兼顾一般,以及防汛和抗旱相结合、工程措施和非工程措施相结合的原则,充分考虑洪涝规律和上下游、左右岸的关系以及国民经济对防洪的要求,并与国土规划和土地利用总体规划相协调。防洪规划应当确定防护对象、治理目标和任务、防洪措施和实施方案,划定洪泛区、蓄滞洪区和防洪保护区的范围,规定蓄滞洪区的使用原则。"

(1) 确保重点、兼顾一般原则。防洪工程是一项复杂而又综合的工程。洪水动态而又无约束,既可沿河床直泄千里,更会漫滩洪泛,如上下游及干支流的洪水相互关联,则影响甚大,因此,防洪必须认识其内在规律、流域地理、地质、气象,以及国民经济状况,结合国土整治、生态保护及水资源综合开发,确保重点、兼顾一般,进行跨地区、跨行业的综合分析和全面规划。

(2) 防汛和抗旱相结合原则。由于我国普遍是季风性气候,所有降水季节性变化很大,主要集中于夏秋季节,夏秋多、冬春少。我国季风区降水类型主要为锋面雨,随着雨带的季节性而移动。对我国气候影响最大的是太平洋,太平洋暖湿气流以东南季风的形式影响我国东部地区,带来丰富的降水。印度洋暖湿气流以西南季风的形式影响我国西南地区和青藏高原南部,但是印度洋暖湿气流被青藏高原阻挡,不能影响我国西北地区。影响我国西北地区的是来自大西洋的西风气流,其带来的降水比较少。我国冬季的寒潮就是强烈的冬季风南下,冬季风的源地不是北冰洋而是蒙古、西伯利亚的高压。因此,我国防汛与抗旱具有相对不确定性,特别是我国地域辽阔,降水极不均匀,洪涝和干旱一般同时存在。

(3) 工程措施和非工程措施相结合原则。随着经济发展以及大中城市的建设,高铁、高速公路、航空空港等交通网建设,大型国有工业企业、重点矿山建设,新型产业建设等,如果没有相应的防洪工程措施作保障,一旦出现较大洪水,人民生命与财产就会受到巨大损失。同时防洪规划、抗洪救灾、防洪设施保护等非工程措施,既是人民政府及其水行政主管部门的职责,也是每个公民的义务。

(4) 统筹兼顾原则。统筹兼顾是指在防洪工作中必须兼顾上下游、左右岸、干支流的关系,局部利益与整体利益的关系,重点防护与一般防护的关系。必须统筹兼顾,谨防顾此失彼,努力用最低成本代价获得最高的防洪利益。

(5) 国土规划与土地利用相协调原则。按照有关防洪规划,对防洪区内的土地实行分区管理,目的是使防洪区内土地的利用、开发和各项建设既符合防洪要求的需要,又能实现土地的合理、有效利用,减少洪灾损失,使防洪区内的土地利用与防洪区的不同类型、洪水可能产生的不同影响相协调。

《山洪灾害防御预案编制技术导则》(SL/T 666—2024)对规范和加强山洪灾害防御预案编制和修订工作有重要作用。

2. 防洪规划的审查

《**防洪法**》第十条规定:"国家确定的重要江河、湖泊的防洪规划,由国务院水行政主管部门依据该江河、湖泊的流域综合规划,会同有关部门和有关省、自治区、直辖市人民政府编制，报国务院批准。其他江河、河段、湖泊的防洪规划或者区域防洪规划，由县级以上地方人民政府水行政主管部门分别依据流域综合规划、区域综合规划，会同有关部门和有关地区编制，报本级人民政府批准，并报上一级人民政府水行政主管部门备案；跨省、自治区、直辖市的江河、河段、湖泊的防洪规划由有关流域管理机构会同江河、河段、湖泊所在地的省、自治区、直辖市人民政府水行政主管部门、有关主管部门拟定，分别经有关省、自治区、直辖市人民政府审查提出意见后，报国务院水行政主管部门批准。城市防洪规划，由城市人民政府组织水行政主管部门、建设行政主管部门和其他有关部门依据流域防洪规划、上一级人民政府区域防洪规划编制，按照国务院规定的审批程序批准后纳入城市总体规划。修改防洪规划，应当报经原批准机关批准。"

三、流域治理与保护

（一）流域治理

流域治理规划是以流域为地域单元的水土保持规划。具体来讲，就是根据区域规划提出的方向和要求，结合流域的自然环境、资源和社会经济条件，合理安排、确定流域的农林牧各业用地的比例和位置，布设各项水土保持措施，安排各项治理工作所需的劳力、物资、经费和进度，制定技术经济指标，提出各项措施的要求。

1. 土地利用规划

土地利用规划是流域治理的基础，其主要内容是确定农林牧各业土地利用结构和位置，划分工矿、村镇、水利、交通等用地的范围。

2. 水资源利用规划

水资源利用规划主要根据流域的具体情况，实现供水和需水之间的平衡和水资源的有效利用。

3. 农林牧副、特业生产规划

农林牧副、特业生产规划主要指具体到农林牧副、特各业本身，它为水土资源规划提供依据，同时又受水土资源规划的控制和限制。它主要保证农林牧副、特各业本身内部比例合理及资源利用和转化效率高。

4. 水土流失综合防治体系的规划设计

按照因地制宜、因害设防、综合治理、突出效益的原则，根据流域水土流失的空间分布特征，在土地利用规划的基础上，从分水岭至坡脚，从芝沟到平沟，从沟头到沟口，选择不同地貌部位、不同地类的流域治理措施，提出一套由各种流域治理措施组成的具有较高经济效益的，系统完整的、科学的流域水土流失防治措施体系规划。

（二）河道治理与清障

1. 河道治理

《防洪法》第十八条规定："防治江河洪水，应当蓄泄兼施，充分发挥河道行洪能力和水库、洼淀、湖泊调蓄洪水的功能，加强河道防护，因地制宜地采取定期清淤疏浚等措施，保持行洪畅通。防治江河洪水，应当保护、扩大流域林草植被，涵养水源，加强流域水土保持综合治理。"第十九条规定："整治河道和修建控制引导河水流向、保护堤岸等工程，应当兼顾上下游、左右岸的关系，按照规划治导线实施，不得任意改变河水流向。"

《河道管理条例》第十条规定："河道的整治与建设，应当服从流域综合规划，符合国家规定的防洪标准、通航标准和其他有关技术要求,维护堤坝安全,保持河势稳定和行洪、航运通畅。"

《**河道管理条例**》第十一条规定:"修建开发水利、防治水害、整治河道的各类工程和跨河、穿河、穿堤、临河的桥梁、码头、道路、渡口、管道、缆线等建筑物及设施,建设单位必须按照河道管理权限,将工程建设方案报送河道主管机关审查同意。未经河道主管机关审查同意的,建设单位不得开工建设。"

《**河道管理条例**》第十二条规定:"修建桥梁、码头和其他设施,必须按照国家规定的防洪标准所确定的河宽进行,不得缩窄行洪通道。桥梁和栈桥的梁底必须高于设计洪水位,并按照防洪和航运的要求,留有一定的超高。设计洪水位由河道主管机关根据防洪规划确定。跨越河道的管道、线路的净空高度必须符合防洪和航运的要求。"

2. 河道清障

交通部门进行航道整治,应当符合防洪安全要求,并事先征求河道主管机关对有关设计和计划的意见。

水利部门进行河道整治,涉及航道的,应当兼顾航运的需要,并事先征求交通部门对有关设计和计划的意见。

在国家规定可以流放竹木的河流和重要的渔业水域进行河道、航道整治,建设单位应当兼顾竹木水运和渔业发展的需要,并事先将有关设计和计划送同级林业、渔业主管部门征求意见。

清障治理河段包括防汛安全的各大中小型河道、有堤防的河道,其管理范围为两岸之间的水域、沙洲、滩地、行洪区和堤防及护堤地;无堤防河道,其管理范围为历史最高洪水位或者设计洪水位之间的水域、沙洲和行洪区。清障整治内容为河道管理范围内的违章树木、高秆作物、养猪大棚、违章建筑、沙(石)滩、垃圾堆、无证采砂、越界采砂以及未经审批的涉河建设项目等。

(三)防洪区工程管理

1. 防洪区的分类

防洪区是指洪水泛滥可能淹及的地区,分为**洪泛区**、**蓄滞洪区**和**防洪保护区**。**洪泛区**是指尚无工程设施保护的洪水泛滥所及的地区。**蓄滞洪区**是指包括分洪口在内的河堤背水面以外临时贮存洪水的低洼地区及湖泊等。**防洪保护区**是指在防洪标准内受防洪工程设施保护的地区。洪泛区、蓄滞洪区和防洪保护区的范围,在防洪规划或者防御洪水方案中划定,并报请省级以上人民政府按照国务院规定的权限批准后予以公告。

2. 具体的管理要求

(1)禁止在河道、湖泊管理范围内建设妨碍行洪的建筑物、构筑物,禁止倾倒垃圾、渣土,禁止从事影响河势稳定、危害河岸堤防安全和其他妨碍河道行洪的活动。

(2)禁止在行洪河道内种植阻碍行洪的林木和高秆作物。在船舶航行可能危及堤岸安全的河段,应当限定航速。

(3)禁止围湖造地、围垦河道;对居住在行洪河道内的居民,当地政府应当有计划地组织外迁。

(4)加大对护堤护岸林木的营造和管理力度。

(5) 限期改建或拆除壅水、阻水严重的桥梁、引道、码头和其他跨河工程设施。

四、防汛抗洪

防汛是指为防止或减轻洪水灾害，在汛期运用防洪系统的各种防范措施，守护防洪工程，控制调度洪水，保障保护区人民生命财产安全的工作。抗洪则是指洪水泛滥成灾，需要救灾抢险，其中抗洪抢险是抗洪工作的重中之重。堤防抢险技术应符合《堤防抢险技术导则》（SL/T 832—2024）的相关要求。

堤坝决口口门抢险的堵口方法一般分为平堵、立堵和复合堵。平堵是由口门底部逐层填高封堵；立堵是由口门两端同时向中间进占（戗堤堤头需要护底和裹头保护）；复合堵是先由立堵进占到龙口（堵口预设的过流宽度），再平堵。如口门上下游水位差较大时，可在下游适当位置填筑一道坝用以减轻落差，便于封堵。平堵需要在沿戗堤轴线的龙口架设浮桥或固定栈桥，或利用缆机等其他跨河设备，全线均匀抛投块石、混凝土块体等材料形成戗堤，逐层水平上升，直到戗堤露出水面。与立堵相比，平堵抛投工作面大，水力条件较好，但准备工作量大，需架桥，造价高，已较少采用。立堵存在戗堤堤头结构坍塌和封堵材料能否抗冲稳定两大风险。目前，封堵材料主要有石笼、块石、混凝土块、柳捆、排桩，尚无先进技术和材料。

防汛抗洪工作实行各级人民政府行政首长负责制，统一指挥、分级分部门负责。

（1）国务院设立国家防汛指挥机构，负责领导、组织全国的防汛抗洪工作，其办事机构设在国务院水行政主管部门。在国家确定的重要江河、湖泊可以设立由有关省、自治区、直辖市人民政府和该江河、湖泊的流域管理机构负责人等组成的防汛指挥机构，指挥所管辖范围内的防汛抗洪工作，其办事机构设在流域管理机构。

（2）有防汛抗洪任务的县级以上地方人民政府设立由有关部门、当地驻军、人民武装部负责人等组成的防汛指挥机构，在上级防汛指挥机构和本级人民政府的领导下，指挥本地区的防汛抗洪工作，其办事机构设在同级水行政主管部门；必要时，经城市人民政府决定，防汛指挥机构也可以在建设行政主管部门设城市市区办事机构，在防汛指挥机构的统一领导下，负责城市市区的防汛抗洪日常工作。

（3）长江、黄河、淮河、海河的防御洪水方案，由国家防汛指挥机构制定，报国务院批准；跨省、自治区、直辖市的其他江河的防御洪水方案，由有关流域管理机构会同有关省、自治区、直辖市人民政府制定，报国务院或者国务院授权的有关部门批准。防御洪水方案经批准后，有关地方人民政府必须执行。

春秋时期，淮河洪灾不断，水患频仍，民多受其害。**孙叔敖**奉命主持治水，"于楚之境内，下膏泽，兴水利"，修筑了中国历史上第一座水利工程的**芍陂**（今名安丰塘，地处安徽寿县），被誉为"**水利之冠**"。芍陂兴建之前，当地分布着众多季节性塘泊注淀。孙叔敖因势利导，变水患为水利，把陂塘汇集在一起，周边修筑大堤，形成蓄水陂塘。在陂塘的西、北、东三面大堤上分别开凿五个水门，用来控制陂塘进水、放水灌溉和排泄洪水，由此开始了2600多年的灌溉历史。芍陂的兴建，适合国情，深得民心，对淮河以南地区的灌溉、航运、水产养殖、屯田济军等方面起到了很大作用。

五、法律责任

《防洪法》所规定的行政处罚种类主要有：责令停止违法行为，责令限期拆除，责令限期采取补救措施；排除阻碍，恢复原状；罚款；治安管理处罚。

违反《防洪法》的主要法律责任如下：

(1) 行政法律责任。行政法律责任包括对国家工作人员滥用职权、玩忽职守、徇私舞弊等行为，尚不构成犯罪而依法给予的行政处分。

(2) 民事法律责任。违法行为人对堤防、水闸、护岸、抽水站、排水渠系等防洪工程和水文、通信设施以及防汛备用的器材、物料造成损坏的，依法承担民事责任。

(3) 刑事法律责任。如"阻碍、威胁防汛指挥机构、水行政主管部门或者流域管理机构的工作人员依法执行职务，构成犯罪的，依法追究刑事责任。"

在这里值得注意的是，违反《防洪法》第六十条和第六十一条规定的，依照《中华人民共和国治安管理处罚法》执行，而不是由县级以上水行政主管部门作出处罚决定。

《防洪法》第六十条规定："违反本法规定，破坏、侵占、毁损堤防、水闸、护岸、抽水站、排水渠系等防洪工程和水文、通信设施以及防汛备用的器材、物料的，责令停止违法行为，采取补救措施，可以处五万元以下的罚款；造成损坏的，依法承担民事责任；应当给予治安管理处罚的，依照治安管理处罚法的规定处罚；构成犯罪的，依法追究刑事责任。"第六十一条规定："阻碍、威胁防汛指挥机构、水行政主管部门或者流域管理机构的工作人员依法执行职务，构成犯罪的，依法追究刑事责任；尚不构成犯罪，应当给予治安管理处罚的，依照治安管理处罚法的规定处罚。"

第三节 水 土 保 持

一、概述

（一）定义

水土保持是指对自然因素和人为活动造成水土流失所采取的预防和治理措施。

为了预防和治理水土流失，保护和合理利用水土资源，减轻水、旱、风沙灾害，改善生态环境，保障经济社会可持续发展，1991年全国人民代表大会常务委员会通过了《**水土保持法**》，标志着我国水土保持事业走上法制化轨道。

水土流失类型主要有：①**水力侵蚀**，也称**水蚀**，其直接动力是自然降水和地表径流，主要侵蚀形态有溅蚀、面蚀和沟蚀，是水土流失主要类型；②**风力侵蚀**，也称**风蚀**，是以风为外营力作用对土体剥离而引起的侵蚀，其特点是风力扬沙；③**重力侵蚀**，是地面山体、岩体、土体物在其他外营力特别是水力的共同作用下，以重力为直接原因失去平稳向临空面发生倒塌的现象，如泻溜、滑坡、崩塌、崩岗、洞穴侵蚀等，重力侵蚀具有"突发性"；④**冻融侵蚀**，也称**冻蚀**，是土体或岩体裂隙中的水分反复冻融，使其体积胀缩、破碎、坍塌的现象；⑤**混合侵蚀**，为在两种或两种以上侵蚀营力作用下所发生的侵蚀现象，如在水流冲力和重力共同作用下的泥石流、石洪和泥流等。

(二) 工作方针

《水土保持法》第三条指出："水土保持工作实行预防为主、保护优先、全面规划、综合治理、因地制宜、突出重点、科学管理、注重效益的方针。"

1. "预防为主、保护优先"方针

本方针体现了"预防保护"在水土保持工作中的重要地位和作用，也就是首先应预防产生新的水土流失，要保护好原有植被和地貌，把人为活动产生的新的水土流失控制在最低程度，摒弃"先破坏后治理"的行为。

2. "全面规划、综合治理"方针

本方针体现水土保持工作的全面性、长期性、重要性和水土流失治理的综合性，对水土保持工作必须全面规划、统筹预防和治理。必须坚持以小流域为单元，工程措施、生物措施和农业技术措施优化配置，山、林、田、水以及路、村综合治理，形成综合防护体系。

3. "因地制宜、突出重点"方针

(1) 因地制宜。 水土流失地区，要根据当地自然和经济条件，分类确定水土流失防治工作的目标和关键措施。

1) 黄土高原应以坡面梯田和沟道淤堤坝为主，宜加强基本农田建设；荒坡荒山和退耕的陡坡地应生态自然修复，营造以适生灌木为主的水土保持林。

2) 长江上游及西南诸河区、溪河沿岸及山脚建设基本农田，山腰种茶、柑橘等经济果林，山顶营造水源涵养林，形成综合防治体系。

3) 西南岩溶区关键是基本农田建设，保护和可持续利用水土资源，提高环境承载力。

4) 西北草原区，加强水资源管理，控制地下水位，对退化草地实施轮封轮牧，建设人工草场，科学合理地确定载畜量。

5) 东北黑土区以改变耕作方式、控制沟道侵蚀为重点，控制黑土流失和退化趋势。

(2) 突出重点。 我国水土流失防治任务艰巨，一定要突出重点，以点带面，整体推进。

目前，我国水土流失重点地区是：黄土高原、长江上游、珠江上游、东北黑土地地区（丘陵地区）。特别是黄河中游的黄土高原区是重中之重〔以内蒙古自治区呼和浩特市托克托县河口镇（现名河口村）至陕西省渭南市韩城市与山西省运城市河津市之间的龙门区间最为严重〕，鄂尔多斯地区砒砂岩是黄河泥沙主要来源。**砒砂岩**通常为岩石，但遇水弱化，劲风成沙，被雨水带入黄河，治黄就是治理砒砂岩。鄂尔多斯高原属于严重水土流失地区，年侵蚀模数为 7500~10000 $[t/(km^2 \cdot a)]$。

砒砂岩有三种类型。 第一种为**裸露砒砂岩区**，直接见于地表，无黄土、风沙土覆盖或覆土（沙）极薄（0.1~1.5m），出露面积占总面积 70% 以上。第二种为**盖土砒砂岩区**，掩埋于各种黄土地貌之下（一般大于 1.5m），表现为黄土戴帽、砒砂岩穿裙的特殊的地貌。第三种为**盖沙砒砂岩区**，因受库布齐沙漠和毛乌素沙地风沙的影响，鄂尔多斯高原上的丘陵及梁地砒砂岩掩埋于风沙之下，或形成风沙戴帽、砒砂岩穿裙的地貌。

砒砂岩区域荒漠化治理与修复是我国水土保持领域亟待解决一大难题。

侵蚀模数是土壤侵蚀强度单位，是衡量土壤侵蚀程度的一个量化指标，也称为土壤侵蚀率、土壤流失率或土壤损失幅度，是指表层土壤在自然营力（水力、风力、重力及冻融等）和人为活动等的综合作用下，单位面积和单位时间内被剥蚀并发生位移的土壤侵蚀量；其单位为 $t/(km^2 \cdot a)$。

土壤侵蚀理论中，**土壤侵蚀量、土壤流失量和产沙量**是一组概念完全不同的术语。土壤侵蚀量是指在雨滴分离或径流冲刷下，土壤移动的总量；土壤流失量是指土壤离开某一特定坡面和田面的数量，产沙量是指迁移到预测点的土壤流失量。因此说，实际工作中测得的侵蚀模数实际为单位面积和单位时间的土壤流失量、土壤损失幅度或产沙模数。

4."科学管理、注重效益"方针

随着现代化、信息化的发展，水土保护必须引入现代化科学管理的理念和先进技术手段，以提高管理效率。

注重效益是水土保持工作的生命线，包括生态、经济和社会三大效益，妥善处理好国家生态建设、区域发展和当地群众增加经济收入需求三者之间的关系，把治理水土流失与改善民生、促进脱贫致富三者紧密结合起来，充分调动群众参与治理水土流失的积极性。

（三）水土保持管理体制

1.《水土保持法》的相关规定

《水土保持法》第五条对管理体制有明确规定：

（1）国务院水行政主管部门主管全国的水土保持工作。

（2）国务院水行政主管部门在国家确定的重要江河、湖泊设立的流域管理机构，在所管辖范围内依法承担水土保持监督管理职责。

（3）县级以上地方人民政府水行政主管部门主管本行政区域的水土保持工作。县级以上人民政府林业、农业、国土资源等有关部门按照各自职责，做好有关的水土流失预防和治理工作。

我国现有水土保持机构、七大流域机构水土保持局（处）、省市县级水行政主管部门水土保持局（处、办），还有协调机构、检测机构和有关科研院所、大专院校、学会等事业单位。全国大部分县级以上地方人民政府都设置水行政主管部门，一些水土流失面积大、治理任务重的地（市）、县（旗）单设水土保持机构。

2. 水土保持职责

(1) 流域管理机构的职责。流域管理机构在所管辖范围内依法承担水土保持监督管理职责。流域管理机构是国务院水行政主管部门的派出机构，对流域内生产建设项目水土保持方案的实施情况进行跟踪检查，发现问题及时纠正；对流域内水土保持情况进行监督检查；对流域内水土保持工作进行指导。

(2) 相关部门的职责。水土流失防治是一项综合性工作，需要各个相关部门相互配合，各部门主要职责如下：

1）林业主管部门主要组织好植树造林和防沙治沙工作，配合水保部门做好林区采伐造成水土流失防治工作。

2）农业主管部门主要是组织好农耕地的水土保持措施。

3）国土资源主管部门主要在滑坡、泥石流等重力侵蚀区建立检测、预报、预警体系，并采取相应的治理措施，组织好矿产资源开发、土地复垦过程中水土流失的治理和生态环境修复工作。

4）交通、铁路、建设、电力、煤炭、石油等主管部门要组织好本行业生产建设活动中的水土流失防治工作。

二、水土保持规划

《**水土保持法**》第十条规定："水土保持规划应当在水土流失调查结果及水土流失重点预防区和重点治理区划定的基础上，遵循统筹协调、分类指导的原则编制。"具体可遵照《**水土保持规划编制规范**》（SL/T 335—2024）的有关规定。

（一）编制基础

水土流失调查结果及水土流失重点预防区和重点治理区划定是水土保持规划重要基础。水土流失调查内容主要包括水土流失分布、类型、面积、成因、程度、危害、发生发展规律以及防治情况。水土流失调查应因地制宜、因害设防、有针对性，这是开展水土保持工作的前提，划定水土保持重点预防区和重点防治区以及实行分区防治、分类管理、统筹协调、突出重点，是更有效开展水土保持工作的重要依据。只有在这种调查基础上编制水土保持规划，才更有科学性、针对性、指导性和可操作性。

（二）编制原则

统筹协调、分类指导是水土保持规划编制应遵循的原则。水土保持是一项复杂综合性很强的系统工程，涉及水利、国土、农业、林业、交通、能源等多行业多学科多部门。充分考虑自然、环境、经济和社会等诸多影响因素，协调好各方面关系，规划好水土保持目标、措施和重点，最大限度地提高水土流失防治水平和综合效益。

另外，我国地缘辽阔，自然经济社会条件差异大、水土流失范围广、类型多样复杂。水力、风力、干湿条件、冻融及生物化学侵蚀特点各异，以致防治对策和治理模式各不相同，因此水土保持规划编制必须遵循统筹兼顾和分类指导原则。

（三）水土保持规划内容

根据《**水土保持法**》第十三条，水土保持规划的内容应当包括**水土流失状况，水土流失类型区划分，水土流失防治目标、任务和措施**等。

水土保持规划包括对**流域或者区域预防和治理水土流失**、保护和合理利用水土资源作出的**整体部署**，以及根据整体部署对水土保持专项工作或者特定区域预防和治理水土流失作出的**专项部署**。

水土保持规划应当与土地利用总体规划、水资源规划、城乡规划和环境保护规划等相协调。

（1）系统地分析评价区域内水土流失的强度、类型、分布、原因、危害及发展趋势，全面反映水土流失状况。

（2）根据规划范围内各地不同的自然条件、社会经济状况、水土流失及其发展趋势，进行水土流失类型区分和水土保持区分，确定水土流失防治的主攻方向。

（3）根据区域自然、经济、社会发展需求，因地制宜、合理确定水土流失防治目标。

防治目标通常用量化指标表示,如林草覆盖率、土壤侵蚀量、水土流失治理度等。

(4) 分类施策,确定防治任务,提出防治措施,包括政策措施、预防措施、治理措施和管理措施等。

(四) 水土保持规划实施

《水土保持法》第十四条规定:"县级以上人民政府水行政主管部门会同同级人民政府有关部门编制水土保持规划,报本级人民政府或者其授权的部门批准后,由水行政主管部门组织实施。"

(1) 水土保持规划实施的主体是水行政主管部门。

(2) 水土保持设施的所有权人或者使用权人应当加强对水土保持设施的管理与维护,落实管护责任,保障其功能正常发挥。

(3) 国务院水行政主管部门应当完善全国水土保持监测网络,对全国水土流失进行动态监测。从事水土保持监测活动应当遵守国家有关技术标准、规范和规程,保证监测质量。

(4) 国务院水行政主管部门和省、自治区、直辖市人民政府水行政主管部门应当根据水土保持监测情况,定期对下列事项进行**公告**:

1) 水土流失类型、面积、强度、分布状况和变化趋势。
2) 水土流失造成的危害。
3) 水土流失预防和治理情况。

(5) 水政监督检查人员依法履行监督检查职责时,有权采取下列**措施**:

1) 要求被检查单位或者个人提供有关文件、证照、资料。
2) 要求被检查单位或者个人就预防和治理水土流失的有关情况作出说明。
3) 进入现场进行调查、取证。

被检查单位或者个人拒不停止违法行为,造成严重水土流失的,报经水行政主管部门批准,可以查封、扣押实施违法行为的工具及施工机械、设备等。

三、水土流失预防与治理

(一) 预防

《水土保持法》第十六条规定:"地方各级人民政府应当按照水土保持规划,采取**封育保护、自然修复**等措施,组织单位和个人**植树种草**,扩大林草覆盖面积,涵养水源,预防和减轻水土流失。"

(1) 地方各级人民政府应当加强对取土、挖砂、采石等活动的管理,预防和减轻水土流失。

(2) 禁止在崩塌、滑坡危险区和泥石流易发区从事取土、挖砂、采石等可能造成水土流失的活动。崩塌、滑坡危险区和泥石流易发区的范围,由县级以上地方人民政府划定并公告。崩塌、滑坡危险区和泥石流易发区的划定,应当与地质灾害防治规划确定的地质灾害易发区、重点防治区相衔接。

(3) 水土流失严重、生态脆弱的地区,应当限制或者禁止可能造成水土流失的生产建设活动,严格保护植物、沙壳、结皮、地衣等。

(4) 在侵蚀沟的沟坡和沟岸、河流的两岸以及湖泊和水库的周边,土地所有权人、使用权人或者有关管理单位应当营造植物保护带。禁止开垦、开发植物保护带。

预防离不开监测，为规范生产建设项目水土保持监测工作，提高监测结果质量，有效控制生产建设活动引起的水土流失，保护水土资源和生态环境，国家特制定**《生产建设项目水土保持监测与评价标准》**（GB/T 51240—2018）。同时国家还发布了《生产建设项目水土保持技术标准》（GB 50433—2018）、《生产建设项目水土流失防治标准》（GB/T 50434—2018）等标准。

水利行业标准《**水土保持监测技术规范**》（SL/T 277—2024）主要包括以下内容：

(1) 水土保持监测网络的组成、职责和任务，监测站网布设原则和选址要求。

(2) 宏观区域、中小流域和开发建设项目的监测项目和监测方法。

(3) 遥感监测、地面观测和调查等不同监测方法的使用范围、内容、技术要求，以及监测数据处理、资料整编和质量保证的方法。

(4) 不同开发建设项目水土流失监测的监测项目、监测时段确定和监测方法。

（二）治理

《水土保持法》第三十条规定："国家加强水土流失重点预防区和重点治理区的坡耕地改梯田、淤地坝等水土保持重点工程建设，加大生态修复力度。"

(1) 县级以上人民政府水行政主管部门应当加强对水土保持重点工程的建设管理，建立和完善运行管护制度。

(2) 国家加强江河源头区、饮用水水源保护区和水源涵养区水土流失的预防和治理工作，多渠道筹集资金，将水土保持生态效益补偿纳入国家建立的生态效益补偿制度。

(3) 开办生产建设项目或者从事其他生产建设活动造成水土流失的，应当进行治理。

(4) 国家鼓励单位和个人按照水土保持规划参与水土流失治理，并在资金、技术、税收等方面予以扶持。

(5) 国家鼓励和支持承包治理荒山、荒沟、荒丘、荒滩，防治水土流失，保护和改善生态环境，促进土地资源的合理开发和可持续利用，并依法保护土地承包合同当事人的合法权益。

(6) 在水力侵蚀地区，地方各级人民政府及其有关部门应当组织单位和个人，以天然沟壑及其两侧山坡地形成的小流域为单元，因地制宜地采取工程措施、植物措施和保护性耕作等措施，进行坡耕地和沟道水土流失综合治理。在风力侵蚀地区，地方各级人民政府及其有关部门应当组织单位和个人，因地制宜地采取轮封轮牧、植树种草、设置人工沙障和网格林带等措施，建立防风固沙防护体系。

(7) 在重力侵蚀地区，地方各级人民政府及其有关部门应当组织单位和个人，采取监测、径流排导、削坡减载、支挡固坡、修建拦挡工程等措施，建立监测、预报、预警体系。

《水土流失危险程度分级标准》（SL 718—2015）适用于全国水力侵蚀、风力侵蚀危险程度等级划分，对重力侵蚀中的滑坡单体和混合侵蚀中的泥石流单沟提出了危险程度等级划分的参考方法。

土壤侵蚀危险程度是指植被遭到破坏或地表被扰动后，引起或加剧水土流失的可能性及其危害程度的大小。**抗蚀年限**是指植被遭到破坏或地表被扰动后，超过临界土层厚度的土层全部流失所需的时间。**植被自然恢复年限**是地表植被遭到破坏后，依靠自然能力，植被盖度达到75%所需的时间。

水力侵蚀、风力侵蚀危险程度等级划分为微度、轻度、中度、重度、极度共5级。滑坡、泥石流危险程度等级划分为轻度、中度、重度共3级。

水力侵蚀危险程度等级应按其地表裸露时，水土流失对表土资源的损毁或植被自然恢复难易程度进行判别。风力侵蚀危险程度等级应按地表形态遭扰动后，生态系统自然恢复的难易程度进行判别。

水力侵蚀危险程度等级应采用抗蚀年限，或植被自然恢复年限和地面坡度因子进行划分。

风力侵蚀危险程度等级应采用气候干湿地区类型和地表形态（或植被覆盖度）因子进行划分。

滑坡危险程度等级宜采用潜在危害程度和滑坡稳定性两个因子进行划分。

泥石流危险程度等级宜采用潜在危害程度和泥石流发生可能性两个因子进行划分。

第四节 水污染防治

《水污染防治法》于1984年5月11日第六届全国人民代表大会常务委员会第五次会议通过，于1996年第一次修正，于2008年修订，于2017年第二次修正。

一、概述

（一）相关定义

水污染是因水体被有害物质污染的水，也称**污水**。在环境科学范畴，一般将水及其物理性质（如色、嗅、味、透明度等）、水中化学物质、水中生物及污泥等因素的总和称为狭义上的水体，主要包括江河、湖泊、运河、渠道、水库等以及地下水，但不包括海洋。

水体污染物主要有需氧污染物、植物营养物、重金属、农药、石油、酚类化合物、氰化物、酸碱及一般无机盐、放射性物质、病原微生物和致癌物共十大类。

技术检测判定水污染的**水质指标**共5类：悬浮物、有机物（BOD、COD、TOC、TOC）、pH值、细菌污染指标和有毒物质指标。

（二）水污染种类

水污染种类有两大类，一是自然污染，另一类是人为污染。当前危害最大的污染是人为污染，包括化学性污染、物理性污染和生物性污染。

（三）防治方针与防治标准

1. 方针

我国实行"预防为主、防治结合"的水污染防治方针，为此要把水污染防治与经济建设、城乡建设同步规划，建设项目中防止水污染设施必须与主体工程"三同时"，即"同时设计、同时施工、同时投产"。

2. 防治标准

防治标准主要有污染水质量标准和排放标准。

(1) **质量标准**。我国的水环境质量标准由多种标准组成，目前主要有：《地表水环境质量标准》(GB 3838—2002)、《渔业水质标准》(GB 11607—1989)、《生活饮用水卫生标准》(GB 5749—2022)、《农田灌溉水质标准》(GB 5084—2021)。

(2) **排放标准**。为实现国家的水环境质量标准，对水污染源排放到水体中的污染物的浓度或数量所作的限量规定就是水污染排放标准。设置排放标准的目的是控制排放量，达到环境质量要求。最常用的是《污水综合排放标准》(GB 8978—1996)。

二、管理体制与制度

(一) 管理体制

《水污染防治法》规定了我国水污染防治管理体制，即实行统一管理与分级、分部门管理相结合的体制。

统一管理是指国家各级环境保护部门统一行使水污染防治监督与管理职权。

分级管理是指在国家环境主管部门的统一领导下，地方各级人民政府的环境行政主管部门在各自的行政区域内独立行使水污染防治监督与管理权，或者水事法律、法规授权的组织在其授权范围内依法独立行使水污染防治与监督权。

分部门管理是指在水污染防治监督与管理过程中，不可避免地涉及其他行业管理部门，因此需要这些部门通力合作。《水污染防治法》第九条规定："交通主管部门的海事管理机构对船舶污染水域的防治实施监督管理。县级以上人民政府水行政、国土资源、卫生、建设、农业、渔业等部门以及重要江河、湖泊的流域水资源保护机构，在各自的职责范围内，对有关水污染防治实施监督管理。"

(二) 管理制度

水污染防治管理制度包括以下方面：

(1) 环境影响评价制度。

(2) "三同时制度"。

(3) 重点水污染物排放实施总量控制制度。

(4) 排污许可制度。

(5) 水环境质量监测和水污染物排放监测制度。

(6) 水环境保护联合协调机制制度。

(7) 环境资源承载力监测、评价制度。

三、防治措施

(一) 实行风险管理

国务院环境保护主管部门应当会同国务院卫生主管部门，根据对公众健康和卫生环境的危害和影响程度，公布有毒有害水污染物名录，实行风险管理。

(二) 防治地表水污染

禁止向水体倾倒、排放油类、酸碱类、毒液类、放射性类、工农业废弃物类物质。

禁止在江河、湖泊、运河、渠道、水库最高水位线以下的滩地、岸坡地堆放、储存固体废弃物和其他污染物。

禁止利用渗井、渗坑、裂隙、溶洞、私设暗管，或者篡改、伪造监测数据，或者不正常运行水污染防治设施等逃避监管的方式排放污染物。

（三）防治地下水污染

地下水一旦被污染会难以治理，因此对地下水要进行特殊保护。

（1）化学品生产企业以及工业聚集区、矿山开采区、尾矿库、危险废弃物处置场、垃圾堆场、地下油罐等区域都应采取防渗和水质监测措施。

（2）兴建地下工程设施或者地下勘探、采矿活动，要防治地下水污染。报废矿井、钻井或取水井应实施封井或回填。

（3）人工回灌补给地下水，不得恶化地下水质。

（四）防治城镇污水

（1）城镇污水集中处理。

（2）城镇污水需达标排放。

（五）防治农业农村水污染

（1）建设农村污水、垃圾处理设施。

（2）防治化肥、农药污染。

（3）禽畜粪便、废水要综合利用或者无害化处理。

（4）水产品养殖、农田灌溉要防污染。

（六）防治船舶水污染

（1）船舶的残油、废油应当回收。

（2）船舶装载运输油类或者有毒货物，应当采取防治溢流和渗漏措施，并防止货物落水造成水污染。

（3）进入中国境内内河的国际航线船舶排放压载水的，应当采用压载水处置装置或者采取其他等效措施，对压载水进行灭活处理。

四、入河入海排污口管理

《**国务院办公厅关于加强入河入海排污口监督管理工作的实施意见**》（国办函〔2022〕17号）将"入河入海排污口"（以下简称**排污口**）定义为"直接或通过管道、沟、渠等排污通道向环境水体排放污水的口门，是流域、海域生态环境保护的重要节点"。

（一）指导思想

以习近平新时代中国特色社会主义思想为指导，深入贯彻习近平生态文明思想，按照党中央、国务院决策部署，坚持精准治污、科学治污、依法治污，以改善生态环境质量为核心，深化排污口设置和管理改革，建立健全责任明晰、设置合理、管理规范的长效监督管理机制，有效管控入河入海污染物排放，不断提升环境治理能力和水平，为建设美丽中国作出积极贡献。

（二）工作原则

水陆统筹，以水定岸。统筹岸上和水里、陆地和海洋，根据受纳水体生态环境功能，确定排污口设置和管理要求，倒逼岸上污染治理，实现"受纳水体—排污口—排污通道—排污单位"全过程监督管理。

明晰责任，严格监督。明确每个排污口责任主体，确保事有人管、责有人负。落实地方人民政府属地管理责任，生态环境部门统一行使排污口污染排放监督管理和行政执法职责，水利等相关部门按职责分工协作。

统一要求，差别管理。国家有关部门制定排污口监督管理规定及技术规范，指导督促各地排查整治现有排污口，规范审批新增排污口，加强日常管理。地方结合实际制定方案，实行差别化管理。突出重点，分步实施。以长江、黄河、渤海等相关流域、海域为重点，明确阶段性目标任务，率先推进长江入河排污口监测、溯源、整治，建立完善管理机制，将管理范围逐步扩展到全国各地。

第五节 湿 地 保 护

2022年6月1日，《**中华人民共和国湿地保护法**》（以下简称《**湿地保护法**》）正式施行，这是我国首部专门保护湿地的法律，确立了保护优先、严格管理、系统治理、科学修复、合理利用的湿地保护基本原则。

一、概述

（一）概念

《**湿地保护法**》所称**湿地**是指具有显著生态功能的自然或者人工的、常年或者季节性积水地带、水域，包括低潮时水深不超过6m的海域，但是水田以及用于养殖的人工的水域和滩涂除外。

湿地是位于陆生生态系统和水生生态系统之间的过渡性地带，在土壤浸泡水中的特定环境下，生长着很多湿地的特征植物。湿地广泛分布于世界各地，拥有众多野生动植物资源，是重要的生态系统。

湿地是自然形成的、常年或季节性积水的地域：在海滩，低潮时水深不超过6m；在陆地，是永久性或间歇性被浅水淹没的土地，地下水埋深小于3m，底泥含水率超过30%；季节或年际水深变化幅度超过30%的水域，如沼泽地、湿原、泥炭地、滩涂、稻田或其他积水地带。

狭义湿地是指地表过湿或经常积水，生长湿地生物的地区。**湿地生态系统**是湿地植物、栖息于湿地的动物、微生物及其环境组成的统一整体。湿地具有多种功能：保护生物多样性，调节径流，改善水质，调节小气候，以及提供食物及工业原料，提供旅游资源。

如果将湖泊与湿地以**低水位2m水深为界**，世界湿地可以分成20多个类型（这个概念被许多国家的湿地研究者所接受）。湿地的水文条件是湿地属性的决定性因素。水的来源（如降水、地下水、潮汐、河流、湖泊等）、水深、水流方式，以及淹水的持续期和频率决定了湿地的多样性。水对湿地土壤的发育有深刻的影响，湿地土壤通常被称为湿土或水成土。

2021年3月11日，国家林草局发布的《**2020年中国国土绿化状况公报**》显示，2020年全国湿地保护率达50%以上。

目前，我国湿地面积约5635万hm^2，占全球湿地面积的4%。我国已指定国际重要湿地64处、国家重要湿地29处、省级重要湿地1021处，设立国家湿地公园901处。《**湿地公约**》共认定43个国际湿地城市，我国13个城市入选，是全球入选国际湿地城市数量最多的国家。

2022年11月6日下午，在《湿地公约》第十四届缔约方大会上，凝聚各方共识、展示全球意愿的"武汉宣言"正式通过。其中强调"加强湿地的保护、修复和可持续管理，特别是作为迁徙、濒危和特有物种**栖息地**的湿地，以及在**水循环中发挥重要作用**的湿地；鼓励对**泥炭地、珊瑚礁和海草床、红树林、高原湿地、地下水系**等脆弱生态系统适当采取优先**保护和管理**""加强**湿地水污染防治**，发展环境卫生服务，**建设废水处理基础设施**，实施流域综合管理，促进可持续的生产和消费模式，以减少湿地污染"。

第三次全国国土调查及2020年度国土变更调查结果显示，**全国湿地面积约5635万 hm²**，保护率达55%，包括红树林地、森林沼泽、灌丛沼泽、沼泽草地、沿海滩涂、内陆滩涂、沼泽地、河流水面、湖泊水面、水库水面、坑塘水面（不含养殖水面）、沟渠、浅海水域等。

我国哈尔滨、海口、银川、常德、常熟、东营、合肥、济宁、梁平、南昌、盘锦、武汉、盐城等13座城市为**国际湿地城市**。

（二）立法目的及适用范围

1.《湿地保护法》的立法目的

加强湿地保护，维护湿地生态功能及生物多样性，保障生态安全，促进生态文明建设，实现人与自然和谐共生。《湿地保护法》的实施，将为进一步加强湿地保护修复工作、持续提升湿地生态功能、促进生态文明建设提供法律遵循。

2.《湿地保护法》的适用范围

在中华人民共和国领域及管辖的其他海域内从事湿地保护、利用、修复及相关管理活动，适用该法。

江河、湖泊、海域等的湿地保护、利用及相关管理活动还应当适用《水法》《防洪法》《水污染防治法》《中华人民共和国海洋环境保护法》《长江保护法》《中华人民共和国渔业法》《中华人民共和国海域使用管理法》等有关法律的规定。

二、湿地资源管理制度

（1）**国家对湿地实行分级管理及名录制度**。国务院林业草原主管部门会同国务院自然资源、水行政、住房城乡建设、生态环境、农业农村等有关部门发布国家重要湿地名录及范围，并设立保护标志。国际重要湿地应当列入国家重要湿地名录。省、自治区、直辖市人民政府或者其授权的部门负责发布省级重要湿地名录及范围，并向国务院林业草原主管部门备案。

（2）**国家建立湿地资源调查评价制度**。国务院自然资源主管部门应当会同国务院林业草原等有关部门定期开展全国湿地资源调查评价工作，对湿地类型、分布、面积、生物多样性、保护与利用情况等进行调查，建立统一的信息发布和共享机制。

（3）**国家实行湿地面积总量管控制度**。将湿地面积总量管控目标纳入湿地保护目标责任制。国务院林业草原、自然资源主管部门会同国务院有关部门根据全国湿地资源状况、自然变化情况和湿地面积总量管控要求，确定全国和各省、自治区、直辖市湿地面积总量管控目标，报国务院批准。地方各级人民政府应当采取有效措施，落实湿地面积总量管控目标的要求。

（4）**国家对湿地实行分级管理制度**。按照生态区位、面积，以及维护生态功能、生物多样性的重要程度，将湿地分为重要湿地和一般湿地。重要湿地包括国家重要湿地和省级重要湿地，重要湿地以外的湿地为一般湿地。重要湿地依法划入生态保护红线。

三、湿地保护与利用

（1）国家坚持生态优先、绿色发展，完善湿地保护制度，健全湿地保护政策支持和科技支撑机制，保障湿地生态功能和永续利用，实现生态效益、社会效益、经济效益相统一。

（2）省级以上人民政府及其有关部门根据湿地保护规划和湿地保护需要，依法将湿地纳入国家公园、自然保护区或者自然公园。

（3）地方各级人民政府及其有关部门应当采取措施，预防和控制人为活动对湿地及其生物多样性的不利影响，加强湿地污染防治，减缓人为因素和自然因素导致的湿地退化，维护湿地生态功能稳定。在湿地范围内从事旅游、种植、畜牧、水产养殖、航运等利用活动，应当避免改变湿地的自然状况，并采取措施减轻对湿地生态功能的不利影响。县级以上人民政府有关部门在办理环境影响评价、国土空间规划、海域使用、养殖、防洪等相关行政许可时，应当加强对有关湿地利用活动的必要性、合理性以及湿地保护措施等内容的审查。

（4）地方各级人民政府对省级重要湿地和一般湿地利用活动进行分类指导，鼓励单位和个人开展符合湿地保护要求的生态旅游、生态农业、生态教育、自然体验等活动，适度控制种植养殖等湿地利用规模。地方各级人民政府应当鼓励有关单位优先安排当地居民参与湿地管护。

四、湿地修复

（1）县级以上人民政府应当坚持**自然恢复为主、自然恢复和人工修复相结合**的原则，加强湿地修复工作，恢复湿地面积，提高湿地生态系统质量。县级以上人民政府对破碎化严重或者功能退化的自然湿地进行综合整治和修复，优先修复生态功能严重退化的重要湿地。

（2）县级以上人民政府组织开展湿地保护与修复，应当充分考虑水资源禀赋条件和承载能力，**合理配置水资源**，保障湿地基本生态用水需求，维护湿地生态功能。

（3）县级以上地方人民政府应当科学论证，对具备恢复条件的**原有湿地、退化湿地、盐碱化湿地**等，因地制宜采取措施，恢复湿地生态功能。县级以上地方人民政府应当按照湿地保护规划，因地制宜采取**水体治理、土地整治、植被恢复、动物保护**等措施，增强湿地生态功能和碳汇功能。禁止违法占用耕地等建设人工湿地。

（4）**红树林湿地**所在地县级以上地方人民政府应当对生态功能重要区域、海洋灾害风险等级较高地区、濒危物种保护区域或者造林条件较好地区的红树林湿地优先实施修复，对严重退化的红树林湿地进行抢救性修复，修复应当尽量采用本地树种。

（5）**泥炭沼泽湿地**所在地县级以上地方人民政府应当因地制宜，组织对退化泥炭沼泽湿地进行修复，并根据泥炭沼泽湿地的类型、发育状况和退化程度等，采取相应的修复措施。

（6）修复重要湿地应当**编制湿地修复方案**。重要湿地的修复方案应当报省级以上人民政府林业草原主管部门批准。林业草原主管部门在批准修复方案前，应当征求同级人民政府自然资源、水行政、住房城乡建设、生态环境、农业农村等有关部门的意见。

（7）**修复重要湿地**应当按照经批准的湿地修复方案进行修复。重要湿地修复完成后，应当经省级以上人民政府林业草原主管部门验收合格，依法公开修复情况。省级以上人民政府林业草原主管部门应当加强修复湿地后期管理和动态监测，并根据需要开展修复效果后期评估。

（8）因**违法占用**、**开采**、**开垦**、**填埋**、**排污**等活动，导致湿地破坏的，违法行为人应当负责修复。违法行为人变更的，由承继其债权、债务的主体负责修复。因重大自然灾害造成湿地破坏，以及湿地修复责任主体灭失或者无法确定的，由县级以上人民政府组织实施修复。

2022年12月13日，在加拿大蒙特利尔举办的《**生物多样性公约**》第十五次缔约方大会（COP15）第二阶段会议期间，联合国宣布，践行中国山水林田湖草生命共同体理念的"中国山水工程"入选联合国首批十大"**世界生态恢复旗舰项目**"。"中国山水工程"是践行山水林田湖草生命共同体理念的标志性工程。"十三五"以来，截至2022年，这一项目已在"三区四带"重要生态屏障区域部署实施44个山水工程项目，完成生态保护修复面积350多万hm^2，目标是在2030年恢复1000万hm^2自然生态。

【思考题】

1. 简述洪涝灾害的基本类型与基本特征。
2. 简述《防洪法》的立法目的与意义。
3. 简述防洪规划的基本定义与主要制度。
4. 防洪规划的基本原则是什么？
5. 简述河道治理与清障的有关规定。
6. 简述防洪区工程管理的分类。
7. 简述《防洪法》规定的法律责任。
8. 水土保持的工作方针是什么？
9. 简述水土保持体制及职责。
10. 简述水土保持规划的基本内容。
11. 简述水土流失防治措施。
12. 简述水污染与水污染物的概念。
13. 简述水污染防治标准与管理体制。
14. 地表水污染的防治措施有哪些？
15. 简述湿地定义与湿地公约。
16. 湿地资源管理制度有哪些类别？
17. 如何保护与利用湿地？

第四章 水利工程建设基本程序

基本建设程序，也称建设程序，是指水利工程实施的时序过程。《荀子·儒效》中提到"井井兮其有理也"。建设工程要循序渐进，切勿超阶越次，必须坚持先勘察、后设计、再施工的原则。

第一节 水利工程概述

一、水利工程的概念和特点

水利工程是指为了控制、调节和利用自然界的地面水和地下水，以达到除害兴利的目的而兴建的各种工程。水利工程按其服务对象可以分为防洪工程（堤防、水库、蓄滞分洪区、涵闸、排水工程等）、农田水利工程（灌溉工程）、水力发电工程、航运及城市供水、排水工程等。

水利工程的主要作用是**控制、调配地表水和地下水**，进而达到除害兴利目的，满足人民生活和生产对水资源的需要。水利工程不单要满足灌溉、发电、养殖、生产生活用水的要求，还要满足调洪调沙以及水土流失和水污染防治等诸多需求，因此水利工程具有工程类别广、体量大、功能杂、投资多、施工难等诸多特点。此外，水利工程管理难度大也是其特征之一，其原因如下：

（1）水利工程多涉及水库、大坝、渠道衬砌、堤防、涵闸等施工项目，**受汛期和季节影响较大**，特别是要保证雨季、冻害、季风等因素侵袭情况下工程项目的施工质量、安全和工期。

（2）水利工程往往是**超大工程**，施工期长、工地范围大、施工队伍类型多，使得施工管理难度大。

（3）水利工程施工现场多为**露天式作业**，无法进行非常有效的封闭隔离，生产人员多、施工车辆多、工地设备多、工地材料多的特点也增加了施工管理难度。

（4）水利工程施工过程中，**施工工艺和防护设施**具有独特性，施工机械种类交织容易造成惯性伤害，土石坝（土坝、堆石坝、面板坝）、混凝土坝（重力坝、拱坝）及其溢流坝和输水系统都有各自施工工艺，这些也都带来了管理上的难度。

（5）水利工程工地现**场施工工人**的文化层次普遍较低，安全和质量意识薄弱，也是造成施工管理难度大的原因之一。

二、水利工程项目

水利工程的建设，由施工准备工作开始到竣工交付使用，要经过若干工序、若干工种的配合施工，而工程质量不仅取决于原材料、配件、产品的质量，同时也取决于各工种、工序的作业质量，因此为了实现对工程全方位、全过程的质量控制和检查评定，将水利工程划分为单元工程、分部工程和单位工程分别进行考评。单元工程是进行日常质量考核和质量评定的基本单位。

（一）项目划分

项目实施前，为了便于对项目进行质量管理和质量评定，须对项目按照分类、分序、分块的原则进行划分，确定项目分类、分序、分块的质量评定对象，确定工程名称，这个确定项目质量评定对象的活动，称为**项目划分**。

（二）项目划分层次

水利工程中永久性房屋（管理设施用房）、专用公路、专用铁路、环境绿化等工程项目，可按相关行业标准划分和确定项目名称。

工程项目划分时，应按从大到小的顺序进行，这样有利于从宏观上进行项目评定的规划，不至于在分期实施过程中，从低到高评定时出现层次、级别和归类上的混乱。质量评定时，应从低层到高层的顺序依次进行，这样可以从微观上按照施工工序和有关规定，在施工过程中把好施工质量关，由低层到高层逐级进行工程质量控制和质量检验。

水利工程项目划分总的指导原则是：贯彻执行国家和水利水电行业的有关规定和标准，水利建筑安装工程以水利水电行业标准为主，其他行业标准参考使用；水利工程的房屋建筑安装工程以建筑行业标准为主，参考使用水利水电标准；对于其他工程，一般以水利水电行业标准为主，参考使用其他行业的标准。

水利工程一般可划分为若干个**单位工程**；每个单位工程可进一步划分为若干个**分部工程**；而每个分部工程又可划分为若干个**单元工程**；单元工程还可以划分**工序**。

单位工程是指具有独立发挥作用或独立施工条件的建筑物。**分部工程**是在一个建筑物内能组合发挥一种功能的建筑安装工程，是组成单位工程的部分。对单位工程安全、功能或效益起决定性作用的分部工程称为主要分部工程。**单元工程**是在分部工程中由几个工序（或工种）施工完成的最小综合体，是日常质量考核的基本单位，又包括关键部位单元工程和重要隐蔽单元工程。**关键部位单元工程**是指对工程安全、或效益、或使用功能有显著影响的单元工程。**重要隐蔽单元工程**指在主要建筑物的地基开挖、地下洞室开挖、地基防渗、加固处理和排水等隐蔽工程中，对工程安全或使用功能有严重影响的单元工程。

（三）项目划分责任主体

项目划分责任主体是指，在一个项目中，明确各个参与方的职责和责任，确保项目顺利进行并达到预期目标。责任主体包括多个层次和角色，并都有其特定的职责和权力。

《水利水电工程施工质量检验与评定规程》（SL 176—2007）3.3.1条规定："由项目法人组织监理、设计及施工等单位进行工程项目划分，并确定主要单位工程、主要分部工程、重要隐蔽单元工程和关键部位单元工程。"

在工程建设正式开工前，建设单位、监理单位应与设计单位、施工单位，共同研究具体项目划分方案。

项目法人在主体工程开工前将项目划分表及说明书面报相应质量监督机构确认。

《水利水电工程施工质量检验与评定规程》（SL 176—2007）3.3.2条规定："工程质

量监督机构收到项目划分书面报告后,应在14个工作日内对项目划分进行确认并将确认结果书面通知项目法人。"

三、水利工程项目管理目标

水利工程项目管理主要有三大目标,即**建设工期、工程造价和工程质量**。

(一) 工期分类

1. 建设工期

根据《**水利水电工程施工组织设计规范**》(SL 303—2017),工程建设全过程可划分为**工程筹建期、工程准备期、主体工程施工期**和**工程完建期**四个施工时段。编制施工总进度时,工程施工总工期应为后三项工期之和。工程建设相邻两个阶段的工作可交叉进行。

(1) 工程筹建期:主体工程开工前,为主体工程施工具备进场开工条件所需时间,其工作内容宜为对外交通、施工供电和通信系统、征地补偿和移民安置等工作。

(2) 工程准备期:准备工程开工起至关键线路上的主体工程开工或河道截流闭气前的工期,其工作内容宜包括场地平整、场内交通、施工工厂设施、必要的生活生产房屋建设以及实施经批准的试验性工程等。根据确定的施工导流方案,工程准备期内还应完成必要的导流工程。

(3) 主体工程施工期:自关键线路上的主体工程开工或河道截流闭气后开始,至第一台机组发电或工程开始发挥效益为止的工期。

(4) 工程完建期:自水利水电工程第一台发电机组投入运行或工程开始发挥效益起,至工程完工的工期。

2. 投产日期

投产日期是指经验收合格、达到竣工验收标准、正式移交生产(或使用)的时间。

3. 竣工日期

在正常情况下,建设水工程项目的全部投产日期应当同竣工日期是一致的,但实际上有些项目的竣工日期往往晚于全部投产日期,这是因为当建设项目设计规定的生产性工程的全部生产作业线建成,经试运转、验收鉴定合格,移交生产部门时,便可算为全部投产,而竣工则要求该项目的生产性、非生产性工程全部建成,投产项目遗留的收尾工程全部完工。

(二) 工程造价

根据《工程造价术语标准》(GB/T 50875—2013),工程造价是指构成项目在建设期预计或实际支出的建设费用。

水利工程造价是指各类水利建设项目从筹建到竣工验收交付使用全过程所需的全部费用。水利工程造价计价依据,是指计算工程造价所依据的工程项目划分、工程定额、费用标准、造价文件编制办法、工程动态价差调整办法等水行政主管部门颁发的水利工程造价标准。

综合运用管理学、经济学和工程技术等方面的知识与技能,对工程造价进行预测、计划、控制、核算、分析和评价等的工作过程被称为**工程造价管理**。按照法律法规和标准等规定的程序、方法和依据,对工程造价及其构成内容进行的预测或确定被称为**工程计价**,

工程计价依据包括与计价内容、计价方法和价格标准相关的工程计量计价标准、工程计价定额及工程造价信息等。

(三) 工程质量

水利工程质量是指在国家和水利行业现行的有关法律、法规、技术标准和批准的设计文件及工程合同中，对兴建的水利工程的安全、适用、经济、美观等特性的综合要求。

《水利工程质量管理规定》第二条规定，"从事水利工程建设（包括新建、扩建、改建、除险加固等）有关活动及其质量监督管理，应当遵守本规定。"

《水利工程质量管理规定》第四条规定："水利部负责全国水利工程质量的监督管理。水利部所属流域管理机构（以下简称流域管理机构）依照法律、行政法规规定和水利部授权，负责所管辖范围内水利工程质量的监督管理。县级以上地方人民政府水行政主管部门在职责范围内负责本行政区域水利工程质量的监督管理。"

《水利工程质量管理规定》第五条规定："项目法人或者建设单位（以下统称项目法人）对水利工程质量承担首要责任。勘察、设计、施工、监理单位对水利工程质量承担主体责任，分别对工程的勘察质量、设计质量、施工质量和监理质量负责。检测、监测单位以及原材料、中间产品、设备供应商等单位依据有关规定和合同，分别对工程质量承担相应责任。项目法人、勘察、设计、施工、监理、检测、监测单位以及原材料、中间产品、设备供应商等单位的法定代表人及其工作人员，按照各自职责对工程质量依法承担相应责任。"

《水利工程质量管理规定》第六条规定："水利工程实行工程质量终身责任制。项目法人、勘察、设计、施工、监理、检测、监测等单位人员，依照法律法规和有关规定，在工程合理使用年限内对工程质量承担相应责任。"

《生产建设项目水土保持方案管理办法》第二条规定："生产建设项目水土保持方案编报和审批、方案实施、设施验收和监督检查，适用本办法。"第四条规定："生产建设单位是生产建设项目水土流失防治的责任主体，应当加强全过程水土保持管理，优化施工工艺和时序，提高水土资源利用效率，减少地表扰动和植被损坏，及时采取水土保持措施，有效控制可能造成的水土流失。任何单位和个人都有保护水土资源、预防和治理水土流失的义务，并有权对破坏水土资源、造成水土流失的行为进行举报。"

为加强水利工程质量检测管理，规范检测行为，保证检测工作质量，使检测工作标准化、规范化，水利部于 2016 年 6 月 7 日批准发布《**水利工程质量检测技术规程**》（SL 734—2016），并于 2016 年 9 月 7 日起实施。该标准适用于大中型水利工程（含 1 级、2 级、3 级堤防工程）包括建设期和运行期的实体质量检测活动，小型水利工程可参照执行。该标准与现行水利工程施工质量评定和管理形成互补与补充，满足水利行业工程建设施工质量控制、政府质量监督、专项检查稽查、竣工验收、司法鉴定、纠纷仲裁安全鉴定等建设与管理工作需要。

该标准包括地基处理与支护工程、土石方工程、混凝土工程、金属结构、机械电气及水工建筑物尺寸等六大类别编制检测有关规定，每个类别根据不同的建筑物形式或设备类型具体规范检测项目、检测单元划分、检测方法、检测数量及质量评价等。

第二节　水利工程基本建设程序

一、概念和特点

水利工程基本建设程序是指基本建设项目从决策、设计、施工到竣工验收整个工作过程中各个阶段必须遵循的先后次序（图4-1）。水利工程建设需经规划、设计、施工等阶段及试运转和验收等过程。水利工程基本建设因其规模大、费用高、制约因素多等特点，更具复杂性及失事后的严重性。

水利工程基本建设程序具有如下特点：

（1）工程建设项目的单一性。水利建设项目有特定的目的和用途，需单独设计和单独建设。即使是相同规模的同类项目，由于工程地点、地区条件和自然条件，如水文、气象等不同，其设计和施工也具有一定的差异。

（2）工程工期长，耗资较大。水利建设项目施工中需要消耗大量的人力、物力和财力，在工程费用中占有较大的比例，同时，由于工程的复杂性和艰巨性，建设周期长，小型工程短则两三年，大型工程长则十几年，例如龙羊峡、李家峡、三峡等工程。

（3）工程建设地点固定，可连续性施工。由于水利建设项目的特殊性，建设地点需经过多种方案选择和比较，并进行规划、设计和施工等工作。在河道中施工时，需考虑施工导流、截流及水下作业等问题。

（4）工程建设涉及面广，问题复杂。水利建设项目一般作为多目标综合开发利用，工程（如水库、大坝、泄水建筑物等）具有防洪、灌溉、发电、供水、航运等综合效益，涉及面广，问题复杂，需科学组织和编写施工组织设计方案，并采用现代施工技术和科学的施工管理，优良、高速地完成预期目标。

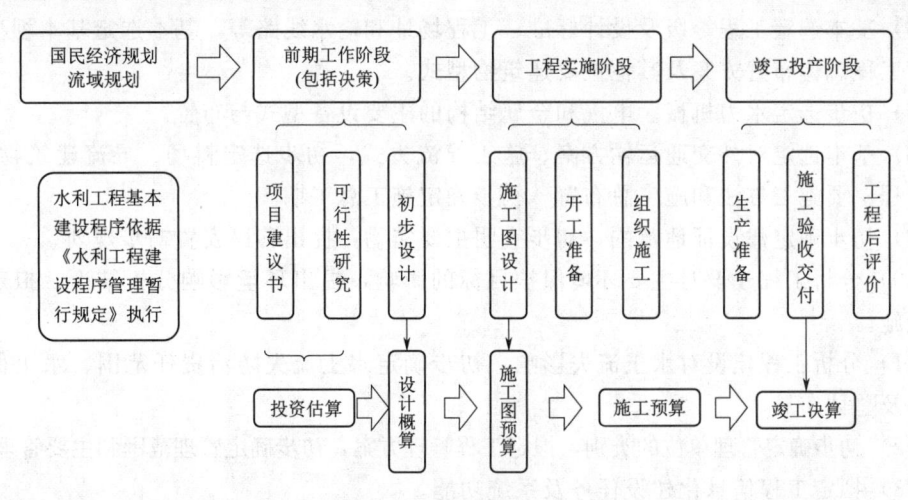

图4-1　基本建设程序

二、基本建设程序的步骤和内容

《水利工程建设程序管理暂行规定》第二条规定："水利工程建设程序，按《水利工程建设项目管理规定》（水利部水建〔1995〕128号）明确的建设程序执行，水利工程建设程序一般分为：项目建议书、可行性研究报告、施工准备、初步设计、建设实施、生产准备、竣工验收、后评价等阶段。"

根据《水利工程建设程序管理暂行规定》第三条，该暂行规定适用于由国家投资、中央和地方合资、企事业单位独资或合资以及其他投资方式兴建的防洪、除涝、灌溉、发电、供水、围垦等大中型（包括新建、续建、改建、加固、修复）工程建设项目。小型水利工程建设项目可以参照执行。利用外资项目的建设程序，同时还应执行有关外资项目管理的规定。

1. 项目建议书阶段

项目建议书应根据国民经济和社会发展长远规划、流域综合规划、区域综合规划、专业规划，按照国家产业政策和国家有关投资建设方针进行编制，是对拟进行建设项目的初步说明。

《水利水电工程项目建议书编制规程》（SL/T 617—2021）规定项目建议书的主要内容和编写深度应符合下列要求：

（1）论证项目建设的必要性，基本确定工程任务及综合利用工程各项任务的主次顺序。

（2）基本确定工程场址的主要水文参数和成果。

（3）初步评价区域构造稳定性，分析成库条件，基本查明影响工程场址（坝址、闸址、厂址、站址等）和输水线路比选的主要工程地质条件，初步查明主要建筑物的工程地质条件，初步评价存在的主要工程地质问题。对天然建筑材料进行初查。

（4）基本选定工程规模和工程总体布局，分析项目建设对河流上下游及周边地区其他水工程的影响。

（5）开展水资源开发利用建设类工程相关范围的节水分析，初步确定节水目标、节水指标和节水措施。

（6）基本选定工程等级及设计标准、工程场址和输水线路等，基本选定基本坝型，初步选定工程总体布置方案及其他主要建筑物型式。

（7）初步选定水力机械、电气和金属结构的主要设备型式与布置。

（8）基本选定对外交通运输方案、施工导流方式，初步选定料场、导流建筑物布置、主体工程主要施工方法和施工总布置，初步确定施工总工期。

（9）初步确定建设征地范围，初步查明主要实物，提出移民安置初步规划。

（10）分析工程建设对主要环境保护目标的影响，提出环境影响分析结论，拟定环境保护措施。

（11）分析工程建设对水土流失影响，初步确定水土流失防治责任范围、水土保持措施体系及总体布局。

（12）初步确定管理单位的类别，拟定工程管理方案，初步确定管理范围和主要管理设施。

（13）拟定工程信息化建设任务及系统功能。

（14）编制投资估算。

（15）分析工程效益、费用和贷款能力，初步提出资金筹措方案，初步评价项目的经济合理性和财务可行性。

（16）初步提出各章节主要结论，提出可能存在的问题和风险，以及初步应对措施，提出需要有关方面协调和支持的建议。

《**水利建设项目经济评价规范**》（SL 72—2013）主要适用于大、中型水利建设项目的项目建议书、可行性研究与初步设计阶段的经济评价。

水利建设项目经济评价必须重视社会经济、法律政策及法规资料的调查、搜集、分析和整理等基础工作，调查内容应结合项目特点有目的地进行。水利建设项目的经济评价包括**国民经济评价**和**财务评价**。水利建设项目经济评价应遵循费用与效益计算口径对应一致的原则。

2. 可行性研究报告阶段

可行性研究应对项目进行方案比较，在技术上是否可行和经济上是否合理进行科学的分析和论证。经过批准的可行性研究报告，是项目决策和进行初步设计的依据。

依据《**水利水电工程可行性研究报告编制规程**》（SL/T 618—2021），编制可行性研究报告应以批准的项目建议书为依据。直接开展可行性研究的项目，其可行性研究报告应以批准的江河流域（河段）规划、区域综合规划或专业规划为依据。

编制可行性研究报告应贯彻国家的方针政策，根据国土空间规划、国家和地区经济社会发展规划的要求，按照有关技术标准，对工程项目的建设条件进行调查和勘测，在可靠资料的基础上，进行方案比较，从技术、经济、社会、环境和节水节能等方面进行全面论证，评价工程建设的可行性。重点论证工程建设的必要性、工程规模、技术方案、征地移民、环境、投资和经济评价，对重大关键技术问题应进行专题论证。工程设计宜采用新技术、新工艺、新设备、新材料。

可行性研究报告的主要内容和编写深度应符合下列要求：

（1）论证工程建设的必要性，确定工程的任务及综合利用工程各项任务的主次顺序。

（2）确定工程场址的主要水文参数和成果。

（3）评价区域构造稳定性，基本查明水库区工程地质条件，查明影响工程场址（坝址、闸址、厂址、站址等）和输水线路比选的主要工程地质条件，基本查明推荐场址和输水线路主要建筑物的工程地质条件，评价存在的主要工程地质问题。对工程所需主要天然建筑材料进行详查。

（4）确定主要工程规模和工程总体布局。基本确定运行原则和运行方式。评价项目建设对河流上下游及周边地区其他水工程的影响。

（5）开展水资源利用建设类工程相关范围的节水评价，确定节水目标、节水指标和节水措施。

（6）选定工程场址和输水线路等。

（7）确定工程等级及设计标准，选定基本坝型，基本选定工程总体布置及其他主要建筑物的型式。

（8）基本选定水力机械、电气、金属结构、采暖通风及空气调节等系统设计方案及设备型式和布置。初步确定消防设计方案和主要设施。

（9）选定对外交通运输方案、施工导流方式，基本选定料场、导流建筑物的布置、主体工程主要施工方法和施工总布置，提出控制性工期和分期实施意见，基本确定施工总工期。

（10）确定建设征地范围，查明各类实物，基本确定农村移民生产安置和搬迁安置规划，明确城（集）镇迁建方式和迁建新址，对重要企（事）业单位开展资产补偿评估工作，对重要专项设施开展典型设计，明确防护工程等级和防护方案。

（11）对主要环境要素进行环境影响预测评价，确定环境保护措施。

（12）对主体工程设计进行水土保持评价，基本确定水土流失防治责任范围、水土保持措施、水土保持监测方案。

（13）基本确定劳动安全与工业卫生的主要措施。

（14）初步确定工程的能源消耗种类和数量、能耗指标、设计原则，基本确定节能措施。

（15）确定管理单位类别及性质、机构设置方案、管理范围和主要管理设施等。

（16）基本确定工程信息化建设任务和系统功能。

（17）编制投资估算。

（18）分析工程效益、费用和贷款能力，提出资金筹措方案，分析主要经济评价指标，评价工程的经济合理性和财务可行性。

（19）分析社会稳定风险因素，提出相应的防范和化解措施，以及采取措施后的社会稳定风险等级建议。

（20）提出工程建设可行性研究的主要结论，综述存在的主要问题和风险并提出解决措施或风险规避措施，简述下阶段有关工作建议。

3. 施工准备阶段

项目可行性研究报告已经批准，年度水利投资计划下达后，项目法人即可开展施工准备工作，其主要内容包括：

（1）施工现场的征地、拆迁。

（2）完成施工用水、电、通信、路和场地平整等工程。

（3）完成必需的生产、生活临时建筑工程。

（4）实施经批准的应急工程、试验工程等专项工程。

（5）组织招标设计、咨询、设备和物资采购等服务。

（6）组织相关监理招标，组织主体工程招标准备工作。

工程建设项目施工，除某些不适应招标的特殊工程项目（须经水行政主管部门批准）外，均须实行招标投标。水利工程建设项目的招标投标，按有关法律、行政法规和《水利工程建设项目招标投标管理规定》等规章规定执行。

4. 初步设计阶段

初步设计是根据批准的可行性研究报告和必要而准确的设计资料，对设计对象进行通盘研究，阐明拟建工程在技术上的可行性和经济上的合理性，规定项目的各项基本技术参数，编制项目的总概算。初步设计任务应择优选择有项目相应资格的设计单位承担，依照有关初步设计编制规定进行编制。

初步设计报告应按照《**水利水电工程初步设计报告编制规程**》（SL/T 619—2021）编制。编制初步设计报告应以批准的可行性研究报告为依据。编制初步设计报告应贯彻国家的方针政策，按照有关技术标准进行调查、勘测、试验、研究，在取得可靠的基本资料基础上，进行方案技术设计。工程设计应安全可靠，技术先进，因地制宜，注重技术创新、节水节能、节约投资，宜采用新技术、新工艺、新设备、新材料。初步设计报告应有分析、论证和必要的方案比较，并有明确的结论和意见。

初步设计报告的主要内容和深度应符合下列要求：

（1）复核并确定工程场址的水文成果。

（2）查明水库区及主要建筑物的工程地质条件，评价存在的工程地质问题。对天然建筑材料进行复核，必要时对区域构造稳定性进行复核。

（3）说明工程任务及具体要求，复核工程规模，确定运行原则，明确运行方式。

（4）复核工程等级和设计标准，选定坝型，确定工程总体布置、输水线路、主要建筑物的轴线、结构型式和布置、控制高程、主要尺寸和数量。

（5）选定水力机械、电气、金属结构、采暖通风及空气调节等系统设计方案及设备型式和布置。

（6）确定消防设计方案和主要设施。

（7）复核对外交通运输方案、施工导流方式，选定料场、施工。

（8）复核建设征地范围和各项实物，确定农村移民生产安置规划和搬迁安置规划，提出集中居民点、城（集）镇迁建和专项设施复（改）建等初步设计文件，开展企（事）业单位资产补偿评估工作。

（9）复核环境影响，确定各项环境保护措施设计方案。

（10）复核水土流失防治责任范围，确定水土保持工程设计方案。

（11）确定劳动安全与工业卫生的设计方案，确定主要措施。

（12）确定工程的能源消耗种类和数量、能耗指标、设计原则、节能措施及工程节能设计方案。

（13）提出工程管理设计。

（14）确定工程信息化建设内容、功能及技术实现方案，确定系统部署方案及软、硬件技术要求和配置。

（15）编制设计概算。

（16）复核经济评价指标。

（17）提出工程建设初步设计的主要结论。

初步设计文件报批前，一般须由项目法人对初步设计中的重大问题组织论证。设计单位根据论证意见，对初步设计文件进行补充、修改、优化。初步设计由项目法人组织审查后，按国家现行规定权限向主管部门申报审批。

设计单位必须严格保证设计质量，承担初步设计的合同责任。初步设计文件经批准后，主要内容不得随意修改、变更，并作为项目建设实施的技术文件基础。如有重要修改、变更，须经原审批机关复审同意。

《水利水电工程初步设计质量评定标准》（SL 521—2013）依据《水利水电工程初步设计报告编制规程》（SL/T 619—2013）所要求的设计内容和设计深度，按其质量特性（安全性、功能性、经济性、可靠性和时间性）分类，规定了水利水电工程初步设计阶段的设计产品质量的评定原则、评定方法。

5. 建设实施阶段

建设实施阶段是指主体工程的建设实施，项目法人按照批准的建设文件，组织工程建设，保证项目建设目标的实现。

水利工程具备《水利工程建设项目管理规定（试行）》规定的开工条件后，主体工程方可开工建设。主体工程开工，必须具备以下条件：

(1) 项目法人或者建设单位已经设立。

(2) 初步设计已经批准，施工详图设计满足主体工程施工需要。

(3) 建设资金已经落实。

(4) 主体工程施工单位和监理单位已经确定，并分别订立了合同。

(5) 质量安全监督单位已经确定，并办理了质量安全监督手续。

(6) 主要设备和材料已经落实来源。

(7) 施工准备和征地移民等工作满足主体工程开工需要。

项目法人或者建设单位应当自工程开工之日起 15 个工作日内，将开工情况的书面报告报项目主管单位和上一级主管单位备案。

项目法人要充分发挥建设管理的主导作用，为施工创造良好的建设条件。项目法人要充分授权工程监理，使之能独立负责项目的建设工期、质量、投资的控制和现场施工的组织协调。监理单位选择必须符合《水利工程建设监理规定》的要求。

要按照"政府监督、项目法人负责、社会监理、企业保证"的要求，建立健全质量管理体系，重要建设项目，须设立质量监督项目站，行使政府对项目建设的监督职能。

6. 生产准备阶段

生产准备是项目投产前所要进行的一项重要工作，是建设阶段转入生产经营的必要条件。项目法人应按照建管结合和项目法人责任制的要求，适时做好有关生产准备工作。

生产准备应根据不同类型的工程要求确定，一般应包括如下主要内容：

(1) 生产组织准备。建立生产经营的管理机构及相应管理制度。

(2) 招收和培训人员。按照生产运营的要求，配备生产管理人员，并通过多种形式的培训，提高人员素质，使之能满足运营要求。生产管理人员要尽早介入工程的施工建设，参加设备的安装调试，熟悉情况，掌握好生产技术和工艺流程，为顺利衔接基本建设和生产经营阶段做好准备。

(3) 生产技术准备。主要包括技术资料的汇总、运行技术方案的制定、岗位操作规程制定和新技术准备。

(4) 生产的物资准备。主要是落实投产运营所需要的原材料、协作产品、工器具、备品备件和其他协作配合条件的准备。

(5) 正常的生活福利设施准备。

及时具体落实产品销售合同协议的签订，提高生产经营效益，为偿还债务和资产的保值增值创造条件。

7. 工程验收

依据《水利工程建设项目管理规定（试行）》第十五条，工程验收要严格按国家和水利部颁布的验收规程进行。

(1) 工程阶段验收。阶段验收是工程竣工验收的基础和重要内容,凡能独立发挥作用的单项工程均应进行阶段验收,如:截流(包括分期导流)、下闸蓄水、机组启动、通水等是重要的阶段验收。

(2) 工程竣工验收。

1) 竣工验收是工程完成建设目标的标志,是全面考核基本建设成果、检验设计和工程质量的重要步骤。竣工验收合格的项目即从基本建设转入生产或使用。

2) 当建设项目的建设内容全部完成,并经过单位工程验收(包括工程档案资料的验收),符合设计要求并按《水利工程建设项目档案管理规定》的要求完成了档案资料的整理工作;完成竣工报告、竣工决算等必需文件的编制后,项目法人按《水利工程建设项目管理规定(试行)》向验收主管部门提出申请,根据国家和部颁验收规程组织验收。

3) 竣工决算编制完成后,须由审计机关组织竣工审计,其审计报告作为竣工验收的基本资料。

4) 工程规模较大、技术较复杂的建设项目可先进行初步验收。不合格的工程不予验收;有遗留问题的项目,对遗留问题必须有具体处理意见,且有限期处理的明确要求并落实责任人。

《水利水电建设工程验收规程》(SL 223—2008)规定:"水利水电建设工程验收按验收主持单位可分为法人验收和政府验收。法人验收应包括分部工程验收、单位工程验收、水电站(泵站)中间机组启动验收、合同工程完工验收等;政府验收应包括阶段验收、专项验收、竣工验收等。验收主持单位可根据工程建设需要增设验收的类别和具体要求。"

(1) 工程验收应以下列文件为**主要依据**。

1) 国家现行有关法律、法规、规章和技术标准。

2) 有关主管部门的规定。

3) 经批准的工程立项文件、初步设计文件、调整概算文件。

4) 经批准的设计文件及相应的工程变更文件。

5) 施工图纸及主要设备技术说明书等。

6) 法人验收还应以施工合同为依据。

(2) 工程验收应包括以下**主要内容**。

1) 检查工程是否按照批准的设计进行建设。

2) 检查已完工程在设计、施工、设备制造安装等方面的质量及相关资料的收集、整理和归档情况。

3) 检查工程是否具备运行或进行下一阶段建设的条件。

4) 检查工程投资控制和资金使用情况。

5) 对验收遗留问题提出处理意见。

6) 对工程建设做出评价和结论。

(3) 政府验收应由验收主持单位组织成立的**验收委员会负责**;法人验收应由项目法人

组织成立的**验收工作组**负责。验收委员会（工作组）由有关单位代表和有关专家组成。

验收的成果性文件是验收鉴定书，验收委员会（工作组）成员应在验收鉴定书上签字。对验收结论持有异议的，应将保留意见在验收鉴定书上明确记载并签字。

8. 后评价

建设项目竣工投产后，一般经过 1~2 年生产运营后，要进行一次系统的项目后评价，主要内容包括：

（1）影响评价：项目投产后对各方面的影响进行评价。

（2）经济效益评价：项目投资、国民经济效益、财务效益、技术进步和规模效益、可行性研究深度等进行评价。

（3）过程评价：对项目的立项、设计施工、建设管理、竣工投产、生产运营等全过程进行评价。

项目后评价一般按三个层次组织实施，即项目法人的自我评价、项目行业的评价、计划部门（或主要投资方）的评价。

建设项目后评价工作必须遵循客观、公正、科学的原则，做到分析合理、评价公正。通过建设项目的后评价以达到肯定成绩、总结经验、研究问题、吸取教训、提出建议、改进工作，不断提高项目决策水平和投资效果的目的。

水利工程的建设在一定程度上改变其所在流域的水文情势，主要表现为：水流量、流速、汛期、峰值、水位落差、水循环等。又因水利工程建设需要开挖大量的土石方，水库蓄水后大坝附近的河床和库区山体地应力状态的改变可能会诱发水库渗漏、滑坡、塌岸、地震等地质灾害。同时水利工程构筑物改变了原河道的水系态势，会引起生态环境退化和环境质量降低，从而导致生物群落和物种的减少甚至灭绝。

《**水利建设项目环境影响后评价导则**》（SL/Z 705—2015）适用于大中型水利建设项目环境影响后评价工作，小型水利建设项目可参照执行。

水利建设项目环境影响后评价应依据国家有关法律法规和技术标准，经批准的工程设计文件、环境影响评价、环境保护竣工验收文件以及审批文件等进行评价。

水利建设项目环境影响后评价主要内容应包括**项目环境管理工作过程评价、项目建设环境影响及环境保护效果评价**。

三、项目竣工财务决算

项目竣工财务决算参照《**水利部基本建设项目竣工财务决算管理暂行办法**》执行，主要内容摘录如下。

第一条 为了加强水利基本建设项目财务管理，规范水利基本建设项目竣工财务决算（以下简称竣工财务决算）管理工作，根据国家有关规定，结合水利建设管理实际，制定本办法。

第二条 本办法适用于水利部所属单位实施的基本建设项目竣工财务决算的编制、审查、审计、上报、审核审批和监督问责等工作。

竣工财务决算分为工程类项目竣工财务决算和非工程类项目竣工财务决算。

工程类项目竣工财务决算是指以建筑施工、设备采购安装为主要实施内容，以建筑物或构筑物为主要目标产出物或在项目完成后能形成一定实物工作量的基本建设项目的竣工财务决算。

非工程类项目竣工财务决算是指以水利规划、工程项目前期、专题研究、基础性工作等为主要实施内容，项目完成后一般不形成实物工作量的基本建设项目的竣工财务决算。

第三条　竣工财务决算工作实行统一管理、分级负责。竣工财务决算工作应做到程序规范、及时高效、数据准确、管理严格。

第四条　经批复的竣工财务决算是确认投资支出、资产价值及办理资产移交和投资核销的最终依据。

第五条　竣工财务决算相关资料应按国家相关要求，整理归档，永久保存。

工程项目竣工财务决算编制依据《水利基本建设项目竣工财务决算编制规程》(SL/T 19—2023)进行。

第三节　管理体制及职责

水利工程管理体制及职责参照《水利工程建设项目管理规定（试行）》执行，主要内容如下。

一、主要职责

（1）水利部是国务院水行政主管部门，对全国水利工程建设实行宏观管理。水利部建设司是水利部主管水利建设的综合管理部门，在水利工程建设项目管理方面，其主要管理职责如下：

1）贯彻执行国家的方针政策，研究制订水利工程建设的政策法规，并组织实施。

2）对全国水利工程建设项目进行行业管理。

3）组织和协调部属重点水利工程的建设。

4）积极推行水利建设管理体制的改革，培育与完善水利建设市场。

5）指导或参与省属重点大中型工程、中央参与投资的地方大中型工程建设的项目管理。

（2）流域机构是水利部的派出机构，对其所在流域行使水行政主管部门的职责，负责本流域水利工程建设的行业管理。

以水利部投资为主的水利工程建设项目，除少数特别重大项目由水利部直接管理外，其余项目均由所在流域机构负责组织建设和管理。逐步实现按流域综合规划、组织建设、生产经营、滚动开发。

流域机构按照国家投资政策，通过多渠道筹集资金，逐步建立流域水利建设投资主体，从而实现国家对流域水利建设项目的管理。

（3）省（自治区、直辖市）水利（水电）厅（局）是本地区的水行政主管部门，负责本地区水利工程建设的行业管理。

1）负责本地区以地方投资为主的大中型水利工程建设项目的组织建设和管理。

2）支持本地区的国家和部属重点水利工程建设，积极为工程创造良好的建设环境。

二、项目法人

项目法人是指具有民事权利能力和民事行为能力，依法独立享有民事权利和承担民事义务的，并以建设项目为目的，从事项目管理的最高权力集团或组织。一般情况下，项目法人是由项目投资方派代表组成的董事会，由董事会指定项目负责人或领导班子，代表项目法人对建设工程项目进行具体管理。因此，项目法人在建设工程项目实施阶段处于中心地位，并对项目实施的全过程负责。

水利工程项目法人对建设项目的立项、筹资、建设、生产经营、还本付息以及资产保值增值的全过程负责，并承担投资风险。代表项目法人对建设项目进行管理的建设单位是项目建设的直接组织者和实施者。负责按项目的建设规模、投资总额、建设工期、工程质量，实行项目建设的全过程管理，对国家或投资各方负责。

水利工程项目法人的组建、职责等内容依据**《水利工程建设项目法人管理指导意见》**执行。

1. 项目法人组建

水利工程建设项目可行性研究报告中应明确项目法人组建主体，提出建设期项目法人机构设置方案。

（1）政府出资的水利工程建设项目，应由县级以上人民政府或其授权的水行政主管部门或者其他部门（以下简称政府或其授权部门）负责组建项目法人。

（2）政府与社会资本方共同出资的水利工程建设项目，由政府或其授权部门和社会资本方协商组建项目法人。

（3）社会资本方出资的水利工程建设项目，由社会资本方组建项目法人，但组建方案需按照国家关于投资管理的法律法规及相关规定经工程所在地县级以上人民政府或其授权部门同意。

（4）其他项目的项目法人组建层级，由省级人民政府或其授权部门结合本地实际，根据项目类型、建设规模、技术难度、影响范围等因素确定。其中，新建库容 10 亿 m^3 以上或坝高大于 70m 的水库、跨地级市的大型引调水工程，应由省级人民政府或其授权部门组建项目法人，或由省级人民政府授权工程所在地市级人民政府组建项目法人。

（5）跨行政区域的水利工程建设项目，一般应由工程所在地共同的上一级政府或其授权部门组建项目法人，也可分区域由所在地政府或其授权部门分别组建项目法人。分区域组建项目法人的，工程所在地共同的上一级政府或其授权部门应加强对各区域项目法人的组织协调。

（6）鼓励各级政府或其授权部门组建常设专职机构，履行项目法人职责，集中承担辖区内政府出资的水利工程建设。

2. 项目法人职责

项目法人对工程建设的**质量、安全、进度**和**资金**使用负首要责任，应承担以下主要职责：

（1）组织开展或协助水行政主管部门开展初步设计编制、报批等相关工作。

(2) 按照基本建设程序和批准的建设规模、内容，依据有关法律法规和技术标准组织工程建设。

(3) 根据工程建设需要组建现场管理机构，任免其管理、技术及财务等重要岗位负责人。

(4) 负责办理工程质量、安全监督及开工备案手续。

(5) 参与做好征地拆迁、移民安置工作，配合地方政府做好工程建设其他外部条件落实等工作。

(6) 依法对工程项目的勘察、设计、监理、施工、咨询和材料、设备等组织招标或采购，签订并严格履行有关合同。

(7) 组织施工图设计审查，按照有关规定履行设计变更的审查或审核与报批工作。

(8) 负责监督检查现场管理机构和参建单位建设管理情况，包括工程质量、安全生产、工期进度、资金支付、合同履约、农民工工资保障以及水土保持和环境保护措施落实等情况。

(9) 负责组织设计交底工作，组织解决工程建设中的重大技术问题。

(10) 组织编制、审核、上报项目年度建设计划和资金预算，配合有关部门落实年度工程建设资金，按时完成年度建设任务和投资计划，依法依规管理和使用建设资金。

(11) 负责组织编制、审核、上报在建工程度汛方案和应急预案，落实安全度汛措施，组织应急预案演练，对在建工程安全度汛负责。

(12) 组织或参与工程及有关专项验收工作。

(13) 负责组织编制竣工财务决算，做好资产移交相关工作。

(14) 负责工程档案资料的管理，包括对各参建单位相关档案资料的收集、整理、归档工作进行监督、检查。

(15) 负责开展项目信息管理和参建各方信用信息管理相关工作。

(16) 接受并配合有关部门开展的审计、稽查、巡察等各类监督检查，组织落实整改要求。

(17) 法律法规规定的职责及应当履行的其他职责。

三、实行"三项制度"

依据《水利工程建设项目管理规定（试行）》，水利工程建设项目实行项目法人责任制、招标投标制和建设监理制，简称"三项制度"。

（一）项目法人责任制

对生产经营性的水利工程建设项目要积极推行项目法人责任制；其他类型的项目应积极创造条件，逐步实行项目法人责任制。

工程建设现场的管理可由项目法人直接负责，也可由项目法人组建或委托一个组织具体负责。负责现场建设管理的机构履行建设单位职能。

组建建设单位由项目主管部门或投资各方负责；建设单位需具备下列条件：

(1) 具有相对独立的组织形式。内部机构设置、人员配备能满足工程建设的需要。

(2) 经济上独立核算或分级核算。

(3) 主要行政和技术、经济负责人是专职人员，并保持相对稳定。

（二）招标投标制

凡符合《水利工程建设项目管理规定（试行）》第二条要求的大中型水利建设项目都要实行招标投标制。

水利建设项目施工招标投标工作按国家有关规定或国际采购导则进行，并根据工程的规模、投资方式以及工程特点，决定招标方式。

主体工程施工招标应具备的必要条件如下：

(1) 项目的初步设计已经批准，项目建设已列入计划，投资基本落实。

(2) 项目建设单位已经组建，并具备应有的建设管理能力。

(3) 招标文件已经编制完成，施工招标申请书已经批准。

(4) 施工准备工作已满足主体工程开工的要求。

水利建设项目招标工作由项目建设单位具体组织实施。招标管理按《水利工程建设项目管理规定（试行）》第二章明确的分级管理原则和管理范围（即本节第一部分），划分如下：

(1) 水利部负责招标工作的行业管理，直接参与或组织少数特别重大建设项目的招标工作，并做好国家有关部门的协调工作。

(2) 其他国家和部属重点建设项目以及中央参与投资的地方水利建设项目的招标工作，由流域机构负责管理。

(3) 地方大中型水利建设项目的招标工作，由地方水行政主管部门负责管理。

（三）建设监理制

水利工程建设，要全面推行建设监理制。水利部主管全国水利工程的建设监理工作。水利工程建设监理单位的选择，应采取招标投标的方式确定。要加强对建设监理单位的管理，监理工程师必须持证上岗，监理单位必须持证营业。

水利施工企业要积极推行项目管理。项目管理是施工企业走向市场，深化内部改革，转换经营机制，提高管理水平的一种科学的管理方式。

施工企业要按项目管理的原则和要求组织施工，在组织结构上，实行项目经理负责制；在经营管理上，建立以经济效益为目标的项目独立核算管理体制；在生产要素配置上，实行优化配置，动态管理；在施工管理上，实行目标管理。

项目经理是项目实施过程中的最高组织者和责任者。项目经理必须按国家有关规定，经过专门培训、持证上岗。

【思考题】

1. 简述水利工程的特殊性及工程类别。
2. 水利工程项目管理的目标是什么？
3. 水利工程质量的定义是什么？
4. 水利工程的基本建设程序的步骤和内容是什么？
5. 可行性研究报告如何编制，它在项目实施中的关键作用是什么？
6. 施工准备阶段要完成哪些内容？
7. 水利工程为什么要有"生产准备阶段"？

8. 竣工验收包括哪些内容？
9. 项目后评价一般由几个层次组织实施？
10. 水利工程管理体制是什么？
11. 水利工程项目法人的职责有哪些？
12. 水利工程实行"三项制度"是什么？

第五章 水利工程建设市场法规

第一节 水利工程建设市场管理

一、水利工程建设市场

从市场竞争情况来看，由于投资大、周期长等特点，水利建设行业的竞争主体主要集中于资金雄厚、管理先进、技术创新能力强的大中型企业之间。相对于常规建筑业，水利建设施工行业的技术要求高，各类技术集成度大，施工技术装备要求高，施工难度大，因此，行业进入壁垒较高。

水利工程的交易市场化，基本采用招投标制和合同制管理。

（一）水利工程建设市场的构成

水利产业是指以水利设施为依托的各种生产和经营事业，包括江河湖泊治理、防洪除涝、灌溉、供水、水资源保护、水力发电、水土保持、河道疏浚、江海堤防建设等兴利除害的所有规划、咨询、设计、建造、生产经营、运行管理、科学研究、信息服务。

由于水利建设发展的需要，水利工程建设市场主体由三方面构成（图5-1）：一是以体现项目投资建设为主体的**项目法人主体**；二是以工程建设为服务对象，进行项目评估、科研、设计、监理、中介及法务等服务的**中介咨询服务体系**；三是以项目法人为服务对象，以工程设计、施工、设备材料采购为服务范围的**工程项目承包体系**。

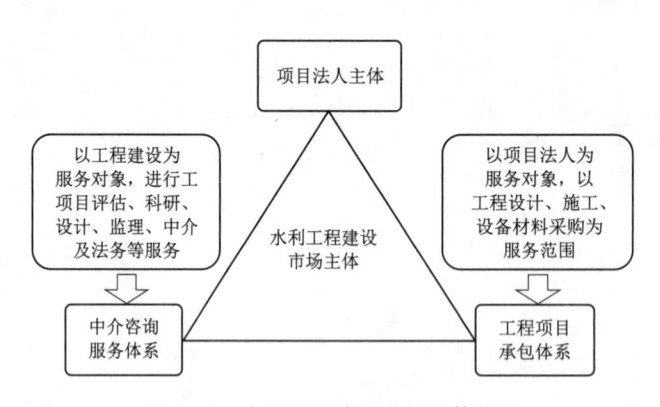

图5-1 水利工程建设市场主体构成

项目法人是项目建设的责任主体，依法对所开发的项目负有项目的策划、资金筹措、建设实施、生产经营、债务偿还和资本的保值增值等责任，并享有相应的权利。**建设单位是指建筑工程的投资方**，是建设工程项目的**投资主体**。建设单位一般存在于项目建设全过程，是对全过程负责的组织。项目法人是按照国家工程项目"四制"（**项目法人制、项目**

监理制、项目招投标制及项目合同管理制）的管理规定，对工程项目建设承担法定责任的法人。

一般情况下，建设单位与项目法人多数为同一组织。

《水利建设市场经营主体信用信息管理办法》第二条规定："本办法所称水利建设市场经营主体，是指参与水利建设活动以及生产建设项目水土保持活动的建设、勘察、设计、施工、监理、监测、咨询、招标代理、质量检测、机械制造、材料设备供货、信息化系统建设等具有法人资格的单位和相关从业人员。

其中，**质量检测**，也称水利工程质量检测，是指水利工程质量检测单位依据国家有关法律、法规和标准，对水利工程实体以及用于水利工程的原材料、中间产品、金属结构和机电设备等进行检查、测量、试验或者度量，并将结果与有关标准、要求进行比较以确定工程质量是否合格所进行的活动。质量检测依据《**水利工程质量检测技术规程**》（SL 734—2016）进行，具体可参考该规程的相关规定。

机械制造是指水利工程施工机械和水利工程运行所涉及的机械设备，如闸门及其启闭设备、水轮发电机组、船闸及其升降机等的制造。

（二）水利工程建设市场的活动

水利工程建设市场的活动涉水利工程建设质量管理、水利工程市场管理和水工程建设安全生产管理。其目标是：管理更加科学，程序更加规范，市场更加有序，质量更加可靠，安全更有保障，效益更加显著。

主要活动是**招标代理、施工、监理和质量检测**四类市场主体的**资质管理**、市场从业人员的**资格管理**和业务能力提高工作。健全**市场准入与信用等级**评价制度，加大市场主体守信激励、失信惩戒力度，进一步规范市场秩序。

1. 资质、资格管理

涉及**招标代理、施工、监理和质量检测**四类水利建设市场主体的**资质管理**和市场从业人员的**资格管理**。《关于建立水利建设工程安全生产条件市场准入制度的通知》（水建管〔2005〕80号），依据《建设工程安全生产管理条例》《安全生产许可证条例》的规定，除加强对施工企业的能力（如资质、业绩）审查外，还必须增加对投标施工企业是否取得**安全生产许可证**的审查。除对施工企业从业人员（如项目经理）的能力（项目经理证书或建造师资格证书、业绩）审查外，还必须增加对投标企业负责人、项目负责人和专职安全生产管理人员是否取得水行政主管部门颁发的安全生产考核合格证书的审查。

2. 市场准入

（1）水利工程建设方案须经水行政主管部门审查同意。《水法》第三十八条规定："在河道管理范围内建设桥梁、码头和其他拦河、跨河、临河建筑物、构筑物，铺设跨河管道、电缆，应当符合国家规定的防洪标准和其他有关的技术要求，工程建设方案应当依照防洪法的有关规定报经有关水行政主管部门审查同意。"

（2）准入标志是"建设项目可行性研究报告获批和年度计划下达"。《水利工程建设项目管理规定（试行）》第十二条规定："水利工程建设项目可行性研究报告已经批准，年度水利投资计划下达后，项目法人即可开展施工准备。"

（3）水利工程具备开工条件后，主体工程方可开工建设。主体工程开工必须具备以下条件：项目法人或者建设单位已经设立；初步设计已经批准，施工详图设计满足主体工程施工需要；建设资金已经落实；主体工程施工单位和监理单位已经确定，并分别订立了合同；质量安全监督单位已经确定，并办理了质量安全监督手续；主要设备和材料已经落实来源；施工准备和征地移民等工作满足主体工程开工需要。

（4）建设水利工程必须符合流域综合规划。《水法》第十九条有明确规定，未取得有关流域管理机构签署的符合流域综合规划要求的规划同意书、未取得县级以上地方人民政府水行政主管部门按照管理权限签署的符合流域综合规划要求的规划同意书，建设单位不得开工。同时，涉及其他地区和行业（如防洪等）的，建设单位应当事先征求有关地区和部门的意见。

3. 信用等级

依据《水利建设市场经营主体信用信息管理办法》，信用信息是指县级以上水行政主管部门和其他国家机关以及法律、法规授权的具有管理公共事务职能的组织在履行法定职责、提供公共服务过程中，产生和获取的用以识别、分析、判断水利建设市场经营主体信用状况的信息。

国务院水行政主管部门负责推进、指导、协调、监督全国水利建设市场经营主体信用信息管理工作。流域管理机构依照法律、法规规定和国务院水行政主管部门授权，负责推进、指导、协调、监督所管辖范围内水利建设市场经营主体信用信息管理工作。县级以上地方水行政主管部门负责推进、指导、协调、监督本行政区域水利建设市场经营主体信用信息管理工作。

国务院水行政主管部门建立的全国水利建设市场监管平台是全国水利建设市场经营主体信用信息归集、共享、公示、应用和修复的统一平台。

二、水利工程市场体系

水利工程市场是由各种基本要素组成的有机结构体，正是这些要素之间的相互联系和相互作用，决定了市场的形成，推动着市场的现实运动。

（一）市场体系构成

1. 市场主体

水利建设的勘察、设计、施工、监理、咨询、招标代理、质量检测、机械制造等单位共同组成了建筑市场体系的**市场主体**。

2. 市场客体

不同形式的水利工程建筑产品共同组成了水利工程市场体系的**市场客体**。市场客体是指一定量的可供交换的商品和服务，它包括有形的物质产品和无形的服务，以及各种商品化的资源要素，如资金、技术、信息和劳动力等。

3. 基本内容

市场活动的**基本内容**是商品交换，若没有交换客体，就不存在市场，具备一定量的可供交换的商品，是市场存在的物质条件。

4. 市场规则和法律制度

市场规则和法律制度保证水利工程市场秩序，保护主体合法权益。

第一节 水利工程建设市场管理

(二) 中介机构

中介机构是指能对水利工程建设提供估算测量、管理咨询、建设监理等智力型服务或代理，并取得服务费用的咨询服务机构和其他为工程建设服务的专业中介组织。中介机构作为政府、市场、企业之间联系的纽带，具有政府行政管理不可替代的作用。

(1) 工程咨询服务机构，指具有一定资金，一定数量的工程技术、经济、管理人员，取得建设咨询证书和营业执照，能为工程建设提供估算测量、管理咨询、建设监理等智力型服务并获得相应费用的企业。

工程咨询服务机构虽然不是工程承发包的当事人，但其受业主委托或聘用，与业主定有协议和其他，对项目实施负有相当重要责任。

(2) 工程服务企业，包括勘察设计机构、工程造价（测量）咨询单位、招标代理机构、工程监理公司、工程管理公司等。这类企业主要是向业主提供工程咨询和管理服务，弥补业主对工程建设过程不熟悉的缺陷，在国际上一般称为咨询公司。

(三) 终身责任制

《**水利工程责任单位责任人质量终身责任追究管理办法（试行）**》对"终身责任制"机关内容表述如下：

第三条 本办法所称责任单位是指承担水利工程项目建设的单位，包括建设、勘察、设计、施工、监理等单位。

第四条 责任单位责任人包括责任单位的法定代表人、项目负责人和直接责任人等。项目负责人是指承担水利工程项目建设的建设单位（项目法人）项目负责人、勘察单位项目负责人、设计单位项目负责人、施工单位项目经理、监理单位总监理工程师等。水利工程开工建设前，建设、勘察、设计、施工、监理等单位应明确项目负责人及其职责。建设、勘察、设计、施工、监理等单位直接责任人是指项目负责人以外的，按各自职责承担质量责任的人员。

第五条 水利工程责任单位责任人的质量终身责任，是指水利工程责任单位责任人按照国家法律法规和有关规定，在工程合理使用年限内对工程质量承担相应责任。

第六条 国务院水行政主管部门负责对全国水利工程责任单位责任人质量终身责任管理工作进行指导和监督管理。国务院水行政主管部门所属流域管理机构，在所管辖的范围内对水利工程责任单位责任人质量终身责任管理工作行使国务院水行政主管部门授予的指导和监督管理职责。县级以上地方人民政府水行政主管部门负责对本行政区域内的水利工程责任单位责任人质量终身责任管理工作进行指导和监督管理。

第七条 建设单位（项目法人）、勘察单位、设计单位、施工单位、监理单位依法对水利工程质量负责。建设单位（项目法人）对水利工程质量负首要责任，对工程质量承担全面责任。勘察、设计、施工单位对水利工程质量负主体责任，分别对工程建设的勘察、设计和施工质量承担直接责任。监理单位依据有关规定和合同，对水利工程质量负相应责任。水利工程实行总承包的，总承包单位应当对全部工程质量负责；水利工程勘察、设计、施工、设备采购的一项或者多项实行总承包的，总承包单位应当对其承包的工程或者采购的设备的质量负责。依法分包的，分包单位应当依据有关规定和合同对所分包工程的质量负责。

第八条　建设单位（项目法人）法定代表人对水利工程质量负总责，勘察、设计、施工、监理等单位法定代表人按各自职责对所承建项目的水利工程质量负领导责任。

第九条　建设单位（项目法人）项目负责人对水利工程质量承担全面责任，不得违法发包、肢解发包，不得以任何理由要求勘察、设计、施工、监理等单位违反法律法规和工程建设强制性标准，降低工程质量，其违法违规或不当行为造成工程质量事故或质量问题的，应当承担责任。勘察、设计单位项目负责人应当保证勘察、设计文件符合法律法规和工程建设强制性标准的要求，对因勘察、设计导致的工程质量事故或质量问题应当承担责任。施工单位项目经理应当按照经核查并签发的施工图、施工技术要求等设计文件和施工技术标准进行施工，不得转包、违法分包，不得使用不合格的建筑材料、建筑构配件和设备等，对因施工导致的工程质量事故或质量问题承担责任。监理单位总监理工程师应当按照法律法规、有关技术标准、设计文件和监理合同进行监理，及时制止各种违法违规施工行为，对施工质量承担监理责任。

第十条　责任单位直接责任人按各自职责对所参加水利工程建设项目的质量负相应责任，对签字的文件、报告、图纸、证书、证明等资料负责。

三、水利工程市场管理部门

根据《水法》第十二条，国家对水资源实行流域管理与行政区域管理相结合的管理体制。国务院水行政主管部门（水利部）负责全国水资源的统一管理和监督工作。国务院水行政主管部门在国家确定的重要江河、湖泊设立的流域管理机构（简称流域管理机构），在所管辖的范围内行使法律、行政法规规定的和国务院水行政主管部门授予的水资源管理和监督职责。县级以上地方人民政府水行政主管部门按照规定的权限，负责本行政区域内水资源的统一管理和监督工作。

国务院有关部门按照职责分工，负责水资源开发、利用、节约和保护的有关工作。县级以上地方人民政府有关部门按照职责分工，负责本行政区域内水资源开发、利用、节约和保护的有关工作。

第二节　水利工程招标投标

招标投标活动包括招标、投标、开标、评标、中标以及签订合同等各阶段。

一、概述

水利工程发包与承包应当遵循公开、公正、公平的原则。为了加强对水利工程承发包交易活动的管理，维护水工程建筑市场秩序，保证水利工程的质量和安全，保障承发包当事人的合法权益，我国的相关建设法规对水利工程的承发包活动作出了一系列明确的规定。

《中华人民共和国招标投标法实施条例》（以下简称《招标投标法实施条例》）第四条规定："国务院发展改革部门指导和协调全国招标投标工作，对国家重大建设项目的工程招标投标活动实施监督检查。国务院工业和信息化、住房城乡建设、交通运输、铁道、水利、商务等部门，按照规定的职责分工对有关招标投标活动实施监督。"

(一)招标范围与规模

根据《水利工程建设项目招标投标管理规定》第三条，符合下列具体范围并达到规模标准之一的水利工程建设项目必须进行招标。

1. 具体范围

(1) 关系社会公共利益、公共安全的防洪、排涝、灌溉、水力发电、引（供）水、滩涂治理、水土保持、水资源保护等水利工程建设项目。

(2) 使用国有资金投资或者国家融资的水利工程建设项目。

(3) 使用国际组织或者外国政府贷款、援助资金的水利工程建设项目。

2. 规模标准

(1) 施工单项合同估算价在200万元人民币以上的。

(2) 重要设备、材料等货物的采购，单项合同估算价在100万元人民币以上的。

(3) 勘察设计、监理等服务的采购，单项合同估算价在50万元人民币以上的。

(4) 项目总投资额在3000万元人民币以上，但分标单项合同估算价低于（1）、（2）、（3）规定的标准的项目原则上都必须招标。

(二)工程发包与承包

工程发包与承包是指发包方通过合同委托承包方为其完成某一工程的全部或其中一部分工作的交易行为。建设工程发包与承包有两种方式：招标投标和直接发包。只有涉及国家安全、国家秘密、抢险救灾，或者属于利用扶贫资金实行以工代赈、需要使用农民工等特殊情况及规模太小的工程，才可不进行招投标而采用直接发包的方式。

《建筑法》第二十四条规定："提倡对建筑工程实行总承包，禁止将建筑工程肢解发包。建筑工程的发包单位可以将建筑工程的勘察、设计、施工、设备采购一并发包给一个工程总承包单位，也可以将建筑工程勘察、设计、施工、设备采购的一项或者多项发包给一个工程总承包单位；但是，不得将应当由一个承包单位完成的建筑工程肢解成若干部分发包给几个承包单位。"

为贯彻落实国务院深化"放管服"改革，持续优化营商环境工作部署，在总结前期营商环境创新试点经验的基础上，在全国暂时调整实施《**水利工程建设项目招标投标管理规定**》（水利部令第14号）有关条款。根据《**房屋建筑和市政基础设施项目工程总承包管理办法**》第三条，工程总承包是指"承包单位按照与建设单位签订的合同，对**工程设计、采购、施工或者设计、施工等阶段实行总承包**"，而《建筑法》第二十四条中的工程总承包则将范围定义为将建筑工程的勘察、设计、施工、设备采购的一项、多项或全部一并发包给一个工程总承包单位。二者最大的区别是《房屋建筑和市政基础设施项目工程总承包管理办法》中的**工程总承包不包括"勘察"**。理由是在建设工程实务中，勘察工作过于复杂且成本过高，而地质条件的变化对整个工程成本影响较大，如果把勘察纳入工程总承包范围内，会过分加重承包人的义务和风险，严重阻碍总承包方的积极性。

实行**强制招投标**的项目包括：使用国际组织或者外国政府贷款、援助资金的项目；全部或部分使用国有资金投资或国家融资的项目；所有大型基础设施、公用事业等关系社会公共利益、公众安全的项目。

实行**公开招标**的,发包单位应当依照法定程序和方式,发布招标公告,提供载有招标工程的主要技术要求、主要合同条款、评标的标准和方法,以及开标、评标、定标的程序等内容的招标文件。

承包水利工程的单位应当持有依法取得的资质证书,并在其资质等级许可的业务范围内承揽工程。发包方必须通过招标方式才能签订承包合同。**招标投标**就是确定中标人或总承包单位的过程。

工程分包是指从事工程总承包的单位将所承包的水利工程的一部分依法发包给具有相应资质的承包单位的行为,也就是总承包人或者勘察、设计、施工承包人经发包人同意,可以将自己承包的部分工作交由第三人完成。第三人就其完成的工作成果与总承包人或者勘察、设计、施工承包人向发包人承担连带责任。工程分包是合法的行为。

总的来说,水利工程的承包就是指水利工程任务的总承包,即发包人将水利工程的勘察、设计、施工、采购等工程建设的全部任务一并发包给一个具备相应的总承包资质条件的承包人,由该承包人对工程建设的全过程向发包人负责,直至工程竣工,向发包人交付验收合格、符合发包人要求的水利工程的发承包方式。而工程的转包是指不行使承包者的管理职能,不承担技术经济责任,将承包的工程倒手转给他人承包的行为。工程转包是违法的行为。水利工程的承发包框架如图5-2所示。

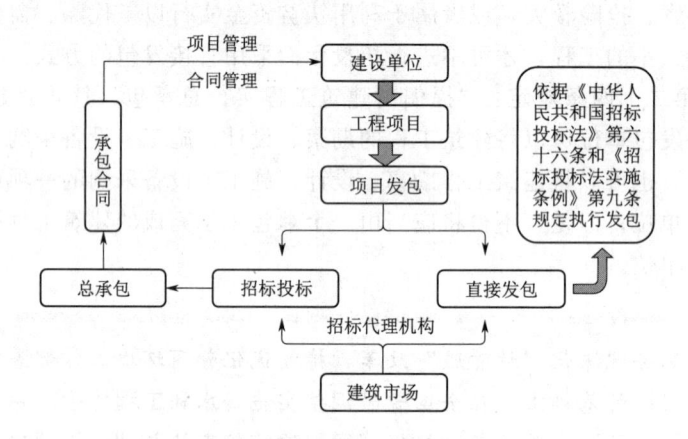

图5-2 水利工程的承发包框架

(三)工程招标与投标管理

水利工程招标投标是指建设单位作为水利工程的发包者以招标的形式向投标竞争者分别提出有利条件,而由招标人选择其中最优者(承包者),并与之订立建设工程合同。它是要约与承诺的一种特殊过程,是法人之间的经济活动。

这一经济活动包含着**招标发包**和**投标承包**及**政府管理**三方面内容,受如下部门(机构)监督与管理,相关规定见《**水利工程建设项目招标投标管理规定**》。

1. 水利部

水利部是全国水利工程建设项目招标投标活动的行政监督与管理部门,其主要职责是:

(1) 负责组织、指导、监督全国水利行业贯彻执行国家有关招标投标的法律、法规、规章和政策。

(2) 依据国家有关招标投标法律、法规和政策，制定水利工程建设项目招标投标的管理规定和办法。

(3) 受理关于水利工程建设项目招标投标活动的投诉，依法查处招标投标活动中的违法违规行为。

(4) 对水利工程建设项目招标代理活动进行监督。

(5) 对水利工程建设项目评标专家资格进行监督与管理。

(6) 负责国家重点水利项目和水利部所属流域管理机构主要负责人兼任项目法人代表的中央项目的招标投标活动的行政监督。

2. 流域管理机构（水利委员会）

流域管理机构受水利部委托，对除《水利工程建设项目招标投标管理规定》第五条第六项规定以外的中央项目的招标投标活动进行行政监督。

3. 地方水行政主管部门

省、自治区、直辖市人民政府水行政主管部门是本行政区域内地方水利工程建设项目招标投标活动的行政监督与管理部门，其主要职责是：

(1) 贯彻执行有关招标投标的法律、法规、规章和政策。

(2) 依照有关法律、法规和规章，制定地方水利工程建设项目招标投标的管理办法。

(3) 受理管理权限范围内的水利工程建设项目招标投标活动的投诉，依法查处招标投标活动中的违法违规行为。

(4) 对本行政区域内地方水利工程建设项目招标代理活动进行监督。

(5) 组建并管理省级水利工程建设项目评标专家库。

(6) 负责本行政区域内除《水利工程建设项目招标投标管理规定》第五条第六项规定以外的地方项目的招标投标活动的行政监督。

(四) 水利工程招标投标有关法律规范

1984年，国务院《关于改革建筑业和基本建设管理体制若干问题的暂行规定》中提出了要"大力推行工程招标承包制"，这是第一个国家有关建筑工程招投标的法规。目前，除了2016年修订的《水法》外，还包括《**中华人民共和国招标投标法**》（以下简称《招标投标法》）、《**水利工程建设项目招标投标管理规定**》《**招标投标法实施条例**》，以及《建筑法》《工程建设项目勘察设计招标投标办法》《工程建设项目施工招标投标办法》《工程建设项目货物招标投标办法》和《建筑工程设计招标投标管理办法》等。

2022年7月18日，国家发展改革委等13部门联合发布《**关于严格执行招标投标法规制度进一步规范招标投标主体行为的若干意见**》（发改法规规〔2022〕1117号，以下简称《意见》），具体相关政策措施自2022年9月1日起开始施行，有效期至2027年8月31日。

二、工程招标

工程招标投标过程见图5-3。

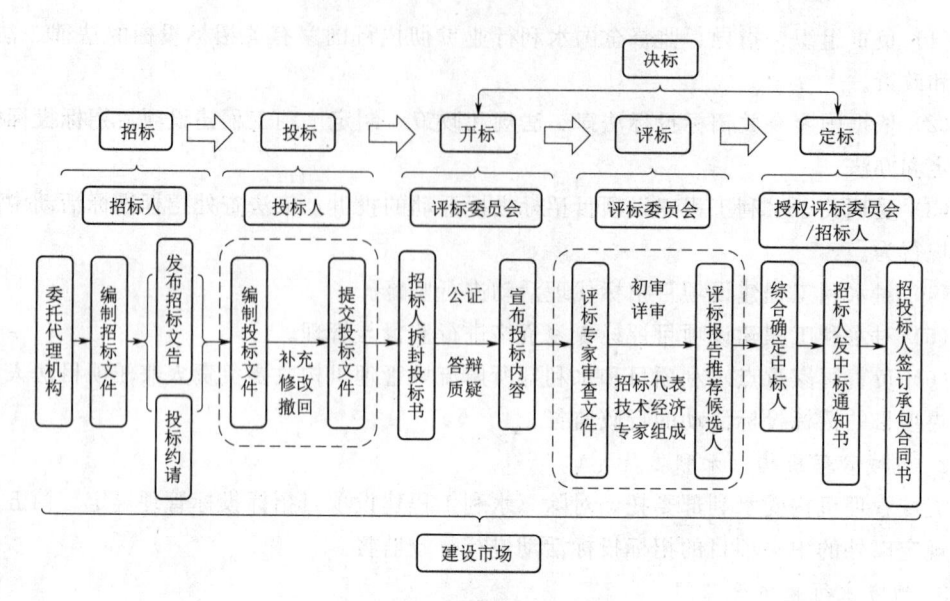

图 5-3 工程招标投标过程

（一）政策法规中有关工程招标的基本规定

1. 《意见》中的规定

（1）依法经项目审批、核准部门确定的招标范围、招标方式、招标组织形式，未经批准不得随意变更。

（2）不得随意改变法定招标程序；不得采用抽签、摇号、抓阄等违规方式直接选择投标人、中标候选人或中标人。

（3）除交易平台暂不具备条件等特殊情形外，依法必须招标项目应当实行全流程电子化交易。

2. 《招标投标法》的规定

在中华人民共和国境内满足**强制性招标**的**工程建设项目**包括项目的勘察、设计、施工、监理以及与工程建设有关的重要设备、材料等的采购，必须进行招标。

所述**工程建设项目**是指工程以及与工程建设有关的货物、服务。所称**工程**是指建设工程，包括建筑物和构筑物的新建、改建、扩建及其装修、拆除修缮等；所称与工程建设有关的**货物**是指构成工程不可分割的组成部分，且为实现工程基本功能所必需的设备、材料等；所称与工程建设有关的**服务**是指为完成工程所需的勘察、设计、监理等服务。

3. 水利工程建设项目招标投标遵循原则

《水利工程建设项目招标投标管理规定》第四条规定："招标投标活动应当遵循公开、公平、公正和诚实信用的原则。建设项目的招标工作由招标人负责，任何单位和个人不得以任何方式非法干涉招标投标活动。"

《建筑法》第十六条规定："建筑工程发包与承包的招投标活动，应当遵循公开、公正、平等竞争的原则，择优选择承包单位。"

4. 招标人和标底

（1）招标人。招标人指依照《**招标投标法**》提出招标项目、进行招标的法人或者其他组织。招标人应当有进行招标项目的相应资质或资金来源已经落实，并应当在招标文件中如实载明。

（2）标底。工程项目招标时，编制的标底价格即标底，是内部掌握的、建设单位对拟发包工程项目准备付出的全部费用的额度。

《招标投标法实施条例》第二十七条规定："招标人可以自行决定是否编制标底。一个招标项目只能有一个标底。**标底必须保密**。"

5. 水利工程建设项目招标条件

根据《水利工程建设项目招标投标管理规定》第十六条，水利工程建设项目招标应当具备以下条件：

（1）勘察设计招标应当具备的条件。

1）勘察设计项目已经确定。

2）勘察设计所需资金已落实。

3）必需的勘察设计基础资料已收集完成。

（2）监理招标应当具备的条件。

1）初步设计已经批准。

2）监理所需资金已落实。

3）项目已列入年度计划。

（3）施工招标应当具备的条件。

1）初步设计已经批准。

2）建设资金来源已落实，年度投资计划已经安排。

3）监理单位已确定。

4）具有能满足招标要求的设计文件，已与设计单位签订适应施工进度要求的图纸交付合同或协议。

5）有关建设项目永久征地、临时征地和移民搬迁的实施、安置工作已经落实或已有明确安排。

（4）重要设备、材料招标应当具备的条件。

1）初步设计已经批准。

2）重要设备、材料技术经济指标已基本确定。

3）设备、材料所需资金已落实。

（二）招标类型

招标分为公开招标和邀请招标两类。此外，特殊项目可不进行招标。

1．公开招标

公开招标是指招标人以招标公告的方式邀请不特定的法人或者其他组织投标。

2．邀请招标

邀请招标是指招标人以投标邀请书的方式邀请特定的法人或者其他组织投标。

根据《水利工程建设项目招标投标管理规定》第十条，依法必须招标的项目中，国家重点水利项目、地方重点水利项目及全部使用国有资金投资或者国有资金投资占控股或者主导地位的项目应当公开招标，但有下列情况之一的，按第十一条的规定经批准后可采用邀请招标：项目总投资额在 3000 万元人民币以上，但分标单项合同估算价低于规定的标准的项目，原则上都必须招标；项目技术复杂，有特殊要求或涉及专利权保护，受自然资源或环境限制，新技术或技术规格事先难以确定的项目；应急度汛项目；其他特殊项目。

此外《水利工程建设项目招标投标管理规定》第十一条还指出，符合第十条规定，采用邀请招标的，招标前招标人必须履行下列批准手续：国家重点水利项目经水利部初审后，报国家发展计划委员会批准；其他中央项目报水利部或其委托的流域管理机构批准；地方重点水利项目经省、自治区、直辖市人民政府水行政主管部门会同同级发展计划行政主管部门审核后，报本级人民政府批准；其他地方项目报省、自治区、直辖市人民政府水行政主管部门批准。

3. 不进行招标

根据《水利工程建设项目招标投标管理规定》第十二条，下列项目可不进行招标，但须经项目主管部门批准：涉及国家安全、国家秘密的项目；应急防汛、抗旱、抢险、救灾等项目；项目中经批准使用农民投工、投劳施工的部分（不包括该部分中勘察设计、监理，和重要设备、材料采购）；不具备招标条件的公益性水利工程建设项目的项目建议书和可行性研究报告；采用特定专利技术或特有技术的；其他特殊项目。

（三）自行招标和代理招标

1. 自行招标

根据**《水利工程建设项目招标投标管理规定》第十三条**，当招标人具备以下条件时，按有关规定和管理权限经核准可自行办理招标事宜：

（1）具有项目法人资格（或法人资格）。

（2）具有与招标项目规模和复杂程度相适应的工程技术、概预算、财务和工程管理等方面专业技术力量。

（3）具有编制招标文件和组织评标的能力。

（4）具有从事同类工程建设项目招标的经验。

（5）设有专门的招标机构或者拥有 3 名以上专职招标业务人员。

（6）熟悉和掌握招标投标法律、法规、规章。

根据《水利工程建设项目招标投标管理规定》第十五条，招标人申请自行办理招标事宜时，应当报送以下书面材料：

（1）项目法人营业执照、法人证书或者项目法人组建文件。

（2）与招标项目相适应的专业技术力量情况。

（3）内设的招标机构或者专职招标业务人员的基本情况。

（4）拟使用的评标专家库情况。

（5）以往编制的同类工程建设项目招标文件和评标报告，以及招标业绩的证明材料。

（6）其他材料。

2. 代理招标

招标人不具备自行办理招标事宜条件的，可以选择招标代理机构，委托其办理招标事宜。招标代理机构是依法设立、从事招标代理业务并提供相关服务的社会中介组织。招标人可以自行办理招标事宜的，任何单位和个人不得强制其委托招标代理机构办理招标事宜。招标人有权自行选择招标代理机构，任何单位和个人不得以任何方式为招标人指定招标代理机构。招标代理机构在招标人委托的范围内开展招标代理业务，任何单位和个人不得非法干涉。

招标代理机构应当有一定数量的具备编制招标文件和组织评标等相应能力的专业人员。《招标投标法》《招标投标法实施条例》对**招标代理机构应当具备的条件规定如下：**

（1）有从事招标代理业务的营业场所和相应资金。

（2）有能够编制招标文件和组织评标的相应专业力量。

招标代理机构与行政机关和其他国家机关不得存在隶属关系或者其他利益关系。招标代理机构应当在招标人委托的范围内办理招标事宜，并遵守《招标投标法》关于招标人的规定。

《招标投标法实施条例》第六十五条规定："招标代理机构在所代理的招标项目中投标、代理投标或者向该项目投标人提供咨询的，接受委托编制标底的中介机构参加受托编制标底项目的投标或者为该项目的投标人编制投标文件、提供咨询的，依照招标投标法第五十条的规定追究法律责任。"

（四）招标程序

依据《水利工程建设项目招标投标管理规定》第十七条，招标工作一般按下列程序进行：

（1）招标前，按项目管理权限向水行政主管部门提交招标报告备案。报告具体内容应当包括：招标已具备的条件、招标方式、分标方案、招标计划安排、投标人资质（资格）条件、评标方法、评标委员会组建方案以及开标、评标的工作具体安排等。

（2）编制招标文件。

（3）发布招标信息（招标公告或投标邀请书）。

（4）发售资格预审文件。

（5）按规定日期接受潜在投标人编制的资格预审文件。

（6）组织对潜在投标人资格预审文件进行审核。

（7）向资格预审合格的潜在投标人发售招标文件。

（8）组织购买招标文件的潜在投标人现场踏勘。

（9）接受投标人对招标文件有关问题要求澄清的函件，对问题进行澄清，并书面通知所有潜在投标人。

（10）组织成立评标委员会，并在中标结果确定前保密。

（11）在规定时间和地点，接受符合招标文件要求的投标文件。

（12）组织开标评标会。

（13）在评标委员会推荐的中标候选人中，确定中标人。

（14）向水行政主管部门提交招标投标情况的书面总结报告。

（15）发中标通知书，并将中标结果通知所有投标人。

（16）进行合同谈判，并与中标人订立书面合同。

（五）招标公告

《水利工程建设项目招标投标管理规定》第十八条规定："采用公开招标方式的项目，

招标人应当在国家发展计划委员会指定的媒介发布招标公告,其中大型水利工程建设项目以及国家重点项目、中央项目、地方重点项目同时还应当在《中国水利报》发布招标公告,公告正式媒介发布至发售资格预审文件(或招标文件)的时间间隔一般不少于10日。招标人应当对招标公告的真实性负责。招标公告不得限制潜在投标人的数量。采用邀请招标方式的,招标人应当向3个以上有投标资格的法人或其他组织发出投标邀请书。投标人少于3个的,招标人应当依照本规定重新招标。"

(六)招标文件

招标人应当根据国家有关规定,结合项目特点和需要编制招标文件。招标人应当对投标人进行资格审查,并提出资格审查报告,经参审人员签字后存档备查。在一个项目中,招标人应当以相同条件对所有潜在投标人的资格进行审查,不得以任何理由限制或者排斥部分潜在投标人。招标人对已发出的招标文件进行必要澄清或者修改的,应当在招标文件要求提交投标文件截止日期至少15日前,以书面形式通知所有投标人。该澄清或者修改的内容为招标文件的组成部分。依法必须进行招标的项目,自招标文件开始发出之日起至投标人提交投标文件截止之日止,最短不应当少于20日。

三、水利工程投标

(一)投标人

投标人必须具备水利工程建设项目所需的资质(资格)。投标人应当按照招标文件的要求编写投标文件,并在招标文件规定的投标截止时间之前密封送达招标人。在投标截止时间之前,投标人可以撤回已递交的投标文件或进行更正和补充,但应当符合招标文件的要求。投标人必须按招标文件规定投标,也可附加提出"替代方案",且应当在其封面上注明"替代方案"字样,供招标人选用,但不作为评标的主要依据。两个或两个以上单位联合投标的,应当按资质等级较低的单位确定联合体资质(资格)等级。招标人不得强制投标人组成联合体共同投标。投标人在递交投标文件的同时,应当递交投标保证金。招标人与中标人签订合同后5个工作日内,应当退还投标保证金。投标人应当对递交的资质(资格)预审文件及投标文件中有关资料的真实性负责。

(二)评标标准与方法

评标标准和方法应当在招标文件中载明,在评标时不得另行制定或修改、补充任何评标标准和方法。

招标人在一个项目中对所有投标人评标标准和方法必须相同。

1. 评标标准

评标标准分为技术标准和商务标准,一般包含以下内容:

(1)勘察设计评标标准。

1)投标人的业绩和资信。

2)勘察总工程师、设计总工程师的经历。

3)人力资源配备。

4)技术方案和技术创新。

5)质量标准及质量管理措施。

6)技术支持与保障。

7）投标价格和评标价格。
8）财务状况。
9）组织实施方案及进度安排。

(2) 监理评标标准。
1）投标人的业绩和资信。
2）项目总监理工程师经历及主要监理人员情况。
3）监理规划（大纲）。
4）投标价格和评标价格。
5）财务状况。

(3) 施工评标标准。
1）施工方案（或施工组织设计）与工期。
2）投标价格和评标价格。
3）施工项目经理及技术负责人的经历。
4）组织机构及主要管理人员。
5）主要施工设备。
6）质量标准、质量和安全管理措施。
7）投标人的业绩、类似工程经历和资信。
8）财务状况。

(4) 设备、材料评标标准。
1）投标价格和评标价格。
2）质量标准及质量管理措施。
3）组织供应计划。
4）售后服务。
5）投标人的业绩和资信。
6）财务状况。

2. 评标方法

评标方法可采用综合评分法、综合最低评标价法、合理最低投标价法、综合评议法及两阶段评标法。

施工招标设有**标底**的，评标标底可采用：

（1）招标人组织编制的标底 A。

（2）以全部或部分投标人报价的平均值作为标底 B。

（3）以标底 A 和标底 B 的加权平均值作为标底。

（4）以标底 A 值作为确定有效标的标准，以进入有效标内投标人的报价平均值作为标底。

施工招标未设标底的，按不低于成本价的有效标进行评审。

（三）开标、评标和中标（定标）

1. 开标

开标由招标人主持，邀请所有投标人参加。开标应当按招标文件中确定的时间和地点进行。开标人员至少由主持人、监标人、开标人、唱标人、记录人组成,上述人员对开标负责。

开标一般按以下程序进行:
(1) 主持人在招标文件确定的时间停止接收投标文件,开始开标。
(2) 宣布开标人员名单。
(3) 确认投标人法定代表人或授权代表人是否在场。
(4) 宣布投标文件开启顺序。
(5) 依开标顺序,先检查投标文件密封是否完好,再启封投标文件。
(6) 宣布投标要素,并作记录,同时由投标人代表签字确认。
(7) 对上述工作进行记录,存档备查。

2. 评标

(1) 评标委员会。评标工作由评标委员会负责。评标委员会由招标人的代表和有关技术、经济、合同管理等方面的专家组成,成员人数为七人以上单数,其中专家(不含招标人代表人数)不得少于成员总数的三分之二。

公益性水利工程建设项目中,中央项目的评标专家应当从水利部或流域管理机构组建的评标专家库中抽取;地方项目的评标专家应当从省、自治区、直辖市人民政府水行政主管部门组建的评标专家库中抽取,也可从水利部或流域管理机构组建的评标专家库中抽取。

评标专家的选择应当采取随机的方式抽取。根据工程特殊专业技术需要,经水行政主管部门批准,招标人可以指定部分评标专家,但不得超过专家人数的三分之一。

评标委员会成员不得与投标人有利害关系。所指利害关系包括:是投标人或其代理人的近亲属;在5年内与投标人曾有工作关系;或有其他社会关系或经济利益关系。

评标委员会成员名单在招标结果确定前应当保密。

(2) 评标程序。评标工作一般按以下程序进行:① 招标人宣布评标委员会成员名单并确定主任委员;②招标人宣布有关评标纪律;③在主任委员主持下,根据需要,讨论通过成立有关专业组和工作组;④听取招标人介绍招标文件;⑤组织评标人员学习评标标准和方法;⑥经评标委员会讨论,并经二分之一以上委员同意,提出需投标人澄清的问题,以书面形式送达投标人;⑦对需要文字澄清的问题,投标人应当以书面形式送达评标委员会;⑧评标委员会按招标文件确定的评标标准和方法,对投标文件进行评审,确定中标候选人推荐顺序;⑨在评标委员会三分之二以上委员同意并签字的情况下,通过评标委员会工作报告,并报招标人。评标委员会工作报告附件包括有关评标的往来澄清函、有关评标资料及推荐意见等。

评标委员会应当进行秘密评审,不得泄露评审过程、中标候选人的推荐情况以及与评标有关的其他情况。

(3) 投标文件审核。招标人对有下列情况之一的投标文件,可以拒绝或按无效标处理:①投标文件密封不符合招标文件要求的;②逾期送达的;③投标人法定代表人或授权代表人未参加开标会议的;④未按招标文件规定加盖单位公章和法定代表人(或其授权人)的签字(或印鉴)的;⑤招标文件规定不得标明投标人名称,但投标文件上标明投标人名称或有任何可能透露投标人名称的标记的；⑥未按招标文件要求编写或字迹模糊导致无法确认关键技术方案、关键工期、关键工程质量保证措施、投标价格的；⑦未按规定交纳投标保证金的；⑧超出招标文件规定，违反国家有关规定的；⑨投标人提供虚假资料的。

评标委员会经过评审，认为所有投标文件都不符合招标文件要求时，可以否决所有投标，招标人应当重新组织招标。对已参加本次投标的单位，重新参加投标不应当再收取招标文件费。

在评标过程中，评标委员会可以要求投标人对投标文件中含义不明确的内容采取书面方式作出必要的澄清或说明，但不得超出投标文件的范围或改变投标文件的实质性内容。

3. 中标（定标）

评标委员会经过评审，从合格的投标人中排序推荐中标候选人。

中标人的投标应当符合下列条件之一：

（1）能够最大限度地满足招标文件中规定的各项综合评价标准。

（2）能够满足招标文件的实质性要求，并且经评审的投标价格合理最低；但投标价格低于成本的除外。

招标人可授权评标委员会直接确定中标人，也可根据评标委员会提出的书面评标报告和推荐的中标候选人顺序确定中标人。当招标人确定的中标人与评标委员会推荐的中标候选人顺序不一致时，应当有充足的理由，并按项目管理权限报水行政主管部门备案。

自中标通知书发出之日起30日内，招标人和中标人应当按照招标文件和中标人的投标文件订立书面合同，中标人提交履约保函。招标人和中标人不得另行订立背离招标文件实质性内容的其他协议。

招标人在确定中标人后，应当在15日之内按项目管理权限向水行政主管部门提交招标投标情况的书面报告。

当确定的中标人拒绝签订合同时，招标人可与确定的候补中标人签订合同，并按项目管理权限向水行政主管部门备案。

由于招标人自身原因致使招标工作失败（包括未能如期签订合同），招标人应当按投标保证金双倍的金额赔偿投标人，同时退还投标保证金。

四、法律责任

《招标投标法》第五章、《招标投标法实施条例》第六章对以下违规行为的法律责任进行了严格规定。

1. 规避招标

违反《招标投标法》规定，必须进行招标的项目而不招标的，将必须进行招标的项目化整为零或者以其他任何方式规避招标的，责令限期改正，可处罚款；对全部或者部分使用国有资金的项目，可暂停项目执行或者暂停资金拨付；对单位直接负责的主管人员和其他直接责任人员依法给予处分。

2. 招投标过程中有泄密行为

依法必须进行招标的项目的招标人向他人透露已获取招标文件的潜在的投标人的名称、数量或者可能影响公平竞争的有关招标投标的其他情况的，或者泄露标底的，给予警告，可并处罚款；对单位直接负责的主管人员和其他直接责任人员依法给予处分；构成犯罪的，依法追究刑事责任；影响中标结果的，中标无效。

3. 招标人的违法行为

（1）招标人以不合理的条件限制或者排斥潜在投标人的，对潜在投标人实行歧视待遇的，强制要求投标人组成联合体共同投标的，或者限制投标人之间竞争的，责令改正，可处罚款。

（2）依法必须进行招标的项目，招标人违反规定，与投标人就投标价格、投标方案等实质性内容进行谈判的，给予警告，对单位直接负责的主管人员和其他直接责任人员依法给予处分；影响中标结果的，中标无效。

（3）依法必须进行招标的项目，招标人不按照规定组建评标委员会，或者确定、更换评标委员会成员违反规定的，责令改正，可处罚款，对单位直接负责的主管人员和其他直接责任人员依法给予处分；违法确定或者更换的评标委员会成员作出的评审结论无效，依法重新进行评审。

（4）招标人在评标委员会依法推荐的中标候选人以外确定中标人的，依法必须进行招标的项目在所有投标被评标委员会否决后自行确定中标人的，中标无效，责令改正，可处罚款；对单位直接负责的主管人员和其他直接责任人员依法给予处分。

（5）依法必须进行招标的项目的招标人有下列情形之一的，责令改正，可处罚款；给他人造成损失的，依法承担赔偿责任；对单位直接负责的主管人员和其他直接责任人员依法给予处分。

1）无正当理由不发出中标通知书。

2）不按照规定确定中标人。

3）中标通知书发出后无正当理由改变中标结果。

4）无正当理由不与中标人订立合同。

5）在订立合同时向中标人提出附加条件。

（6）招标人有下列情形之一的，由有关行政监督部门责令改正，可处罚款：

1）依法应当公开招标而采用邀请招标。

2）招标文件、资格预审文件的发售、澄清、修改的时限，或者确定的提交资格预审申请文件、投标文件的时限不符合规定。

3）接受未通过资格预审的单位或者个人参加投标。

4）接受应当拒收的投标文件。

（7）依法必须进行招标的项目的招标人有下列情形之一的，由有关行政监督部门责令改正，可处罚款；给他人造成损失的，依法承担赔偿责任；对单位直接负责的主管人员和其他直接责任人员依法给予处分。

1）无正当理由不发出中标通知书。

2）不按照规定确定中标人。

3）中标通知书发出后无正当理由改变中标结果。

4）无正当理由不与中标人订立合同。

5）在订立合同时向中标人提出附加条件。

4. 招标代理机构的违法行为

招标代理机构违反规定，泄露应当保密的与招标投标活动有关的情况和资料的，或者与招标人、投标人串通损害国家利益、社会公共利益或者他人合法权益的，在所代理的招标项目中投标、代理投标或者向该项目投标人提供咨询的，接受委托编制标底的中介机构参加受托编制标底项目的投标或者为该项目的投标人编制投标文件、提供咨询的，影响中标结果的，中标无效；处罚款；对单位直接负责的主管人员和其他直接责任人员处罚款；有违法所得的，并处没收违法所得；给他人造成损失的，依法承担赔偿责任；情节严重的，禁止其一段时期内代理依法必须进行招标的项目并予以公告，直至由工商行政管理机关吊销营业执照；构成犯罪的，依法追究刑事责任。

5. 投标人的违法行为

投标人相互串通投标或者与招标人串通投标的，投标人以向招标人或者评标委员会成员行贿的手段谋取中标的，投标人以他人名义投标或者以其他方式弄虚作假、骗取中标的，中标无效；处罚款；对单位直接负责的主管人员和其他直接责任人员处罚款；有违法所得的，并处没收违法所得；给他人造成损失的，依法承担赔偿责任；情节严重的，取消其一段时期内参加依法必须进行招标的项目的投标资格并予以公告，直至由工商行政管理机关吊销营业执照；构成犯罪的，依法追究刑事责任。

6. 评标委员会的违法行为

（1）评标委员会成员收受投标人财物或其他好处的，向他人透露对投标文件的评审和比较、中标候选人的推荐以及与评标有关的其他情况的，给予警告，没收收受的财物，可并处罚款，取消担任评标委员会成员的资格，不得再参加任何依法必须进行招标的项目的评标；构成犯罪的，依法追究刑事责任。

（2）评标委员会成员有下列行为之一的，责令改正；情节严重的，禁止其在一定期限内参加依法必须进行招标的项目的评标；情节特别严重的，取消其担任评标委员会成员的资格：应当回避而不回避；擅离职守；不按照招标文件规定的评标标准和方法评标；私下接触投标人；向招标人征询确定中标人的意向或者接受任何单位或者个人明示或者暗示提出的倾向或者排斥特定投标人的要求；对依法应当否决的投标不提出否决意见；暗示或者诱导投标人作出澄清、说明或者接受投标人主动提出的澄清、说明；其他不客观、不公正履行职务的行为。

7. 中标人的违法行为

（1）中标人无正当理由（因不可抗力不能履行合同）不与招标人订立合同，在签订合同时向招标人提出附加条件，或者不按照招标文件要求提交履约保证金的，取消其中标资格，投标保证金不予退还。对依法必须进行招标的项目的中标人，责令改正，可处罚款。

（2）中标人无正当理由（因不可抗力不能履行合同）不按照与招标人订立的合同履行义务，情节严重的，取消其一定时期内参加依法必须进行招标的项目的投标资格并予以公告，直至由工商行政管理机关吊销营业执照。

（3）中标人将中标项目转让给他人的，将中标项目肢解后分别转让给他人的，违反规定将中标项目的部分主体、关键性工作分包给他人的，或者分包人再次分包的，转让、分包无效；处罚款；有违法所得的，并处没收违法所得；可责令停业整顿；情节严重的，由工商行政管理机关吊销营业执照。

8. 国家机关工作人员的违法行为

（1）对招标投标活动依法负有行政监督职责的国家机关工作人员徇私舞弊、滥用职权或者玩忽职守，构成犯罪的，依法追究刑事责任；不构成犯罪的，依法给予行政处分。

（2）项目审批、核准部门不依法审批、核准项目招标范围、招标方式、招标组织形式的，有关行政监督部门不依法履行职责，对违法行为不依法查处，或者不按照规定处理投诉、不依法公告对招标投标当事人违法行为的行政处理决定的，对单位直接负责的主管人员和其他直接责任人员依法给予处分。

（3）国家工作人员利用职务便利，以直接或者间接、明示或者暗示等任何方式非法干涉招标投标活动，有下列情形之一的，依法给予记过或者记大过处分；情节严重的，依法给予降级或者撤职处分；情节特别严重的，依法给予开除处分；构成犯罪的，依法追究刑事责任：要求对依法必须进行招标的项目不招标，或者要求对依法应当公开招标的项目不公开招标；要求评标委员会成员或者招标人以其指定的投标人作为中标候选人或者中标人，或者以其他方式非法干涉评标活动，影响中标结果；以其他方式非法干涉招标投标活动。

9. 其他违法行为

（1）招标人与中标人不按照招标文件和中标人的投标文件订立合同，合同的主要条款与招标文件、中标人的投标文件内容不一致的，或者招标人、中标人订立背离合同实质性内容的协议的，责令改正；可处罚款。

（2）出让或者出租资格、资质证书供他人投标的，给予行政处罚；构成犯罪的，依法追究刑事责任。

第三节　水利工程合同与造价

水利工程建设市场交易最后都要体现在水利工程的发包、承包和合同管理上，因此水利工程合同的签署是水利工程建设市场经济活动的关键一环。

一、工程合同

（一）工程合同的含义与特征

1. 工程合同的含义

合同，又称契约，是民事主体之间设立、变更、中止民事法律关系的协议。在建设工程领域，是当事人之间确立一定权利、义务关系的协议。广义的合同，泛指一切能发生某种权利、义务关系的协议。水利工程合同是指建设单位（业主、发包方或投资责任方）与勘察、设计、施工、建筑安装单位等（承包方或承包商）依据国家规定的基本建设程序和有关合同法规，以完成工程建设为内容，明确双方的权利与义务关系而签订的书面协议。简而言之，水利工程合同是承包人进行水利工程建设，发包人支付价款的合同。

合同是市场经济中广泛进行的一种法律行为。

《民法典》第四百六十九条规定："当事人订立合同，可以采用书面形式、口头形式或者其他形式。书面形式是合同书、信件、电报、电传、传真等可以有形地表现所载内容的形式。以电子数据交换、电子邮件等形式能够有形地表现所载内容,并可以随时调取查用的数据电文,视为书面形式。"

2. 工程合同的特征

(1) 合同的主体(合同当事人)有**限定性**要求。工程合同的主体一方是建设单位(业主),另一方是勘察、设计、施工及安装单位(承包方)。双方都应具备法人资格;发包方应依法报建项目,遵循基本建设程序;而承包方主体资格必须经过国家主管部门的审查与批准,具有相应的勘察、设计和施工等资质条件,并且在当地工商行政管理部门领取营业执照,才具备权利能力和行为能力,才有资格签订合同。凡违反国家基本建设法规,不具备相应资格资质条件的单位或企业而签订的合同都视为无效合同。

(2) 合同的客体(拟建的工程项目)具有**特殊性**。拟建的工程项目的特殊性表现在产品固定性、投资大、建设周期长、生产的多样性等方面。

(3) 工程合同具有**计划性**要求。因其直接和间接地受到国家基本建设政策和国家指令计划的影响和制约。在社会主义市场经济条件下,基本建设行业是国家宏观调控的重要物质生产部门,工程项目投资大,建设周期长,这就决定了建设工程合同必须接受国家指令计划的调整。

(4) 工程合同管理的**特殊性**。合同的订立与履行必须接受国家和地方建设主管部门的监督和管理,如在招标阶段对设计单位和施工单位的资质管理,在施工过程中政府的质量监督行为,建设银行对建设资金的管理,推行工程建设监理制度,实施建设工程规划许可证和施工许可证制度,这些都体现了政府对建设过程的监督管理。

(5) 工程合同**标底的限定性**。标底是由业主组织专门人员为准备招标的那一部分工程或(和)设备计算出的一个合理的基本价格。它不等于工程或(和)设备的概(预)算,也不等于合同价格。标底是招标单位的绝密资料,不能向任何无关人员泄露。国内大部分工程在招标评标时,均以标底上下的一个幅度来判断投标是否合格。在建设工程招投标活动中,标底的编制是工程招标中重要的环节之一,是评标、定标的重要依据。

(6) 工程合同主体之间有严密的**协作性**关系。同一建设项目会涉及勘察、设计、土建施工、设备安装等单位,合同的实施具有先后顺序关系,只有他们明确双方权利和义务关系,密切协作,才能共同顺利完成合同明确的工程建设任务。

(7) 工程合同形式的**要式性**。工程的合同形式大多应按照国家、地方相关部门出台的合同示范文本。合同的要式性是指合同的订立要依法律规定的特定形式进行,即书面形式。

(二) 规范工程合同的法律规范

目前,规范工程合同的法律规范有下列几种层次。

1. 调整工程合同的法律

调整工程合同的法律主要有规范工程合同最基本的法律《民法典》;调整水利工程建设合同的重要法律《水法》;其他对工程合同有指导和调整作用的法律有《招标投标法》《中华人民共和国保险法》《仲裁法》《民事诉讼法》等。

《民法典》第七百九十五条规定:"施工合同的内容一般包括工程范围、建设工期、中间交工工程的开工和竣工时间、工程质量、工程造价、技术资料交付时间、材料和设备供应责任、拨款和结算、竣工验收、质量保修范围和质量保证期、相互协作等条款。"

《民法典》第五百一十一条对合同约定不明情形下标准的适用性作出规定，先适用强制性国家标准，之后才适用推荐性国家标准、行业标准等，减少了标准不统一或缺失时产生的纠纷。

《民法典》第五百三十三条规定："合同成立后，合同的基础条件发生了当事人在订立合同时无法预见的、不属于商业风险的重大变化，继续履行合同对于当事人一方明显不公平的，受不利影响的当事人可以与对方重新协商；在合理期限内协商不成的，当事人可以请求人民法院或者仲裁机构变更或者解除合同。人民法院或者仲裁机构应当结合案件的实际情况，根据公平原则变更或者解除合同。"

2. 规范工程合同的示范文本

《民法典》第四百七十条指出，合同的内容由当事人约定，一般包括下列条款：

（1）当事人的姓名或者名称和住所。

（2）标的。

（3）数量。

（4）质量。

（5）价款或者报酬。

（6）履行期限、地点和方式。

（7）违约责任。

（8）解决争议的方法。

为了规范工程合同，指导甲、乙双方合同的签订与履行行为，有关部门发布了《建设工程施工合同（示范文本）》《建设工程勘察合同（示范文本）》《建设工程设计合同示范文本（房屋建筑工程）》《建设工程设计合同示范文本（专业建设工程）》《建设工程委托监理合同（示范文本）》《**水利工程施工监理合同示范文本**》（GF—2007—0211）等文本，使工程合同订立符合规范。有关部门还推出了大量的格式化合同，如"勘察合同样本""设计合同样本""施工合同样本"等，在规范建筑业合同管理中发挥着重要作用。

3. FIDIC 合同条件

在国际工程承包市场上，FIDIC 合同条件是通用的国际建筑工程合同示范文本。目前，我国的施工合同示范文本也是吸收 FIDIC 土木工程合同条件而制定的，在我国引进外贸建设项目上，基本采用 FIDIC 的合同条件，FIDIC 是"国际咨询工程师联合会"五个法文词首的缩写，读作"菲迪克"。该联合会是被世界银行认可的工程咨询服务机构，总部设在瑞士的洛桑。该组织在每个国家或地区只吸收一个独立的咨询工程师会作为团体会员，至今已有 67 个国家和地区加入 FIDIC，它是国际上最有权威性的咨询工程师组织。

FIDIC 自成立以来一直致力于解决工程咨询行业面临的问题，特别是制定、发行各种合同范本。这些文本通称为"FIDIC 彩虹"，为各类业主、国际金融机构、律师、承包商等所熟知。FIDIC 于 1999 年发布了四份新的合同标准格式的第一版本，2017 年 12 月 FIDIC 在伦敦发布 2017 版的新红皮书、新黄皮书和银皮书。

（1）**施工合同条件**（新红皮书）。该合同条件被推荐用于由雇主设计的或由其代表——工程师设计的房屋建筑或（土木）工程。在这种合同形式下，承包商一般都按照雇主提供的设计施工,但工程中的某些土木、机械、电力和建造工程也可能由承包商设计。该合同条件与原来的土木工程施工合同条件(红皮书)相对应,其名称的改变并不是出于简化目的,而在于其适用的工程范围扩大,不仅可以用于土木工程,也可以用于房屋建筑工程。

(2) **永久设备和设计、制造合同条件**(新黄皮书)。该合同条件被推荐用于电力和/或机械设备的提供,以及房屋建筑或土木工程的设计和实施。在这种合同条件形式下,一般都是由承包商按照雇主的要求设计和提供设备和/或其他工程(可能包括由土木、机械、电力和/或建造工程的任何组合形式)。该合同条件与原来的电气与机械工程合同条件(黄皮书)相对应,其名称的改变在于从名称上直接反映出该合同条件与新红皮书的区别,即在新黄皮书的条件下,承包商的基本义务是完成永久设备("plant"一词原来译为工程设备,现改译为永久设备,旨在与新红皮书中的永久工程一词相对应)的设计、制造和安装。

(3) **EPC交钥匙项目合同条件**(银皮书)。该合同条件适用于在交钥匙的基础上进行的工厂或其他类型的开发项目的实施。承包商完全负责项目的设备和施工,雇主基本不参与工作。在交钥匙项目中,一般情况下由承包商实施所有的设计、采购和建造工作,即在交钥匙时,提供一个配套完整、可以运行的设施。该合同条件与原来的设计-建造和交钥匙(工程)合同条件(橘皮书)有一定的相关性,但FIDIC并无意以银皮书取代橘皮书。

(4) **合同的简短格式**。该合同条件被推荐用于价值相对较低的房屋建筑或土木工程。根据工程的类型和具体条件的不同,此格式也适用于价值较高的工程,特别是较简单的或重复性的或工期短的工程。在这种合同形式下,一般都是由承包商按照雇主或其代表——工程师提供的设计实施工程,但对于部分或完全由承包商设计的土木、机械、电力和/或建造工程的合同也同样适用。

(三) 工程合同类别

1. 工程勘察、设计合同

工程勘察、设计合同,简称勘察、设计合同,是指建设人与勘察人、设计人为完成一定的勘察、设计任务,明确双方权利、义务的协议。建设单位或有关单位称发包人,勘察、设计单位称承包人。根据勘察、设计合同,承包人完成发包人委托的勘察、设计项目,发包人接受符合约定要求的勘察、设计成果,并给付报酬。

《民法典》第七百九十四条规定:"勘察、设计合同的内容一般包括提交有关基础资料和概预算等文件的期限、质量要求、费用以及其他协作条件等条款。"

发包方必须是由国家批准建设项目、落实投资计划的企事业单位、社会组织;承包方应当是具有国家批准的勘察、设计许可证,经有关部门核准资质等级的勘察、设计单位。勘察、设计合同必须符合国家规定的工程项目建设程序。合同的订立应以国家批准的设计任务书或其他有关文件为基础。勘察、设计合同具有建设工程合同的一切法律特征。

2. 工程施工合同

工程施工合同又称施工合同,是业主方(发包方)与施工单位(承包方)为了拟建工程项目的施工过程,明确双方的权利与义务关系而签订的一种书面协议。它具有建设工程合同的一切法律特征,包括施工合同和安装工程合同。《民法典》第七百九十五条规定:

"施工合同的内容一般包括工程范围、建设工期、中间交工工程的开工和竣工时间、工程质量、工程造价、技术资料交付时间、材料和设备供应责任、拨款和结算、竣工验收、质量保修范围和质量保证期、相互协作等条款。"**《建设工程施工合同（示范文本）》**(GF—2017—0201)由住房城乡建设部、国家工商行政管理总局于2017年联合发布使用，原《建设工程施工合同（示范文本）》(GF—2013—0201)同时废止。

3. 工程建设监理委托合同

工程建设监理委托合同简称监理合同，是指业主方（承担直接投资责任方）和监理方（监理单位）为了工程建设监理过程，明确双方的权利与义务关系而签订的一种书面协议。

《民法典》第七百九十六条规定："建设工程实行监理的，发包人应当与监理人采用书面形式订立委托监理合同。发包人与监理人的权利和义务以及法律责任，应当依照本编委托合同以及其他有关法律、行政法规的规定。"

监理合同和其他建设工程合同相比，其合同的标的物具有特殊性。勘察、设计合同和工程施工合同的标的物是产生新的物质成果或信息成果，而监理合同的标的物是高智能的技术服务，即监理工程师通过自己的知识和经验、技能，受业主的委托在工程建设中实施监督与管理职责，从而得到服务酬金。

4. 工程建设其他相关合同

(1) 建设物资采购合同。 建设物资采购合同是一种买卖合同。它是以工程项目所需的物质材料为标的，明确双方或多方权利义务关系的书面协议。物资采购合同的主要条款有下列几个方面：

1) 双方的地址、名称、法定代表人姓名。
2) 合同的标的（材料的名称、品种、型号、规格、出厂日期等）。
3) 技术标准与质量要求。
4) 材料的数量与计量。
5) 材料的包装、运输。
6) 材料的交付方式与交货期限。
7) 材料的价格与结算。
8) 违约责任。
9) 争议解决方式等。

(2) 劳务合同。 劳务合同即雇佣合同。它是雇佣方（业主、承包商或分包商）与劳务提供方为了建设工程项目，就雇佣劳动者参与施工活动所签订的协议。其主要条款如下：

1) 工程概况，主要包括：工程名称、结构形式、具体承建工程的任务。
2) 计划用劳务人数，提供劳务人数，劳务工人进入施工现场、退出施工现场的时间。
3) 雇佣方（项目经理部）的义务。
4) 劳务提供方（劳务承包队）的义务。
5) 劳务费计取和结算方式。
6) 奖励与罚款。
7) 合同未尽事宜的解决方式。
8) 合同纠纷的解决方式等。

(3) 设备租赁合同。 设备租赁合同是财产租赁合同的一种,是指当事人一方将特定的设备交给另一方使用,另一方支付租金并于使用完毕后返还原物的协议。其中,出租财产的一方为出租人,租赁财产的一方为承租人。其主要条款如下:

1) 租赁设备的名称、规格、型号。
2) 租赁设备的数量和质量。
3) 租赁设备的用途。
4) 租赁期限。
5) 租金和租金交纳期限。
6) 如设备在异地,应约定设备的运输、拆卸、安装等事项及相关费用。
7) 如需出租方提供技术咨询、服务,应约定具体的时间和费用。
8) 租赁期间设备维修、保养的责任,一般由出租方负责,也可另行约定。
9) 违约责任。
10) 争议的解决方式。一般应先协商,协商不成,再申请仲裁或提起诉讼。

(4) 贷款合同。 贷款合同即借款合同,是指出借人(贷款方)将一定数额的货币交付给借用人(借款方),借用人在约定的期限内将等数额的货币返还给出借人,并向出借人支付利息的协议,条款如下:

1) 贷款的种类及用途。
2) 贷款金额与利率。
3) 贷款期限。
4) 还款的资金来源及还款方式。
5) 保证条款(担保条款)。
6) 违约责任。
7) 合同纠纷产生后解决方式等。

(四) 工程建设合同纠纷

纠纷一般指争执不下的事情或者是双方不易解决的问题。法律层面的纠纷多是经济纠纷,是指平等主体之间发生的,以经济合同的权利、义务为内容的社会纠纷。建设活动中,只要当事人因勘察、设计和施工发生纠纷的,就可以认定为工程建设合同纠纷。《**最高人民法院关于审理建设工程施工合同纠纷案件适用法律问题的解释(一)**》为依法保护当事人合法权益,维护建筑市场秩序,促进建筑市场健康发展,正确审理建设工程施工合同纠纷案件提供了强有力的法律依据。

常见纠纷案解决关键点如下:一是工程建设施工合同纠纷诉讼主体确定;二是工程建设施工合同法律效力认定;三是对工程价款优先受偿权的保护。

二、工程造价

工程造价是水利工程重要的经济技术指标。

(一) 工程造价的概念

工程造价就是指工程的建设价格,是为完成一个工程的建设,预期或实际所需的全部费用总和。其核心内容是投资估算、设计概算、修正概算、施工图预算、工程结算、竣工决算等等。工程计价的三要素是**量、价、费**。"量"一般指工程量;"价"代表计价体系,定额不同单价也不同；"费"是指直接费、措施费、规费、利润和税金等。

从业主（投资者）的角度来定义，工程造价是指工程的建设成本，即为建设一项工程预期支付或实际支付的全部固定资产投资费用。这些费用主要包括设备及工器具购置费、建筑工程及安装工程费、工程建设其他费用、预备费、建设期利息、固定资产投资方向调节税（这项费用目前暂停征收）。

从固定资产意义上讲，工程造价就是建设项目固定资产投资。

从承发包角度来定义，工程造价是指工程价格，即为建成一项工程，预计或实际在土地、设备、技术劳务以及承包等市场上，通过招投标等交易方式所形成的建筑安装工程的价格和建设工程总价格。

水利工程造价管理是指对水利建设项目从项目建议书、可行性研究报告、初步设计、施工准备、建设实施、生产准备、竣工验收到后评价等各阶段所对应的投资估算、设计概算、项目管理预算、标底价、合同价、工程竣工决算等工程造价文件的编制和执行进行规范指导和监督管理。

国务院水行政主管部门**负责指导**全国水利工程造价管理工作。各流域机构承担本流域内水利工程造价管理工作。各省级水行政主管部门承担本行政区内水利工程造价管理工作。

（二）工程造价的主要任务

工程造价的主要任务是根据图纸、定额以及清单计价规范，计算出工程中所包含的各种费用。

1. 图纸

图纸是水利工程施工的主要依据，也是工程造价的根据。水利工程的基本建设程序各个阶段都要绘制出相应的图纸，水工图主要有工程位置图（包括流域规划图和灌区规划图）、枢纽布置图、结构图、施工图和竣工图等。如引水枢纽工程主要建筑物包括：上游导流堤、泄洪闸、人工弯道、进水闸、冲沙闸、曲线形悬臂式挡沙坎、消力池、引水渠道。在人工弯道进口处，修建导流堤，并向上延伸与河道两岸平缓的连接，以便束水导流，使水流平顺地进入引水弯道。其各个水工建筑物都有相对应的设计图。

2. 定额

定额是在规定工作条件下，完成合格的单位水工建筑物，所需用的劳动力、材料、机具、设备以及有关费用的数量标准。按组成内容，定额还可分为劳动定额（工时定额或产量定额）、材料消耗定额、施工设备使用定额、费用定额等。

（1）工时定额是指在合理的劳动组织下，采用符合于当前水平的施工方法及机械设备，生产质量合格的单位产品所需要的正常工时消耗。

（2）产量定额是工时定额的倒数，即在单位时间内生产质量合格的产品数量。

（3）材料消耗定额及施工设备使用定额，是指在与工时定额相同的条件下，生产质量合格的单位产品所需正常消耗的材料数量，及使用的施工设备台班（或台时）数量。

（4）费用定额分为直接费定额与间接费定额。直接费定额指直接用于施工的人工、材料和机械消耗等所花费的费用，是计算工程单价的依据。间接费定额又称管理费定额，是企业或建设单位为组织和管理施工而花费的费用。间接费定额一般以直接费定额或基本工资额为基础计算。

3. 清单计价规范

工程量清单计价规范是工程价款调整、支付和结算主要规范。

我国建筑工程计价模式主要有**工程量清单计价**与**定额计价**。现行施工合同按计价模式的不同主要有**总价合同**和**单价合同**两种类型。

单价合同指承包单位在投标时，按招标文件就分部分项工程所列出的工程量清单表确定各分部分项工程费用的合同。

工程量清单计价是承包人依据发包人根据统一项目（计价项目）设置、统一计量规则和计量单位按规定格式提供的项目实物工程量清单，结合工程实际、市场实际和企业实际，充分考虑各种风险后，提供的包括成本、利润和税金在内的综合单价，由此形成工程单价。

工程量清单是单价合同的重要组成部分。工程量清单作为合同的核心内容、确定合同价款的重要参考数据，是合同不可分割的部分。

可以简单地认为

$$合同价款＝清单分项工程量 \times 综合单价 ＋ 临时工程费用$$

清单分项工程量和综合单价很大程度上决定了合同价款的大小。

综合单价是完成一个规定清单项目所需的人工费、材料和工程设备费、施工机具使用费、企业管理费、利润，以及一定范围内的风险的费用。

《**水利工程工程量清单计价规范**》（GB 50501—2007）、《**建设工程工程量清单计价规范**》（GB 50500—2013）对工程量清单计价如何编制工程量清单和招标控制价、投标报价、合同价款约定、工程计量与价款支付、工程价款调整、索赔、竣工结算、工程计价争议处理等内容，都有明确规定。

水利工程建设市场行为以招标设计为界可划分为水利工程建设市场的**计划行为**和**市场行为**，见图 5-4。

招标设计是为进行工程招标而编制的设计文件，是编制施工招标文件和施工计划的基础，同时也是施工单位编制投标文件和施工组织设计的依据。

水电工程招标设计概算是根据招标设计阶段工作成果编制形成的工程投资文件，是水电工程招标设计报告的重要组成部分，是招标阶段投资控制与管理的重要依据。《**水电工程招标设计概算编制规定**》（NB/T 35107—2017）规定招标设计概算是根据招标设计阶段工作成果和核准概算价格水平编制的投资文件。标段招标设计概算编制对象以主体工程标段为主，兼顾其他工程标段。在各标段招标设计概算完成后，可根据建设管理需要编制整个工程的招标设计总概算。

主体工程标段中，**建筑工程**是指标段工作范围内**构成水电工程建筑物实体的永久工程**

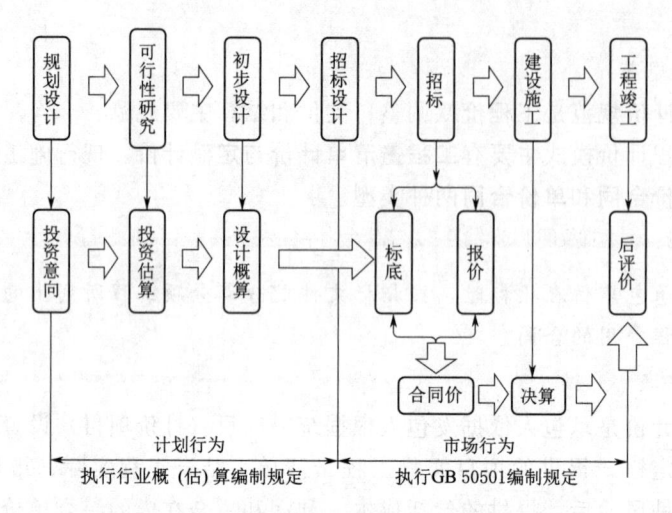

图 5-4 水利工程建设市场行为

或**发挥重要功能的临时建筑物**。建筑工程应根据标段的工作内容，参照核准概算中建筑工程项目列项，主要包括挡水建筑物、泄水消能建筑物、输水建筑物、发电建筑物、升压变电建筑物、航运过坝建筑物、灌溉渠首建筑物、近坝岸坡处理工程、交通工程、房屋建筑工程、安全监测工程等。抽水蓄能电站可根据工程布置情况，按上库、下库区域对挡水工程、泄水工程等项目分部位列项，并增列库盆处理工程。在工程中发挥重要功能的临时建筑物，如导流工程、料场覆盖层清除及防护工程、沟水处理工程等，可在建筑工程中列项。

《水利工程工程量清单计价规范》（GB 50501—2007）要求必须招标的大中型水利工程应采用工程量清单计价。不采用工程量清单计价的水利工程，应执行该规范除工程量清单专门性规定外的其他规定。单价项目应采用单价计价，单价包含的内容应在招标文件中予以明确。总价项目应采用总价计价，总价包含的内容及支付方式与要求等，应在招标文件中予以明确。

《建筑工程施工发包与承包计价管理办法》第二条规定："工程发承包计价包括编制工程量清单、最高投标报价、招标标底、投标报价，进行工程结算，以及签订和调整合同价款等活动。"第三条规定："建筑工程施工发包与承包价在政府宏观调整下，由市场竞争形成。"

(三) 造价合同管理

工程造价是水利工程项目中必不可少的一项工作。工程造价以造价合同为核心，如何管理造价合同，如何通过管理造价合同对合同主体的双方当事人进行合理的约束，必然涉及造价合同管理制度。工程合同属于经济合同的范畴，受经济关系和刑法法规的约束。合同管理主要是指项目管理人员根据合同进行工程项目的监督和管理，是法学、经济学理论和管理科学在组织实施合同中的具体运用。加强合同管理对于提高合同水平、减少合同纠纷、进而加强和改善建设单位和承建单位的经营管理、提高经济效益，都具有十分重要的意义。

1. 合同管理的主要内容

合同管理涉及洽谈、草拟、签订、生效,直至合同失效的全过程。其内容主要包括:**项目法人和财务部门责任、合同签订管理、合同履行管理、合同变更管理以及合同档案管理**。

2. 合同管理的特征

(1) **系统性**。合同管理贯穿于订立直至终止的全过程,因此是一个系统管理过程,主要涉及合同归口管理,资信调查、签订、审批、会签、审查、登记、备案,法人授权委托办法,合同示范文本管理,合同专用章管理,合同履行与纠纷处理,合同定期统计与考核检查,合同管理人员培训,合同管理奖惩与挂钩考核等。

(2) **动态性**。合同管理又是一个动态的过程,是督促双方认真履行合同的一项措施。也就是要注重履行全过程变化,及时对合同进行修改、变更、补充或者中止和终止。

(3) **过程控制**。因为建设水利工程是一个渐进的实施过程,因此,从工程造价控制角度看,合同管理包括相关造价和实施阶段的所有方面。合同订立管理包括承包方式、确定合同价款方式等原则和方式。在保证工期、质量前提下,建筑单位要有效降低建筑工程造价,防止出现经济纠纷现象。履行合同管理包括工程计量管理、工程结算管理等。在合同即将结束时,管理人员对资料进行整理,这在合同管理中是非常重要的环节,监督合同的履行情况与合同管理质量有关,决定是否能够实现合同档案的规范化、程序化。

按照合同规定,违约方要承担相应责任。如果有一方违约,就要以经济补偿的方式来补偿受害方。违约责任和违约条件是工程竣工结算的保证。

(四) 注册造价工程师

《注册造价工程师(水利工程)管理办法》第二条规定:"本办法所称注册造价工程师(水利工程)(以下简称水利造价工程师),是指通过水利工程专业造价工程师职业资格考试取得中华人民共和国造价工程师职业资格证书(以下简称资格证书),并按照本办法注册后,从事水利工程造价工作的专业技术人员。水利造价工程师分为一级水利造价工程师和二级水利造价工程师。"第四条规定:"国务院水行政主管部门对全国水利造价工程师的注册、执业活动实施统一监督管理,实施一级水利造价工程师的注册。各省、自治区、直辖市人民政府水行政主管部门对本行政区域内水利造价工程师的执业活动实施监督管理,实施本行政区域内二级水利造价工程师的注册。"

【思考题】

1. 简述水利工程建设市场主体的构成。
2. 水利工程建设市场活动的目标是什么?
3. 简述水利工程建设市场活动四类主体及其活动内容。
4. 水利工程建设市场的准入标志是什么?
5. 水利工程主体工程的开工条件是什么?
6. 为什么说水利工程建设必须符合流域综合规划?
7. 水利工程市场体系是如何构成的?
8. 水利工程责任单位责任人质量终身追究制度是如何规定的?

9. 简述水利工程招标范围与规模。
10. 水利工程强制性招标项目有哪些？
11. 水利工程招标与投标管理包括哪三方面内容？
12. 详细论述水利工程招投标过程。
13. 施工招标应该具备哪些条件？
14. 相关法律对招标代理有哪些规定？
15. 水利工程合同的含义与特征是什么？
16. 《民法典》对合同的规定一般包括哪些条款？
17. 何为工程量清单计价？合同价款如何计算？
18. 造价合同管理包括哪些内容？

第六章 水利水电工程勘察设计法规

勘察设计是水利水电工程建设的前期准备阶段的重要环节，勘察设计的好坏不仅影响水利水电工程的投资效益和质量安全，其技术水平和指导思想对水利水电行业的发展也会产生重大影响。

第一节 概 述

一、水利水电工程勘察设计的相关概念

（一）水利水电工程勘察

1. 工程勘察

水利水电工程勘察是指根据建设工程的要求，查明、分析、评价建设场地的地质地理环境特征和岩土工程条件，编制建设工程勘察文件的活动。

水利水电工程勘察是水利水电工程建设的首要环节。通过对地形、地质及水文等要素的测绘、勘探、测试及综合评定，提供可行性评价与建设所需的基础资料。

《水利水电工程施工地质规程》（SL/T 313—2021）是在《水利水电工程施工地质勘察规程》（SL 313—2004）的基础上修订而成的，共10章和8个附录，主要技术内容包括基本规定、地面建筑物、地下开挖工程、边坡工程、防渗与排水工程、水库库区、天然建筑材料、资料整编与成果编制等。该标准适用于大、中型水利水电工程施工地质工作，可进一步规范大、中型水利水电工程施工地质工作程序、内容、方法与技术要求，提高施工地质工作技术水平，保证工作质量；同时对消除地质隐患、优化设计、保证工期、控制投资和保障工程正常运行具有重要意义。

2. 工程地质勘察阶段的划分

根据我国水利水电工程勘测设计阶段划分的实际情况，可将水利水电工程地质勘察划分为规划、编制项目建议书、可行性研究、初步设计、招标设计和施工详图设计等阶段；并将病险水库除险加固工程地质勘察分为安全评价、可行性研究和初步设计三个阶段。

（1）规划阶段的工程地质勘察。 该阶段勘察旨在对规划方案和近期开发工程选择进行地质论证，并提供工程地质资料，勘察内容和任务包括：

1) 规划河流、河段或工程的区域地质和地震概况。

2) 规划河流、河段或工程的工程地质条件，为各类型水资源综合利用工程规划选点、选线和合理布局进行地质论证。重点了解近期开发工程的地质条件。

3) 梯级坝址及水库的工程地质条件和主要工程地质问题，论证梯级兴建的可能性。

4）引调水工程、防洪排涝工程、灌区工程、河道整治工程等的工程地质条件。

5）对规划河流（段）和各类规划工程天然建筑材料进行普查；对近期开发工程所需的天然建筑材料进行初查，初步评价推荐料场的储量、质量，及开采、运输条件等。

(2) 编制项目建议书阶段的工程地质勘察。 该阶段的勘察工作应基本满足可行性研究阶段的深度要求。

(3) 可行性研究阶段的工程地质勘察。 该阶段的勘察是在河流、河段或工程规划方案的基础上选择工程的建设位置，并对选定的坝址、场址、线路等和推荐的建筑物基本形式、代表性工程布置方案进行地质论证，提供工程地质资料。勘察内容包括：

1）进行区域构造稳定性研究，确定场地地震动参数，并对工程场地的构造稳定性作出评价。

2）初步查明工程区及建筑物的工程地质条件、存在的主要工程地质问题，并作出初步评价。

3）进行天然建筑材料初查。

4）进行移民集中安置点选址的工程地质勘察，初步评价新址区场地的整体稳定性和适宜性。

(4) 初步设计阶段的工程地质勘察。 该阶段的勘察在可行性研究阶段选定的坝（场）址、线路上进行，应查明各类建筑物及水库区的工程地质条件，为选定建筑物形式、轴线、工程总布置提供地质依据，对选定的各类建筑物的主要工程地质问题进行评价，并提供工程地质资料。勘察内容包括：

1）根据需要复核或补充区域构造稳定性研究与评价。如果地震地质条件复杂，特别是工程区附近存在活动性断层等情况时，往往需要在该阶段进一步开展专项研究或复核工作，如断层活动性的复核、断层活动性的监测等。

2）查明水库区水文地质、工程地质条件，评价存在的工程地质问题，预测蓄水后的变化，提出工程处理措施建议。

3）查明各类水利水电工程建筑物区的工程地质条件，评价存在的工程地质问题，为建筑物设计和地基处理方案提供地质资料和建议。

4）查明导流工程及其他主要临时建筑物的工程地质条件。根据需要进行施工和生活用水水源调查。

5）进行天然建筑材料详查。

6）设立或补充、完善地下水动态观测和岩土体位移监测设施，并应进行监测。

7）在可行性研究阶段初步选定的新址上，查明移民新址的工程地质条件，评价新址场地的稳定性和适宜性。

(5) 招标设计阶段的工程地质勘察。 在审查批准的初步设计报告基础上，进一步复核初步设计阶段的地质资料与结论，查明遗留的工程地质问题，为完善和优化设计、编制招标文件、落实招标合同有关问题提供地质资料。主要包括四项勘察内容：

1）复核初步设计阶段的主要勘察成果。复核内容包括水库工程地质条件及结论，建筑物工程地质条件及结论，主要临时建筑物工程地质条件及结论，天然建筑材料的储量、质量、开采和运输条件等。

2) 查明初步设计阶段遗留的工程地质问题。

3) 查明初步设计阶段工程地质勘察报告审查中提出的专门性工程地质问题，包括水库及建筑物区尚需研究的工程地质问题，以及施工组织设计需要研究的工程地质问题等。

4) 提供与优化设计有关的工程地质资料。

根据需要编制单项或总体招标设计阶段工程地质勘察报告，内容应包括概述、水库工程地质、水工建筑物工程地质、临时建筑物工程地质、天然建筑材料及结论与建议。

(6) 施工详图设计阶段的工程地质勘察。 在招标设计阶段基础上，检验、核定前期勘察的地质资料与结论，补充论证专门性工程地质问题，进一步提高勘察成果精度，并配合施工开挖开展施工地质工作，为施工详图设计、优化设计、建设实施、竣工验收等提供工程地质资料。勘察内容任务包括以下方面：

1) 对招标设计报告评审中要求补充论证的和施工中出现的工程地质问题进行勘察。

2) 对水库蓄水过程中可能出现的专门性工程地质问题进行勘察。

3) 优化设计所需的专门性工程地质勘察。

4) 进行施工地质工作，检验、核定前期勘察成果。

5) 提出对工程地质问题处理措施的建议。

6) 提出施工期和运行期工程地质监测内容、布置方案和技术要求的建议。

(7) 病险水库除险加固工程地质勘察。 其首要任务是查明病险部位及其产生的原因，也就是复核水库工程区水文地质、工程地质条件，分析病险产生的地质原因，检查坝体填筑质量，为水库大坝安全评价、除险加固设计提供地质资料和物理力学参数，对水库安全评价和加固处理措施提出地质建议。勘察对象包括水库近坝库岸、各建筑物地基及边坡、隧洞围岩、防渗帷幕及土石坝坝体等。

病险水库除险加固工程地质勘察充分利用已有工程地质勘察资料、施工和运行期间有关监测资料，采用适用的勘探技术与方法，针对影响大坝安全的主要地质缺陷和隐患布置勘察工作，又可细分为如下阶段：

1) 安全评价阶段。收集分析已有的地质、设计、施工和水库运行监测及水库险情处理资料；全面复查工程区水文地质、工程地质条件，重点检查水库运行以来地质条件的变化；对坝基、岸坡、地下洞室等的处理效果进行地质初步分析；了解坝体填筑质量并进行地质分析；复核工程区场址的地震动参数。

2) 可行性研究阶段。初步查明病险水库安全评价报告和安全鉴定成果核查意见中的主要地质问题、工程病害和隐患的部位、范围和类型，分析工程隐患的原因；进行天然建筑材料初查。

3) 初步设计阶段。在可行性研究阶段工程地质勘察的基础上，针对有关地质问题（病害）进行详细勘察，目的是查明病险详细情况、原因及地质条件，提出处理措施建议，为制定除险加固设计方案提供地质依据。

(二) 水利水电工程设计

1. 工程设计

工程设计是指为工程项目的建设提供有技术依据的设计文件和图纸的整个活动过程。

它是建设项目全过程的重要环节，是建设项目进行整体规划、体现具体实施意图的重要过程，是确定与控制工程造价的重点阶段。工程设计是否经济合理，对工程建设项目造价的确定与控制具有十分重要的意义。

2. 水利水电工程设计阶段的划分

按任务要求和工作深度的不同，水利水电工程设计的全过程可划分为项目建议书、可行性研究、初步设计、招标设计、施工详图设计五个阶段，相关内容分述如下：

(1) 项目建议书。项目建议书是在江河流域综合规划、区域规划或专业规划的基础上编制的要求建设某一项目的建议性设计文件。其主要作用是对这一拟建项目作初步的说明，供国家选择并决定是否列入中长期计划。其主要内容为：概述项目建设的依据，提出开发目标和任务，对项目所在地区和附近有关地区的建设条件及有关问题进行调查分析和必要的勘测工作，论证工程项目建设的必要性，初步分析项目建设的可行性与合理性，初选建设项目的规模、实施方案和主要建筑物布置，初步估算项目的总投资。

(2) 可行性研究。可行性研究是在项目建议书的基础上，对拟建工程进行全面技术经济分析论证的设计。其主要任务是：明确拟建工程的任务和主要效益，确定主要水文参数，查清主要地质问题，选定工程场址，确定工程等级，初选工程布置方案，提出主要工程量和工期，初步确定淹没、用地范围和补偿措施，对环境影响进行评价，估算工程投资，进行经济和财务分析评价，在此基础上提出技术上的可行性和经济上的合理性的综合论证及工程项目是否可行的结论性意见。

(3) 初步设计。初步设计是在可行性研究的基础上，对工程进行的最基本的设计。其主要任务是对可行性研究阶段的各种基本资料进行更详细的调查、勘测、试验和补充，确定拟建项目的综合开发目标、工程及主要建筑物等级、总体布置、主要建筑物形式和轮廓尺寸、主要机电设备形式和布置，确定总工程量、施工方法、施工总进度和总概算，进一步论证在指定地点和规定期限内进行建设的可行性和合理性。

(4) 招标设计。招标设计是为进行水利工程招标而编制的设计，水利工程项目均应在完成初步设计之后进行招标设计。

根据《水利水电工程招标文件编制规程》（SL 481—2011），招标设计是根据批准的初步设计报告，为满足工程招标采购和工程实施与管理的需要，复核、完善、深化勘测设计成果的系统反映。

(5) 施工详图设计。施工详图是在初步设计和招标设计的基础上绘制的具体施工图，是现场建筑物施工和设备制作安装的依据。其主要内容为：建筑物地基开挖图，地基处理图，建筑物体形图、结构图、钢筋图，金属结构的结构图和大样图，机电设备、埋件、管道、线路的布置、安装图，监测设施布置图、细部图等，并说明施工要求、注意事项、选用材料和设备的型号规格、加工工艺等。

二、水利水电工程勘察设计法规与标准概述

工程勘察设计法规指调整工程勘察设计活动中所产生的各种社会关系的法律规范的总称。勘察设计法律规范是国家一项重要的技术法规，是进行勘察设计的重要依据，是开展工程建设技术管理的重要组成部分，对保证和提高工程质量、加快建设速度、节约原材料、合理使用建设资金、保障工程质量、提高勘察设计效益等都具有重要作用。

第一节 概 述

(一) 工程勘察设计立法历程与现状

1. 奠基时期 (1949—1965 年)

我国工程勘察设计事业自新中国建立以后才开始奠基，此阶段的工程勘察设计法规处于产生和初步发展时期。

2. 曲折发展时期 (1965—1978 年)

由于"文化大革命"的冲击，勘察设计法规建设中断，在工程勘察设计中实行"边设计、边施工"的模式，工程勘察设计质量受到严重影响。

3. 稳步发展时期 (1978—1999 年)

改革开放以后，我国经济建设规模扩大，工程勘察设计任务繁重，加强工程勘察设计管理的重要性日益凸显。制定和施行工程勘察设计法规是社会主义市场经济的需要，国务院和建设行政主管部门把工程勘察设计法规建设列入重要日程，并先后颁发了《设计文件的编制和审批办法》《基本建设设计工作管理暂行办法》《基本建设勘察工作管理暂行办法》《工程勘察和工程设计单位资格管理办法》等勘察设计法规。

1995 年，建设部发布《工程设计文件质量特性和质量评定——指南》（以下简称《指南》），并首次引入了质量特性的概念。该《指南》的发布推动了工程设计行业设计文件质量评定的规范化，根据该《指南》，1998 年以后，全国大约 30 个与工程建设有关的行业陆续编制并发布了本行业的设计文件质量评定实施细则，其中，大部分行业均采用了针对质量特性进行定性评定的方法，少部分行业采用了对设计文件进行评分的定量方法。水利水电行业于 1998 年在国家电力公司水电水利规划设计总院的领导下，编制并发布了《水电水利工程设计文件质量特性和质量评定实施细则》。

4. 成熟发展期 (2000 年至今)

2000 年至今，国务院和建设行政主管部门颁发了一系列勘察设计法规，涉及市场管理和质量管理、资质标准和资质管理、注册工程师管理、设计文件编制等。

在国家标准方面，2008 年，住房城乡建设部发布了《水利水电工程地质勘察规范》（GB 50487—2008）；2021 年，住房城乡建设部又发布了《工程勘察通用规范》（GB 55017—2021）。

同时，为适应行业和市场的发展，这一时期行业法规的更新相对频繁。例如：2000 年公布的《建设工程勘察设计管理条例》，分别于 2015 年、2017 年作了两次修正；2002 年发布的《建设工程勘察质量管理办法》，分别于 2007 年、2021 年作了两次修正；2007 年公布的《建设工程勘察设计资质管理规定》，分别于 2015 年、2016 年、2018 年作了三次修正。

为了进一步加强对水利水电工程设计文件质量评定的管理，以适应水利水电投资体制改革，提高国家、地方和企业投资水利水电工程项目建设决策的科学化、合理化水平，保证水利水电工程质量，中国水利水电勘测设计协会 2017 年 1 月 23 日批准团体标准《水利水电工程设计质量评定标准》（T/CWHIDA 0001—2017），自 2017 年 4 月 20 日起实施。该标准根据《水利水电工程初步设计报告编制规程》（SL 619—2013）和《水电工程可行性研究报告编制规程》（DL/T 5020—2007），在《水利水电工程初步设计质量评定标准》（SL 521—2013）的基础上编制，基本涵盖了防洪、河道及河口整治、灌溉、供水、水力发电及综合利用等不同功能和不同类型的水利水电工程。

近年来，国家有关水利建设项目的法律法规、审批程序、技术标准和工程设计理念等发生了较大变化，《大中型水资源开发利用建设项目节水评价篇章编制指南（试行）》、《建设项目环境影响评价技术导则 总纲》、《生态保护红线划定指南》、《生产建设项目水土保持技术标准》（GB 50433—2018）、《水土保持工程调查与勘测标准》（GB/T 51297—2018）等相关标准相继颁布或修订实施，对水利水电工程的设计理念和工作内容提出了新的、更高的要求，有的标准的主要内容已不能满足当前经济社会发展和生态文明建设的需要。如水利部于2013年11月颁布实施的《水利水电工程项目建议书编制规程》（SL 617—2013）就存在缺少节水分析、工程建设与生态红线协调、水土保持勘测以及生态文明新要求等的问题。

当前，在我国水利事业发展新形势下，为适应国家关于节水优先、生态文明建设、环境保护和信息化建设等方面的新要求，适应国家对水利水电工程勘察设计工作的新要求，提高勘察设计质量，统一项目建议书、可行性研究报告以及初步设计报告的编制原则、工作内容和深度、编制格式，2021年水利部发布了《水利水电工程初步设计报告编制规程》（SL/T 619—2021）、《水利水电工程可行性研究报告编制规程》（SL/T 618—2021）、《水利水电工程项目建议书编制规程》（SL/T 617—2021）等行业标准。

（二）水利水电工程勘察设计现行法规及标准

当前，我国水利水电工程勘察设计领域现行的法规及标准主要包括：

(1)《水利水电工程地质勘察规范》（GB 50487—2008）。

(2)《水利水电工程施工组织设计规范》（SL 303—2017）。

(3)《水利水电工程勘探规程 第1部分：物探》（SL/T 291.1—2021）。

(4)《水利水电工程地质勘察资料整编规程》（SL 567—2012）。

(5)《水利水电工程初步设计报告编制规程》（SL/T 619—2021）。

(6)《水利水电工程可行性研究报告编制规程》（SL/T 618—2021）。

(7)《水利水电工程项目建议书编制规程》（SL/T 617—2021）。

(8)《水利水电工程招标文件编制规程》（SL 481—2011）。

(9)《河道整治设计规范》（GB 50707—2011）。

(10)《溢洪道设计规范》（SL 253—2018）。

(11)《混凝土拱坝设计规范》（SL 282—2018）。

(12)《碾压混凝土坝设计规范》（SL 314—2018）。

(13)《城市防洪工程设计规范》（GB/T 50805—2012）。

(14)《灌溉与排水渠系建筑物设计规范》（SL 482—2011）。

(15)《水土保持工程设计规范》（GB 51018—2014）。

(16)《水利水电工程设计质量评定标准》（T/CWHIDA 0001—2017）。

(17)《水利工程勘测设计失误问责办法（试行）》。

(18)《水利水电工程初步设计质量评定标准》（SL 521—2013）。

(19)《水利水电工程水库库底清理设计规范》（SL 644—2014）。

(20)《水利水电工程建设征地农村移民安置规划设计规范》（SL/T 440—2009）。

(21)《水利水电工程环境保护设计规范》（SL 492—2011）。

(22)《水利水电工程节能设计规范》(GB/T 50649—2011)。

(23)《水利水电工程施工导流设计规范》(SL 623—2013)。

(24)《水利水电工程鱼道设计导则》(SL 609—2013)。

(25)《水利水电工程制图标准 勘测图》(SL 73.3—2013)。

(26)《水土保持工程初步设计报告编制规程》(SL 449—2009)。

(27)《水利工程建设项目招标投标管理规定》。

(28)《水利工程建设项目勘察(测)设计招标投标管理办法》。

(29)《工程勘察通用规范》(GB 55017—2021)。

(30)《建设工程勘察设计管理条例》(2000年国务院令第293号公布,2017年第二次修订)。

(31)《住房和城乡建设部办公厅关于取得内地勘察设计注册工程师、注册监理工程师资格的香港、澳门专业人士注册执业有关事项的通知》(建办市〔2020〕19号)。

第二节 水利水电工程勘察设计资格管理

一、水利水电工程勘察设计单位资质管理

水利水电工程也是建设工程的一部分,同样应遵循住房城乡建设部《建设工程勘察设计资质管理规定》。其中,第三条规定:"从事建设工程勘察、工程设计活动的企业,应当按照其拥有的资产、专业技术人员、技术装备和勘察设计业绩等条件申请资质,经审查合格,取得建设工程勘察、工程设计资质证书后,方可在资质许可的范围内从事建设工程勘察、工程设计活动。"第四条规定:"国务院住房城乡建设主管部门负责全国建设工程勘察、工程设计资质的统一监督管理。国务院铁路、交通、水利、信息产业、民航等有关部门配合国务院住房城乡建设主管部门实施相应行业的建设工程勘察、工程设计资质管理工作。"

工程勘察资质分为工程勘察综合资质、工程勘察专业资质、工程勘察劳务资质。工程勘察综合资质只设甲级;工程勘察专业资质设甲级、乙级,根据工程性质和技术特点,部分专业可以设丙级;工程勘察劳务资质不分等级。

工程设计资质分为工程设计综合资质、工程设计行业资质、工程设计专业资质和工程设计专项资质。工程设计综合资质只设甲级;工程设计行业资质、工程设计专业资质、工程设计专项资质设甲级、乙级。根据工程性质和技术特点,个别行业、专业、专项资质可以设丙级,建筑工程专业资质可以设丁级。

(一)水利水电工程勘察设计范围

1. 水利水电工程勘察范围

(1)河流流域或区域综合利用规划、水电开发规划选点、防洪、治涝、灌溉、供水等专业规划的工程勘察。

(2)综合利用枢纽及水电站(含抽水蓄能电站、潮汐电站)工程勘察(包括水库、坝址、引水和泄水系统、发电厂以及通航建筑物等地区的工程勘察及天然建筑材料勘察)。

(3)引水、调水、供水工程的线路及相应建筑物的工程勘察。

(4)堤防、河道整治、灌溉及排涝等工程的专门水文地质勘察及工程勘察。

(5) 上述工程的配套工程的工程勘察。

2. 水利水电工程设计范围

水利工程设计项目范围主要包括下述工程及与其配套的通航、过木、过鱼等过坝或交叉建筑物，水电站等的设计，以及水库淹没迁移城镇规划工程的设计。

(1) 流域或区域综合利用规划，防洪、治涝、灌溉、供水、水土保持等专业规划。

(2) 综合利用水利枢纽及水库工程。

(3) 堤防及河道整治工程。

(4) 灌溉及排涝工程。

(5) 引、调、供水工程。

(6) 水土保持工程。

(7) 其他水工程。

水电工程设计项目范围主要包括下述工程及与其配套的通航、过木、过鱼等过坝或交叉建筑物设计。

(1) 河流规划、规划选点、水电开发规划。

(2) 水电站（含抽水蓄能电站、潮汐电站）设计。

(3) 以发电为主的综合利用枢纽工程设计。

(二) 水利水电工程设计资格分级标准

水利、水电工程设计资格划分为甲、乙、丙、丁四级，各等级标准及承担业务范围不同。技术力量配备详见表6-1、表6-2；规模分级详见表6-3、表6-4。

表6-1　　　　　水利行业技术力量配备表

级　别		甲级	乙级	丙级	丁级
工程技术人员数量		175人以上	100人以上	30人以上	10人以上
从事本专业设计工作15年以上且具有中级以上职称技术骨干应占工程技术人员的比例/%		20	20	20	20
应具有骨干人数/人	水工	12	7	3	1. 单位技术负责人应是从事主专业设计工作15年以上工程师。 2. 各主要专业配备有本专业设计工龄在10年以上的技术人员
	规划	7	5	2	
	机电	6	3	1	
	施工	5	2	1	
	概算	2	1		
	环评水库	2	1	1	
	建筑	1	1		

表6-2　　　　　水电行业技术力量配备表

级　别	甲级	乙级	丙级	丁级
工程技术人员数量	200人以上	125人以上	50人以上	20人以上
从事本专业设计工作15年以上且具有中级以上职称技术骨干应占工程技术人员的比例/%	20	20	20	20

第二节 水利水电工程勘察设计资格管理

续表

级别		甲级	乙级	丙级	丁级
应具有骨干人数/人	水工	13	8	3	1. 单位技术负责人应是从事主专业设计工作15年以上工程师。 2. 各主要专业配备有本专业设计工龄在10年以上的技术人员
	规划	7	5	2	
	机电	8	5	1	
	施工	6	4	1	
	概算	2	1	1	
	环评水库	2	1	1	
	建筑	2	1		

表6-3 水利行业承担工程设计项目规模分级表

资格等级	综合利用水利枢纽及水库总库容/亿 m³	堤防及河道整治保护面积/万亩	灌溉及排涝工程 灌溉面积/万亩	灌溉及排涝工程 排涝面积/万亩	引、调水工程/亿元
甲	≥5	≥100 或重要城市、工矿区	≥50	≥60	跨流域或省（自治区、直辖市）引、调水总投资2亿元以上
乙	<5	<100 或中等城市、工矿区	<50	<60	流域内或省（自治区、直辖市）内引、调水总投资2亿元以下
丙	<0.1	<30 或一般城镇、工矿区	<5	<15	本地区引、调水总投资在0.3亿元以下
丁	<0.01	<5	<0.5	<3	单项工程

表6-4 水电行业承担工程设计项目规模分级表

资格等级	甲	乙	丙	丁
装机容量/万 kW	≥25	<25	<2.5	<0.05

1. 甲级

（1）资历。具有10年以上水利或水电工程设计资历（重新恢复的设计单位资历按原成立时间计算）。社会信誉好。独立承担过至少两项大型水利或水电工程（大、中、小型工程规模与表6-3、表6-4中承担工程设计项目规模相对应）设计任务，并已开工或建成投产，开工项目设计质量优秀，投产项目经运行考验，安全可靠，达到设计主要的技术经济指标，效益显著。

（2）技术力量。技术力量雄厚，专业配备齐全，有同时承担两项大型水利或水电工程设计任务的技术力量，并配备有相应的科研和地质人员，能独立承担难度大的规划和工程设计，有完成国内先进水平的设计和研究开发新技术的能力。

（3）技术水平。具有本行业的技术专长和计算机软件开发能力，设计水平为国内先进，是水利或水电行业中的骨干设计院。在近十年内至少有一项工程获得过国家或省、部级优秀工程设计奖或至少获得两项国家或省、部级科技进步奖。参加过国家和部门、地方工程建设标准规范的编制工作。

(4) 技术装备。达到国家规定Ⅰ级设计单位技术装备及应用水平现阶段的考核标准。

(5) 管理水平。全面质量管理达标验收取得合格证书。建立了一套有效的全面质量管理体系和标准体系。以质量为主体的目标管理有实效。

2. 乙级

(1) 资历。社会信誉好。独立承担过至少两项中型水利或水电工程设计任务，并已开工或建成投产，开工项目设计质量好，投产项目经运行考验，安全可靠，达到设计主要的技术经济指标，效益较好。

(2) 技术力量。技术力量强，专业配备齐全，有同时承担两项中型水利或水电工程设计任务的技术力量，能独立承担完整的规划和工程设计任务，有完成国内较先进水平的设计和较好地解决工程中复杂技术问题的能力。

(3) 技术水平。有相应的技术特长，能够利用国内外水利或水电行业的软件，设计成果比较先进，是水利或水电行业中的主要设计院。近十年内至少有一项工程获得过国家或省、部级优秀工程设计奖或至少获得两项国家或省、部级科技进步奖。

(4) 技术装备。达到国家规定Ⅰ级设计单位技术装备及应用水平现阶段的考核标准。

(5) 管理水平。建立了一套有效的全面质量管理体系，经达标验收并取得合格证书。有严格的质量管理规章制度，以质量为主体的目标管理有实效。

3. 丙级

(1) 资历。独立承担过至少两项小型水利或水电工程设计任务，并已开工或建成投产，开工项目设计质量良好，投产项目运行良好，安全可靠，基本达到设计主要的技术经济指标。

(2) 技术力量。有一定技术力量，专业齐全，有同时承担两项小型水利或水电工程设计任务的技术力量。

(3) 技术水平。有相应技术特长，设计成果在同类工程中比较先进。

(4) 技术装备。有与承担任务相应的技术装备。

(5) 管理水平。有较严格的质量管理规章制度。

4. 丁级

(1) 资历。独立承担过小型水利或水电工程设计任务或本行业的零星单项工程的设计任务，至少有两项已建成投产，经运行考验，安全可靠，设计质量满足要求。

(2) 技术力量。有一定技术力量，主要专业齐全，人员配备合理，主要专业配有工程师以上职称并从事过工程设计实践的技术人员。

(3) 技术水平。有一定的技术水平，设计成果符合有关标准、规范的要求。

(4) 技术装备。有与承担任务相应的技术装备。

(5) 管理水平。有较严格的质量管理规章制度。

(三) 水利水电工程勘察资格分级标准

水利水电工程勘察资格划分为甲、乙、丙、丁四级。各资格等级单位承担项目规模见表6-5，其中承担所列相对应规模的勘察工作，需具有相应技术力量结构及承担过相应规模的工程勘查任务,并已开工或建成投产,否则限定承担工程勘察的类别。

表 6-5　　　　　　　　水利、水电行业承担工程勘察项目规模分级表

资格等级	水电行业 装机容量/万 kW	水利行业				
^	^	综合利用水利枢纽及水库总库容/亿 m³	堤防及河道整治保护面积/万亩	灌溉及排涝工程		引、调水工程
^	^	^	^	灌溉面积/万亩	排涝面积/万亩	^
甲	≥25	≥5	≥100 或重要城市、工矿区	≥50	≥60	跨流域或省(自治区、直辖市)引、调水总投资 2 亿元以上
乙	<25	<5	<100 或中等城市、工矿区	<50	<60	流域内或省(自治区、直辖市)内引、调水总投资 2 亿元以下
丙	<2.5	<0.1	<30 或一般城镇、工矿区	<5	<15	本地区引、调水总投资在 0.3 亿元以下
丁	<0.05	<0.01	<5	<0.5	<3	单项工程

1. 甲级

(1) 资历。具有 8 年以上水利水电工程勘测资历(重新恢复的勘测单位资历按原成立时间计算)。独立承担过至少两项大型水利或水电工程(注:大、中、小型工程规模与表 6-5 中承担工程勘察项目规模相对应)勘察任务,并已开工或建成投产,开工项目勘察资料经验证符合实际,成果质量优秀;投产项目经运行考验,安全可靠,提供参数合理,评价结论正确,经济效益显著。

(2) 技术力量。技术力量雄厚,专业配置齐全;能同时承担两项大型水利或水电工程勘察任务;能独立完成复杂地质条件的全面勘察任务;具有一定的研究开发勘察新技术的能力;是水利或水电行业骨干勘察单位。

配备工程勘察技术人员 70 人以上,担任过已实施大型水利或水电工程勘察任务的技术骨干(技术骨干是指专业技术队长、项目负责人及从事本专业 15 年以上的高级工程师或工程师)11~14 人,具有从事本专业工作 15 年以上实践经验的技术人员约占 30%。

(3) 技术水平。具有本行业技术专长及计算机应用软件开发能力。在近 10 年内至少有一项工程勘察获国家或省、部级优秀工程勘察奖或至少有两项获国家或省、部级二等以上科技进步奖。

各专业业务能力要求如下:

1) 工程地质:具有多种现代化勘探手段,能解决难度较大的工程地质问题。
2) 钻探:在不同地质条件下采用不同的钻进方法进行钻探。
3) 物探:能进行陆地或水上、地下的综合物探作业。
4) 岩土测试:能承担常规或专项大型现场试验及室内全套岩土物理力学性质试验。
5) 测量:能完成大型工程控制测量及各种比例尺陆上、水下地形测量及变形测量。

(4) 技术装备。具有较先进的技术装备。

1）工程地质：配有性能先进的多种轻便简易测试仪以及摄像机。

2）钻探：配备各种功能钻探机械设备、钻具、取芯、取样器具及相应水文地质试验设备。

3）物探：具有性能较先进的工程物探仪器，如多道地震仪、声波仪、综合测井仪、电位仪以及应用物探新技术必需的软件系统和硬件接口等配套设备和检修调试所必需的电子测试设备。

4）岩土测试：除配备常规试验设备外，还配备各种原位监测仪器，如位移计、应力-应变仪等设施。

5）测量：应配备有性能先进的电磁波测距仪、精密水准仪、陆摄仪、水下回声测深仪等以及数据采集处理和成图设备。

除上述各专业设备外，还应配备计算机、CAD系统、较先进的复印机、晒图机等设施。

（5）管理水平。推行全面质量管理，经达标验收并取得合格证书。建立了一套有效的管理体系和标准体系。以质量为主体的目标管理有实效。

2. 乙级

（1）资历。独立承担过至少两项中型水利或水电工程勘察项目，并已开工或建成投产，开工项目勘察资料经验证符合实际，成果质量良好；投产项目经运行考验，安全可靠，提供参数合理，评价结论基本正确，经济效益良好。

（2）技术力量。技术力量强，专业配置齐全；能独立承担一项大型水利或水电工程或同时承担两项中型水利或水电工程勘察任务；能独立完成较复杂地质条件的勘察任务；是本行业主要勘察单位。

配备的工程勘察技术人员至少40人，担任过已实施的中型水利或水电工程勘察任务的技术骨干7～10人，具有从事本专业工作15年以上实践经验的技术人员约占30%。

（3）技术水平。具有本行业的技术专长，能利用国内外水利或水电行业勘察专业软件。在近10年内至少有一项工程勘察获国家或省、部级优秀勘察奖或至少有两项获国家或省、部级科技进步奖。

各专业业务能力要求如下：

1）工程地质：用常规的勘测手段，解决一定水平的工程地质问题。

2）钻探：能在不同地质条件下进行不同孔径的钻探。

3）物探：能进行地面和地下的综合物探作业。

4）岩土测试：能承担常规的大型现场试验及室内全套岩土物理力学性质试验。

5）测量：能完成中型以上工程控制测量及各种比例尺陆上、水下地形测量及变形测量。

（4）技术装备：具有基本的技术装备。

1）工程地质：配有部分小型轻便简易测试仪器。

2）钻探：配备各种常用钻探机械设备、钻具、取芯、取样器具及相应水文地质试验设备，品种齐全。

3）物探：配备一般常用的地震仪、声波仪、综合测井仪、电位仪以及常用的维修检测电子测试设备。

4)岩土测试:除配备岩土常规试验设备外,配有一般的现场变形、强度、声波测试仪器,品种基本齐全配套。

5)测量:具有系列配套性能可靠的内外业测量仪器设备,一般如经纬仪、水准仪、平板仪、电磁波测距仪、回声测深仪以及数据处理绘图等设备。

除上述各专业设备外,还要配备计算机、CAD系统、复印机等设施。

(5)管理水平:建立一套有效的全面质量管理体系,并经达标验收,取得合格证书。有严格的质量管理规章制度,以质量为主体的目标管理有实效。

3. 丙级

(1)资历。独立承担过至少两项小型水利或水电工程勘察项目,并已开工或建成投产,开工项目勘察资料基本符合实际;投产项目经运行考验,安全可靠,成果满足设计要求,质量符合规程规范要求。

(2)技术力量。有一定的技术力量,专业人员配备合理。工程勘察技术人员25人以上,其中担任过小型水利或水电工程勘察任务的技术骨干4～6人,从事专业工作10年以上的技术人员约占30%。

(3)技术水平。能胜任丙级勘察任务。

(4)技术装备。具有各专业必需的技术装备。

(5)管理水平。有严格的质量管理机构和规章制度。

4. 丁级

(1)资历。独立承担过至少两项小型水利或水电工程勘察项目或本行业的零星单项工程勘察任务,至少有两项已建成投产,经运行考验,安全可靠,成果满足设计要求,质量符合规程规范要求。

(2)技术力量。固定技术人员中,至少有2名在近3年内担任过已实施的小型水利或水电工程勘察任务的助理工程师为技术骨干,并有5年以上从事本专业实践经验的技术人员每个专业各1～2人。

(3)技术水平。能胜任丁级勘察任务。

(4)技术装备。具有各专业必需的技术装备。

(5)管理水平。有管理人员和相应管理制度。

二、工程勘察设计人员资格管理

2005年实施、2016年修正的《勘察设计注册工程师管理规定》明确了我国境内建设工程勘察设计注册工程师的注册、执业、继续教育和监督管理办法。

2020年6月1日起,我国取得内地勘察设计注册工程师资格的香港、澳门专业人士的注册和执业的管理办法,执行《住房和城乡建设部办公厅关于取得内地勘察设计注册工程师、注册监理工程师资格的香港、澳门专业人士注册执业有关事项的通知》(建办市〔2020〕19号)。

根据《勘察设计注册工程师制度总体框架及实施规划》,我国勘察设计行业执业注册资格分为三大类:注册工程师、注册建筑师、注册景观设计师。

勘察设计注册工程师按专业类别设置,分为17个专业:土木、结构、公用设备、电气、机械、化工、电子工程、航天航空、农业、冶金、矿业/矿物、核工业、石油/天然气、造船、军工、海洋、环保。

采用专业分类命名执业注册名称，即"中华人民共和国注册××工程师"（如中华人民共和国注册结构工程师、中华人民共和国注册土木工程师）。

（一）注册工程师概念

勘察设计注册工程师（以下简称注册工程师）是指经考试取得中华人民共和国注册工程师资格证书（以下简称资格证书），并按照规定注册，取得中华人民共和国注册工程师注册执业证书（以下简称注册证书）和执业印章，从事建设工程勘察、设计及有关业务活动的专业技术人员。

未取得注册证书及执业印章的人员，不得以注册工程师的名义从事建设工程勘察、设计及有关业务活动。

注册结构工程师分一级和二级，其他专业注册工程师不分级别。

（二）注册

注册工程师实行注册执业管理制度。取得资格证书的人员，必须经过注册方能以注册工程师的名义执业。要取得注册工程师执业资格，必须先取得资格证书。

取得资格证书的人员申请注册，由省、自治区、直辖市人民政府建设主管部门初审，国务院建设主管部门审批；其中涉及有关部门的专业注册工程师的注册，由国务院建设主管部门和有关部门审批。

提交、报送申请材料：取得资格证书并受聘于一个建设工程勘察、设计、施工、监理、招标代理、造价咨询等单位的人员，应当通过聘用单位提出注册申请，并可以向单位工商注册所在地的省、自治区、直辖市人民政府住房城乡建设主管部门提交申请材料；各级住房城乡建设主管部门收到申请材料后，应当在5日内将全部申请材料报审批部门。

受理与审批：国务院住房城乡建设主管部门在收到申请材料后，应当依法作出是否受理的决定，并按规定时限审批完毕、作出书面决定、公告审批结果。由国务院住房城乡建设主管部门和有关部门共同审批的，国务院有关部门应按规定时限审核完毕，并将审核意见报国务院住房城乡建设主管部门。

符合条件的，由审批部门核发由国务院住房城乡建设主管部门统一制作、国务院住房城乡建设主管部门或者国务院住房城乡建设主管部门和有关部门共同用印的注册证书，并核定执业印章编号。

注册证书和执业印章是注册工程师的执业凭证，由注册工程师本人保管、使用。注册证书和执业印章的有效期为3年。

初始注册需要提交下列材料：申请人的注册申请表；申请人的资格证书复印件；申请人与聘用单位签订的聘用劳动合同复印件；逾期初始注册的，应提供达到继续教育要求的证明材料。

（三）执业

取得资格证书的人员，应受聘于一个具有建设工程勘察、设计、施工、监理、招标代理、造价咨询等一项或多项资质的单位，经注册后方可从事相应的执业活动。但从事建设工程勘察、设计执业活动的，应受聘并注册于一个具有建设工程勘察、设计资质的单位。

注册工程师的执业范围包括：工程勘察或者本专业工程设计；本专业工程技术咨询；本专业工程招标、采购咨询；本专业工程的项目管理；对工程勘察或者本专业工程设计项目的施工进行指导和监督；国务院有关部门规定的其他业务。

建设工程勘察、设计活动中形成的勘察、设计文件由相应专业注册工程师按照规定签字盖章后方可生效。各专业注册工程师签字盖章的勘察、设计文件种类及办法由国务院住房城乡建设主管部门会同有关部门规定。

修改经注册工程师签字盖章的勘察、设计文件，应当由该注册工程师进行；因特殊情况，该注册工程师不能进行修改的，应由同专业其他注册工程师修改，并签字、加盖执业印章，对修改部分承担责任。

注册工程师从事执业活动，由所在单位接受委托并统一收费。

由建设工程勘察、设计事故及相关业务造成的经济损失，聘用单位应承担赔偿责任；聘用单位承担赔偿责任后，可依法向负有过错的注册工程师追偿。

（四）继续教育

注册工程师在每一注册期内应达到国务院住房城乡建设主管部门规定的本专业继续教育要求。继续教育作为注册工程师逾期初始注册、延续注册和重新申请注册的条件。

继续教育按照注册工程师专业类别设置，分为必修课和选修课，每注册期各为60学时。

（五）权利和义务

注册工程师享有下列权利：使用注册工程师称谓；在规定范围内从事执业活动；依据本人能力从事相应的执业活动；保管和使用本人的注册证书和执业印章；对本人执业活动进行解释和辩护；接受继续教育；获得相应的劳动报酬；对侵犯本人权利的行为进行申诉。

注册工程师应当履行下列义务：遵守法律、法规和有关管理规定；执行工程建设标准规范；保证执业活动成果的质量，并承担相应责任；接受继续教育，努力提高执业水准；在本人执业活动所形成的勘察、设计文件上签字、加盖执业印章；保守在执业中知悉的国家秘密和他人的商业、技术秘密；不得涂改、出租、出借或者以其他形式非法转让注册证书或者执业印章；不得同时在两个或两个以上单位受聘或者执业；在本专业规定的执业范围和聘用单位业务范围内从事执业活动；协助注册管理机构完成相关工作。

（六）法律责任

隐瞒有关情况或者提供虚假材料申请注册的，审批部门不予受理，并给予警告，一年之内不得再次申请注册。

以欺骗、贿赂等不正当手段取得注册证书的，由负责审批的部门撤销其注册，3年内不得再次申请注册，并由县级以上人民政府住房城乡建设主管部门或者有关部门处以罚款，其中没有违法所得的，处以1万元以下的罚款；有违法所得的，处以违法所得3倍以下且不超过3万元的罚款；构成犯罪的，依法追究刑事责任。

注册工程师在执业活动中有下列行为之一的，由县级以上人民政府建设主管部门或者有关部门予以警告，责令其改正，没有违法所得的，处以1万元以下的罚款；有违法所得的，处以违法所得3倍以下且不超过3万元的罚款；造成损失的，应当承担赔偿责任；构成犯罪的，依法追究刑事责任；以个人名义承接业务的；涂改、出租、出借或者以其他形式非法转让注册证书或者执业印章的；泄露执业中应当保守的秘密并造成严重后果的；超出本专业规定范围或者聘用单位业务范围从事执业活动的；弄虚作假提供执业活动成果的；其他违反法律、法规、规章的行为。

有下列情形之一的，负责审批的部门或者其上级主管部门，可以撤销其注册：建设主管部门或者有关部门的工作人员滥用职权、玩忽职守颁发注册证书和执业印章的；超越法定职权颁发注册证书和执业印章的；违反法定程序颁发注册证书和执业印章的；对不符合法定条件的申请人颁发注册证书和执业印章的；依法可以撤销注册的其他情形。

第三节　水利水电工程勘察设计市场管理

为规范水利工程建设项目勘察（测）设计招标投标活动，维护水利勘察（测）设计市场秩序，提高投资效益，保证工程质量，保护招标投标者的合法权益，根据《招标投标法》《工程建设项目勘察设计招标投标办法》《水利工程建设项目招标投标管理规定》，水利部于2004年11月11日发布并实施《水利工程建设项目勘察（测）设计招标投标管理办法》。该办法适用于我国境内进行的水利工程建设项目（包括新建、扩建、改建、加固、修复）以及配套和附属工程的初步设计和施工图设计阶段的勘察（测）设计招标投标活动。水利工程建设项目的项目建议书、可行性研究阶段以及重大专题研究、基础工作等前期工作的招投标活动也可参照该办法执行。

一、工程勘察设计发包与承包管理

（一）必须招标的范围和规模

根据《水利工程建设项目勘察（测）设计招标投标管理办法》第三条，符合下列具体范围并达到规模标准之一的水利工程建设项目初步设计和施工图阶段的勘察（测）设计必须进行招标：

1. 具体范围

（1）关系社会公共利益、公共安全的防洪、排涝、灌溉、水力发电、引（供）水、滩涂治理、水土保持、水资源保护等水利工程建设项目。

（2）使用国有资金投资或者国家融资的水利工程建设项目。

（3）使用国际组织或者外国政府贷款、援助资金的水利工程建设项目。

2. 规模标准

（1）勘察（测）设计单项合同估算价在50万元人民币以上的。

（2）项目总投资额在3000万元人民币以上的。

但其中，有下列情形之一的，根据项目审批程序，经项目主管部门批准，可以不进行招标：①涉及国家安全、国家秘密的；②抢险救灾或紧急度汛的；③采用特定的专利或者专有技术的；④技术复杂或专业性强，能够满足条件的勘察（测）设计单位少于三家，不能形成有效竞争的。

（二）工程勘察设计招投标规定

（1）依法必须进行勘察（测）设计招标的水利工程建设项目，按项目审批管理规定，凡应报送项目审批部门审批的，项目建设单位必须在报送的项目可行性研究报告中增加勘察（测）设计的招标范围（含发包初步方案）、招标方式（公开或邀请招标、委托招标或自行招标）等内容，同时必须报送勘察（测）设计招标所需的各类基础资料。

（2）招标人可以依据水利工程建设项目的不同特点，实行勘察（测）、设计一次性总体招标；也可以在保证项目完整性的前提下，按照技术要求实行阶段性招标，或对勘察（测）、设计分别招标。

（3）水利工程建设项目勘察（测）设计招标应当具备的条件，见本书第五章第二节。

（4）建设工程勘察、设计发包依法实行招标发包和直接发包。招标分为公开招标和邀请招标。招标人可按有关规定和管理权限经核准后自行办理招标事宜，也可委托符合相应条件的招标代理机构办理招标事宜。

（5）水利工程建设项目勘察（测）设计招标文件应包括的主要内容如下：

1）投标须知。

2）工程说明书（包括工程内容、设计范围、地形测绘及工程地质勘察和试验资料、工程进度和设计进度要求等）。

3）上级审批、审查、评估等有关文件。

4）工程特殊要求。

5）设计合同主要条款。

6）设计基础资料供应方式。

7）设计成品审查方式。

8）组织现场查勘的时间和地点。

9）投标起止日期及开标地点。

10）对投标人资格审查的标准。

11）投标报价要求。

12）评标标准。

（6）招标人可对潜在投标人进行资格预审，投标人应当具备规定的资格条件。

（7）两个以上勘察（测）设计单位可组成一个联合体，以一个投标人的身份共同投标。联合体各方应签订共同投标协议，并不得再以自己名义单独投标，也不得参加另外的联合体投同一项目的标。由同一专业的单位组成的联合体，按照资质等级较低的单位确定资质等级。

（8）勘察（测）设计投标文件须包括以下主要内容：

1）商务文件。包括：

a. 法人代表资格证明、与投标项目相关的资质证明。

b. 投标人概况，内容包括主要技术装备、项目经理（设总）简历、拟投入技术骨干和主要设计人员概况。

c. 费用报价及计算书。

d. 近十年承担的国内（外）大中型水利水电工程前期或勘察（测）设计项目。

e. 近十年获奖情况。

2）技术文件。包括：

a. 对工程的认识。

b. 勘察（测）设计工作大纲。

c. 总进度计划。

d. 项目管理及质量保证措施。

e. 组织管理。

f. 工程设计方案初步设想。

（9）评标工作由评标委员会负责。进入评标委员会的勘察（测）、设计专家应符合下列基本条件：

1）从事水利勘察（测）、设计工作或相关的技术经济工作满十年以上，具有高级职称或者同等专业水平。

2）熟悉有关招标投标的法律法规并具有与招标项目相关的实践经验。

3）能够认真、公正、诚实、廉洁地履行职责。

（10）评标委员会应当按照招标文件确定的评标标准和方法，对投标人的业绩、信誉和相关技术人员的能力以及技术方案的优劣进行综合评定。

（11）评标方法一般可采取综合评估法进行。应先评技术标，再评商务标。评标时分别打分，然后按照技术标评分占40%权重、商务标评分占60%权重评定最终得分，并按得分高低排序。向招标人推荐中标候选人1~3人。

（12）建设工程勘察、设计的招标人应当在评标委员会推荐的候选方案中确定中标方案。《水利工程建设项目勘察（测）设计招标投标管理办法》第七十条规定，在下列情形下，可依法重新招标：

1）资格预审合格的潜在投标人不足3个的。

2）在投标截止时间前提交投标文件的投标人少于3个的。

3）所有投标均被作废标处理或被否决的。

4）评标委员会否决不合格投标或者界定为废标后，因有效投标不足3个使得投标明显缺乏竞争，评标委员会决定否决全部投标的。

5）根据第六十条规定，同意延长投标有效期的投标人少于3个的。

招标人重新招标后，发生上述情形之一的，可根据招投标行政监督管理权限，报经有关原项目审批部门批准后直接发包。

二、工程勘察设计合同管理

建设工程勘察、设计的发包方与承包方应当签订建设工程勘察、设计合同。

建设工程勘察设计合同是发包方（甲方）与承包方（乙方）为完成一定的勘察设计任务，明确相互权利义务关系的协议。

勘察设计合同的发包人应当是法人或者自然人，承接方必须具有法人资格。

甲方是建设单位或项目管理部门，乙方是持有住房城乡建设主管部门颁发的工程勘察设计资质证书、工程勘察设计收费资格证书和工商行政管理部门核发的企业法人营业执照的工程勘察设计单位。

为了加强对工程勘察设计合同的管理，明确双方的技术经济责任，保护合同当事人的合法权益，签订勘察设计合同应当符合《民法典》第四百六十九条和第四百七十条的有关规定。

（一）合同要求

1. 合同形式

签订勘察设计合同，应当采用书面形式，参照文本条款，明确约定双方的权利义务。对文本条款以外的其他事项，当事人认为需要约定的，也应采用书面形式。对可能发生的问题，要约定解决办法和处理原则。双方协商同意的合同修改文件、补充协议均为合同的组成部分。

2. 合同内容

根据《民法典》第七百九十四条，勘察、设计合同的内容一般包括提交有关基础资料和概预算等文件的期限、质量要求、费用以及其他协作条件等条款。

根据《建设工程勘察合同（示范文本）》《建设工程设计合同示范文本（房屋建筑工程）》《建设工程设计合同示范文本（专业建设工程）》，勘察、设计合同的主要条款包括：

(1) 工程概况。

(2) 发包人向承包人提供的有关资料文件。

(3) 承包人应向发包人交付的报告、成果、文件。

(4) 开工及提交成果资料的时间、工期。

(5) 收费标准及支付方式。

(6) 发包人、承包人责任。

(7) 违约责任。

(8) 其他约定事项。

设计合同还包括：合同内容变更及工程费的调整；材料设备供应；报告、成果、文件检查验收。

3. 合同价款确定

签订勘察设计合同的双方，应当依据国家和地方有关规定，确定合同价款。

4. 分包的规定

乙方经甲方同意，可以将自己承包的部分工作分包给具有相应资质条件的第三人。第三人就其完成的工作成果与乙方向甲方承担连带责任。

禁止乙方将其承包的工作全部转包给第三人或者肢解以后以分包的名义转包给第三人。

禁止第三人将其承包的工作再分包。

严禁出卖图章、图签等行为。

（二）合同的监督管理

1. 监督管理部门职能

建设行政主管部门和工商行政管理部门应当加强对建设工程勘察设计合同的监督管理。其主要职能为：贯彻国家和地方有关法律、法规和规章；制定和推荐使用建设工程勘察设计合同文本；审查和鉴证建设工程勘察设计合同，监督合同履行，调解合同争议，依法查处违法行为；指导勘察设计单位的合同管理工作，培训勘察设计单位的合同管理人员，总结交流经验，表彰先进的合同管理单位。

2. 合同的备案与签证

签订勘察设计合同的双方，应当将合同文本送所在地省级建设行政主管部门或其授权机构备案，也可以到工商行政管理部门办理合同鉴证。

（三）法律责任

合同依法成立即具有法律效力，任何一方不得擅自变更或解除。单方擅自终止合同的，应当依法承担违约责任。

在签订、履行合同过程中，有违反法律、法规，扰乱建设市场秩序行为的，建设行政主管部门和工商行政管理部门要依照各自职责，依法给予行政处罚；构成犯罪的，提请司法机关追究其刑事责任。

当事人对行政处罚决定不服的，可以依法提起行政复议或行政诉讼，对复议决定不服的，可向人民法院起诉。逾期不申请复议或向人民法院起诉，又不执行处罚决定的，由作出处罚的部门申请人民法院强制执行。

（四）水利水电工程勘测设计合同文本

水利水电工程勘测设计合同文本是勘测设计招标文件的重要组成部分，也是合同实施过程中的重要依据文件。

《水利水电工程招标文件编制规程》（SL 481—2011）附录 A 提供了"水利水电工程勘测设计合同文本"，编制招标文件时，宜全面引用该合同文本。对涉及发包人和设计人核心权利和义务的内容不应改动。

第四节　水利水电工程勘察设计质量管理

工程勘察设计质量是指工程设计质量和工程勘察质量。首先工程设计应满足业主所需的功能和使用价值，符合业主投资的意图，反之业主所需的功能和使用价值，又必然要受到经济、资源、技术、环境等因素的制约，从而使项目的质量目标与水平受到限制。其次设计都必须遵守有关城乡规划、环保、防灾、安全等一系列的技术标准、规范、规程，这是保证设计质量的基础。而勘察工作不仅要满足设计的需要，更要以科学求实的精神保证所提交勘察报告的准确性、及时性，为设计的安全性、合理性提供必要的条件。

《建设工程勘察质量管理办法》第四条规定："国务院住房和城乡建设主管部门对全国的建设工程勘察质量实施统一监督管理。国务院铁路、交通、水利等有关部门按照国务院规定的职责分工，负责对全国有关专业建设工程勘察质量的监督管理。县级以上地方人民政府住房和城乡建设主管部门对本行政区域内建设工程勘察质量实施监督管理。县级以上地方人民政府有关部门在各自的职责范围内，负责对本行政区域内的有关专业建设工程勘察质量的监督管理。"

《水利工程质量管理规定》第一条规定，为了加强水利工程质量管理，保证水利工程质量，推动水利工程建设高质量发展，根据《建筑法》《建设工程质量管理条例》《建设工程勘察设计管理条例》等法律、行政法规，制定本规定。

一、工程勘察设计单位质量责任

勘察、设计单位应当在其资质等级许可的范围内承揽水利工程勘察、设计业务，禁止超越资质等级许可的范围或者以其他勘察、设计单位的名义承揽水利工程勘察、设计业务,禁止允许其他单位或者个人以本单位的名义承揽水利工程勘察、设计业务,不得转包或者违法分包所承揽的水利工程勘察、设计业务。

勘察、设计单位应当依据有关法律、法规、规章、技术标准、规划、项目批准文件进行勘察、设计,严格执行工程建设强制性标准,保障工程勘察、设计质量。

勘察、设计单位应当依照有关规定建立健全勘察、设计质量管理体系,加强勘察、设计过程质量控制,严格执行勘察、设计文件的校审、会签、批准制度。

勘察单位提供的地质、测量、水文等勘察成果必须真实、准确,符合国家和相关行业规定的勘察深度要求。

勘察、设计单位应当在工程施工前,向施工、监理等有关参建单位进行交底,对施工图设计文件作出详细说明,并对涉及工程结构安全的关键部位进行明确。

勘察、设计单位应当及时解决施工中出现的勘察、设计问题。

设计单位应当根据勘察成果文件进行设计,提交的设计文件应当符合相关技术标准规定的设计深度要求,并注明工程及其水工建筑物合理使用年限。水利工程施工图设计文件应当以批准的初步设计文件以及设计变更文件为依据。

设计单位在设计文件中选用的原材料、中间产品和设备,应当注明规格、型号、性能等技术指标,其质量要求必须符合国家规定的标准。除有特殊要求的原材料、中间产品和设备外,设计单位不得指定生产厂家和供应商。

设计单位应当根据工程建设需要和合同约定,在施工现场设立设计代表机构或者派驻具备相应技术能力的人员担任设计代表,及时提供设计文件,按照规定做好设计变更。

设计单位发现违反设计文件施工的情况,应当及时通知项目法人和监理单位。

勘察、设计单位应当按照有关规定参加工程验收,并在验收中对施工质量是否满足设计要求提出明确的评价意见。

设计单位应当参与水利工程质量事故分析,提出相应的技术处理方案。

二、水利工程勘测设计失误问责制度

为进一步规范水利行业勘测设计行为,强化勘测设计责任,保障水利工程勘测设计质量,2020年3月,水利部发布并实施**《水利工程勘测设计失误问责办法(试行)》**,适用于初步设计批复后的水利工程勘测设计失误问责。

(一)水利工程勘测设计失误认定

勘测设计行为与成果存在以下情形之一则被认定为水利工程勘测设计失误:

(1)不符合相关法律、法规、规章。

(2)不符合强制性标准。

(3)不符合推荐性技术标准又未进行必要论证。

(4)不符合批准的项目初步设计和重大设计变更。

(5)降低工程质量标准、影响工程功能发挥、导致工程存在安全隐患或发生较大程度的投资增加。

水利工程勘测设计失误认定依据:

(1)法律、法规、规章。

(2) 强制性标准。

(3) 推荐性技术标准。

(4) 批准的项目初步设计和设计变更文件。

(二) 问责机构与权限

水利部负责对全国水利工程勘测设计质量实施统一监督管理,组织水利工程勘测设计质量监督检查,对勘测设计失误进行调查、认定和问责。流域管理机构受水利部委托开展相应工作。

省级水行政主管部门负责对本行政区域内具有管辖权的水利工程勘测设计质量实施监督管理,组织水利工程勘测设计质量监督检查,对勘测设计失误进行调查、认定和问责。

地市级、县级水行政主管部门负责对本行政区域内具有管辖权的水利工程勘测设计质量实施监督管理,组织水利工程勘测设计质量监督检查,协助省级及以上水行政主管部门对勘测设计失误的调查、认定和问责。

(三) 问责对象与问责方式

问责对象为造成水利工程勘测设计失误的责任单位和责任人。

责任单位包括勘测设计单位(含勘测设计成果签章的联合单位)、技术审查单位、项目法人和监理单位。责任人包括直接责任人和领导责任人。勘测设计单位的直接责任人为被问责项目的专业负责人;技术审查单位的直接责任人为专业主审人;项目法人的直接责任人为相关部门负责人;监理单位的直接责任人为总监理工程师和专业监理工程师。领导责任人为责任单位的主要负责人、分管负责人和项目技术负责人。

对责任单位的问责方式包括:

(1) 责令整改。

(2) 警示约谈。

(3) 通报批评。

(4) 建议责令停业整顿。

(5) 建议降低资质等级。

(6) 建议吊销资质证书。

对责任人的问责方式包括:

(1) 书面检查。

(2) 警示约谈。

(3) 通报批评。

(4) 留用察看。

(5) 调离岗位。

(6) 降级撤职。

对造成水利工程勘测设计失误的责任单位和责任人还应依据相关规定进行经济处罚。

责任单位的问责由省级以上水行政主管部门实施;省级以上水行政主管部门应按照**《水利工程勘测设计失误问责办法(试行)》附件 2《水利工程勘测设计失误责任单位问责标准》**,确定勘测设计失误责任单位的问责方式,按照行政隶属关系实施问责或向有关主管部门、主管单位提出问责建议;涉及行政处罚的,依照《行政处罚法》等法律、法规的规定查处。

责任人的问责由责任单位按照《水利工程勘测设计失误问责办法（试行）》附件3《水利工程勘测设计失误责任人问责标准》和干部管理权限实施，并将追究结果报对责任单位实施问责的水行政主管部门。

有下列情况之一的，予以从重一级问责：

(1) 隐瞒设计质量问题的。

(2) 未按规定时限完成整改或整改不到位的。

(3) 拒不整改的。

(4) 其他依法依规应予以从重问责的。

实施通报批评及以上的问责，在全国水利建设市场监管服务平台公示。

法律、法规对工程质量事故等事项的问责已有规定的，从其规定。

（四）单位责任与义务

勘测设计单位、技术审查单位、项目法人和监理单位对水利工程勘测设计质量负有责任和义务。

(1) 勘测设计单位。

1) 在资质等级及业务范围内承担勘测设计任务。

2) 建立健全质量管理体系，控制水利工程勘测设计行为与成果质量。

3) 提供满足以下要求的勘测设计文件。

a. 依据的基础资料真实、完整、准确。

b. 符合法律、法规、规章、强制性标准和推荐性技术标准的要求。

c. 符合设计阶段的工作深度要求。

4) 对拟采用的新技术、新工艺、新材料、新设备进行技术论证。

5) 按合同约定设立现场设计代表机构，派驻设计代表。

6) 提供施工图纸，完成设计交底，掌握施工现场情况，按规定进行设计变更。

7) 参与质量问题及质量事故处理。

8) 参与工程验收相关工作。

9) 合同约定的其他责任和义务。

(2) 技术审查单位。

1) 建立项目审查质量管理机制，落实审查质量责任制。

2) 审查勘测设计成果是否符合法律、法规、规章。

3) 审查勘测设计成果是否符合强制性标准和推荐性技术标准。

4) 审查勘测设计成果是否满足相应设计阶段工作深度的要求。

5) 与委托单位约定的其他责任和义务。

(3) 项目法人。

1) 履行水利工程建设程序。

2) 执行法律、法规、规章、强制性标准和推荐性技术标准。

3) 建立工程质量管理制度，开展勘测设计质量管理工作。

4) 对确需变更的项目组织完成设计变更程序；不得要求勘测设计单位违反法律、法规、强制性标准变更设计。

(4) 监理单位。

1) 组织召开设计交底会议。

2) 核查、签发施工图。

3) 按规定执行设计变更管理程序。

(五) 勘测设计失误的发现、分级和认定

水利工程勘测设计失误通过巡查、稽察、监督检查和调查等方式发现。任何单位和个人均有权向水行政主管部门投诉或举报水利工程存在的勘测设计质量问题。

有下列情形之一的，省级及以上水行政主管部门应按照管辖权限及时启动勘测设计失误调查：

(1) 水利工程主要设计功能发挥受到影响或不能正常运用。

(2) 水利工程发生可能与勘测设计有关的质量问题。

(3) 投诉、举报、媒体报道等反映水利工程存在勘测设计质量问题。

(4) 其他需开展专项调查的情形。

巡查、稽察、监督检查、调查发现勘测设计问题后，监督检查组应与责任单位充分沟通，听取陈述，提出勘测设计失误初步认定结论，由省级及以上水行政主管部门认定。

水利工程勘测设计失误按照对工程的质量、功能、安全和投资的影响程度，分为一般勘测设计失误、较重勘测设计失误和严重勘测设计失误三个等级。

水利工程勘测设计失误按照《水利工程勘测设计失误问责办法（试行）》附件1《水利工程勘测设计失误分级标准》进行定级。

对认定结论有异议的，责任单位有权向认定单位或其上一级单位申诉。水利部为申诉的最终受理单位。

省级及以上水行政主管部门受理申诉后，研究提出复核结论。必要时委托具有相应专业技术能力的单位进行复核，结合复核意见作出结论。

水利工程勘测设计质量监督检查和勘测设计失误认定应实行回避制度，执行《水利监督规定》相关规定。

三、水利水电工程勘察设计产品质量评定

(一) 水利水电工程设计质量评定标准

水利水电工程勘测设计的成果称为设计产品，包括报告、图纸等文件。设计产品质量则指设计产品满足法律法规、技术标准的程度。质量特性是指设计产品所包含的安全性、功能性、经济性、可靠性和时间性等要素。

(1) 安全性：设计产品满足保障生产安全及工程安全的能力。

(2) 功能性：设计产品满足工程使用要求的能力。

(3) 经济性：设计产品反映工程建设投资合理性及获得经济效益的能力。

(4) 可靠性：设计产品及其所依据的资料真实、可信、可用的程度。

(5) 时间性：设计产品满足工程实施计划及建设工期的程度。

设计产品质量评定采用定性评定和定量评定两种。按《水利水电工程初步设计报告编制规程》（SL/T 619—2021）或《水电工程可行性研究报告编制规程》（NB/T 11013—

2013) 规定的内容，按先专业（章）后总体的步骤进行。专业（章）包括水文、工程地质、工程任务和规模、工程布置及建筑物、水力机械、电气一次、电气二次及通信、金属结构、采暖通风与空气调节、消防设计、施工组织设计、工程建设征地与移民安置、环境保护设计、水土保持设计、劳动安全与工业卫生、节能设计、工程管理设计、设计概算、经济评价等十九项。

定性评定：对设计产品各专业（章）质量定性评定时，按照 T/CWHIDA 0001—2017 附录 A 中所述十九项专业（章）质量定性评定标准分别对其质量特性五个要素进行评定。鉴于具体到每一专业（章）时，其设计内容不一定全部包含五个质量特性，或者包含的程度不同，所以对不同专业（章），附录 A 要求评定的质量特性是有变化的。

质量特性符合程度分为满足、基本满足和不满足。对于基本满足、不满足可以按下述原则区分：

（1）基本满足：存在非关键内容漏项；推荐方案比选有欠缺；或计算方法欠完善；资料选用、参数选取需复核；对工程的安全、功能、投资、进度等不产生实质性的影响。

（2）不满足：未满足标准、规范的要求；存在关键漏项；或计算、判断、参数选取等错误，对工程的方案、安全、功能、投资、进度等将产生实质性的影响等。

定量评定：对设计产品各专业（章）质量定量评定时，为了体现不同评定内容和评定要点的重要性，通常采用加权的方式，具体按照 T/CWHIDA 0001—2017 附录 B 的条款进行。定量评定本质上也是按质量特性进行评定，只是将质量特性含在评定内容中，对重要的质量特性给予了比较大的权重。此外，为了便于评定人员的打分，定量评定的内容更为详细。

总体而言，定性评定比较适用于宏观评定，而定量评定则适用于更为全面和细致的评定。在进行设计产品质量评定时，宜采用定性评定和定量评定两种方法同时进行，既做到宏观评定，又全面细致，但也可单独进行定性评定或定量评定。

设计产品质量评定等级分为合格、基本合格、不合格。

无论是定性评定还是定量评定，设计产品不满足强制性标准规定的，应总体评定为不合格。当定性评定和定量评定结果不一致时，应综合分析原因，提出评定结论。

（二）水利水电工程初步设计质量评定标准

2013 年 12 月，水利部发布《水利水电工程初步设计质量评定标准》（SL 521—2013）。该标准于 2014 年 3 月开始实施，根据《水利水电工程初步设计报告编制规程》（SL 619—2013）所要求的设计内容和设计深度，按其质量特性分类，规定了水利水电工程初步设计阶段的设计产品质量的评定原则、评定方法和评定标准。

其中，满足标准要求、基本满足标准要求和不满足标准要求的赋分 q 范围分别按 0.8 分$\leq q\leq$1.0 分、0.6 分$\leq q<$0.8 分和 $q<$0.6 分控制。评定时考虑水利工程重要性、设计项目特点等多种因素确定赋分值。质量评价划分的三个等级分值范围为：评价综合得分 80 分以上（含 80 分）为合格、60~80 分（含 60 分）为基本合格、60 分以下为不合格。对于关键内容评为不合格的项目，不论成果评价分数多少，评价结论均为不合格。

（三）勘察设计工作深度层次

为满足项目前期立项和基本建设程序要求，水利水电工程设计在项目建议书、可行性研究报告和初步设计三个阶段的工作重点和工作深度有所区别，各专业的设计深度也随着前期工作的进展逐渐加深，三个阶段有关工作深度按照初步确定、基本确定和确定三个层次掌握。

(1) 初步确定级包括拟定、初步选定、初步确定结论，本级确定的结论在进一步比较论证后可调整。

1) 拟定。根据现行政策、规范及工程经验，经初步分析起草制定初步方案。

2) 初步选定。根据已获得的资料及工程经验，对至少两个方案进行综合比较后得起初选择（结论）。

3) 初步确定。根据现行政策、规范、已获得的资料及工程经验，进行综合论证后得起初肯定结论。

(2) 基本确定级包括基本选定、基本确定。本级要求论证充分，结论可靠，做到主要影响因素无遗漏、依据的基础资料基本齐全可靠、参与比较的方案具有足够的代表性、方案取舍时利弊权衡得当。

1) 基本选定。在初步选定和进一步获得资料的基础上，经多方案、多方法对比论证形成主要选择结论。

2) 基本确定。在初步确定和进一步获得资料的基础上，经多方案、多方法对比论证后得主要肯定结论。

(3) 确定级包括选定、确定，本级确定的结论无特殊情况不得变更。

1) 选定。在基本选定的基础上经进一步论证后得最终选择。

2) 确定。在基本确定的基础上经进一步论证后得最终肯定结论。

(4) 地质勘察工作深度包括初步查明、基本查明、查明三个层次。

1) 初步查明。经过勘察，地质结论总体可靠，不遗漏制约工程建设的关键工程地质问题。

2) 基本查明。在初步查明的基础上，经过进一步勘察，地质结论基本可靠，不遗漏重大工程地质问题，满足方案比选要求。

3) 查明。在基本查明的基础上，经过进一步勘察，地质结论可靠，满足建筑物设计要求，地质条件变化不造成重大设计变更。

【思考题】

1. 简述水利工程勘察的概念和阶段划分。
2. 简述水利工程设计的概念和阶段划分。
3. 水利水电工程勘察设计工作的原则是什么？
4. 简述《水利工程建设项目勘察（测）设计招标投标管理办法》规定必须进行招标项目的具体范围和规模标准。
5. 分别总结建设单位、工程勘察企业的工程勘察质量的责任和义务。
6. 勘测设计行为与成果被认定为水利工程勘测设计失误的情形有哪些？
7. 水利工程勘测设计失误认定的依据是什么？
8. 简述注册工程师的权利和义务。
9. 简述水利水电工程设计产品质量特性的要素和含义。
10. 简述水利水电工程设计质量评定的程序。

第七章 水利水电工程施工法规

施工，就是将工程按设计方案进行建造的过程。语出宋朱熹的《西原崔嘉彦书》："向说栽竹木处，恐亦可便令施工也。"水利水电工程施工法规是指工程建设过程中应遵循的法律规范。

第一节 概 述

一、基本概念

（一）施工项目

《建设工程项目管理规范》（GB/T 50326—2017）指出，为完成依法设立的新建、改建、扩建等各类工程而设立的、有起止日期的、达到规定要求的一组相互关联的受控活动组成的特定过程，包括策划、勘察、设计、采购、施工、试运行、竣工验收和考核评价等，简称**项目**。

《质量管理 项目质量管理指南》（GB/T 19016—2021）指出，**项目**是"由一组有启止时间的、相互协调的受控活动所组成的特定过程"，该过程要达到包括时间、成本和资源的约束条件在内的规定要求的目标。

水利施工项目指经过可行性研究报告获批和年度计划下达而进行施工的水利工程项目。

《水利工程质量管理规定》指出，水利工程建设包括新建、扩建、改建、除险加固等。

1. 一般工程项目特征

(1) 具有特定的目标。项目的目标可分为成果性目标和约束性目标。成果性目标是指项目的功能性要求，如企业的生产能力及其技术、经济指标；约束性目标是指限定的条件，生产期限、成本、质量均为限制条件。

(2) 项目具有一次性。"一次性"是项目的主要特征，也可称为单件性。每个项目都有其特殊性，都要求进行特殊的管理，没有唯一标准的模式，也不可能重复。

(3) 项目具有限定的条件和工作范围。项目具有限定的约束条件和工作范围，项目都要求必须在限定的时间、限定的资源消耗、限定的质量条件下达到项目目标。

建设项目是指需要一定量的投资，经过决策和实施的一系列程序，在一定的约束条件下形成固定资产的一次性事业。建设项目是项目中最重要的一类。

施工项目是指建筑企业对一个建筑产品的施工过程，也就是施工企业的生产对象。它既可能是一个建设项目的施工，也可能是其中的一个单项工程或单位工程的施工。

2. 水利工程的特征

(1) 系统性和综合性。 单体类型水利枢纽工程本身就是系统工程，更何况同一个流域或地区中各个水利工程项目形成有机整体，相辅相成和相互制约。大系统中的子系统既有共性也有个性，也就是综合性。

(2) 耐久性和环境协调性。 水利工程不仅仅对相关地区的经济及社会产生影响，也会对环境如自然形貌、生态环境、生物多样性等产生影响。水利工程不但要抵御外部环境劣化作用（耐久性），而且自身还要减少对所处环境产生影响，这就是环境协调性。

(3) 特殊性和复杂性。 水工建筑物均是在气象、地质等自然条件下所建造和使用的，每一构筑物都不同程度地为适应当地条件而彰显其特殊性，特别是由于水利工程的修建改变原来地质条件和水系态势，自然界会有反噬作用，尽管大概率预防，其随机而突发不可避免，因此从建造过程和运行条件上来看水工建筑物要比一般建筑物更为复杂。

（二）水利工程施工

水利工程施工主要内容如下：

（1）施工准备工程：包括施工交通、施工供水、施工供电、施工通信、施工供风及施工临时设施等。

（2）施工导流工程：包括导流、截流、围堰及度汛等。

（3）地基处理：包括固结灌浆、帷幕灌浆、基础换填、锚杆、锚筋桩等。

（4）土石方施工：包括土石方开挖、土石方运输、土石方填筑等。

（5）混凝土施工：包括骨料制备、储存、混凝土制备、混凝土运输、混凝土浇筑、混凝土养护、模板制作及安装、钢筋加工及安装、埋设件加工及安装等。

（6）金属结构安装：包括闸门安装、启闭机安装等。

（7）水电站机电设备安装：包括水轮机安装、水轮发电机安装、变压器安装、断路器安装以及水电站辅助设备安装等。

（三）施工项目管理

项目管理是在一定的约束条件下，以高效率地实现项目业主的目标为目的，以项目经理个人负责制为基础和以项目为独立实体进行经济核算，并按照项目内在的逻辑规律进行有效的计划、组织、协调、控制的系统管理活动。

建设项目管理则是指以建设项目为对象的项目管理，可以是由项目法人（建设单位）或其委托咨询（监理）单位进行的项目管理，也可以是承包商（施工单位）对建设项目的实施阶段进行的项目管理。

由承包商对建设项目的实施阶段进行的项目管理，称为施工项目管理。

施工项目管理的对象是施工项目寿命周期各个阶段的工作。一般施工项目寿命周期可分为6个阶段：

（1）投标、签约阶段，也称为立项阶段。

（2）施工准备阶段。进行施工准备，使工程具备开工和施工条件。

（3）施工阶段，即开工到竣工的整个实施过程。

（4）生产准备阶段。这是最不同于其他工程项目的一个阶段，因为所有水工程项目都含有其功能性，其运行兴利是必须的。

(5) 验收、交工阶段。验收合格后，移交给项目法人。

(6) 缺陷责任期。这是施工项目管理的最后阶段，即在合同规定期限内进行用后服务、保修。

施工项目管理的主要内容如下：

(1) **建立施工项目管理组织**。建立高效率的项目管理体制和相应的组织机构，如施工管理组织机构、监督管理组织机构等，以保证项目实施的顺利进行。

(2) **施工项目的计划管理**。对施工项目进行总体规划，对施工项目实施的各项活动进行固定的安排，系统地确定项目、任务、进度，和所需人力、物力、财力、内外关系，有计划、有步骤、高效率地规划、组织、指挥、控制，以达到在合理工期内低支出、高质量地完成任务。

(3) **施工项目的目标控制**。施工项目的控制目标包括进度目标、质量目标、成本目标、安全目标、施工现场目标等。

(4) **施工项目的生产要素管理**。生产要素主要包括：劳动力、材料、设备、资金和技术。必须对其进行优化和动态管理。

(5) 合同过程管理。

(6) 施工项目信息管理。

二、水利施工法规

（一）水利施工法规的概念

水利施工法规是指调整水利施工活动中发生的各种社会关系的法律规范的总称。广义的水利施工法规不仅包括国家制定颁布的所有有关水利施工方面的法律规范，还应包括其他法规中涉及水利施工的规定。

现行法规及标准主要如下：

(1)《中华人民共和国水法》。

(2)《水利工程质量管理规定》。

(3)《水利安全生产标准化通用规范》(SL/T 789—2019)。

(4)《水电水利工程施工通用安全技术规程》(DL/T 5370—2017)。

(5)《水电水利工程土建施工安全技术规程》(DL/T 5371—2017)。

(6)《水利工程建设安全生产管理规定》。

(7)《施工总承包企业特级资质标准》。

(8)《生产经营单位生产安全事故应急预案编制导则》(GB/T 29639—2020)。

(9)《水利水电工程施工组织设计规范》(SL 303—2017)。

(10)《水利水电工程施工安全管理导则》(SL 721—2015)。

(11)《注册建造师管理规定》。

(12)《特种作业人员安全技术培训考核管理规定》。

(13)《中华人民共和国安全生产法》。

(14)《安全生产许可证条例》。

（二）水利施工法规的调整对象

水利施工法规的调整对象是水利施工活动中发生的各种社会关系，具体来讲，包括以下内容：

（1）经济管理关系。水利施工经济管理关系包括宏观水利施工经济管理和微观水利施工经济管理，即国家对水工业的计划、组织、调控、监督的关系和施工组织内部的管理关系。

（2）水利施工经济协作关系。水利施工经济协作关系包括项目法人（建设单位）、勘察设计单位、建筑安装（施工）单位、监理单位、检测单位、建筑材料及设备供应单位等之间的相互协作关系和水利施工单位内部各生产组织间的协作关系。

第二节　水利工程施工许可

一、开工建设条件

《水利部关于调整水利工程建设项目施工准备条件的通知》（水建管〔2015〕433号）对水利工程建设项目开展施工准备的条件进行调整，取消将初步设计已经批准作为开展施工准备的条件，而是水利工程建设项目可行性研究报告已经批准，年度水利投资计划下达后，项目法人方可开展施工准备、开工建设。

施工准备的主要内容包括：开展征地、拆迁；实施施工用水、用电、通信、进场道路和场地平整等工程；实施必须的生产、生活临时建筑工程；实施经批准的应急工程、试验工程等专项工程；组织招标设计、咨询、设备和物资采购等服务；组织相关监理招标；组织主体工程招标的准备工作等。

具体还可参看**第四章**的有关内容。

二、建筑业企业的资质管理

从事建筑活动的建筑业企业和相应的专业技术人员必须具备从业资格，方能从事建筑施工活动。

建筑业企业（施工单位）是指从事土木工程、水利工程、建筑工程、线路管道设备安装工程的新建、扩建、改建等施工活动的企业。

建筑业企业资质分为三个序列：**施工总承包、专业承包、施工劳务。**

施工总承包序列资质、专业承包序列资质按照工程性质和技术特点分别划分为若干个资质类，各资质类别按照规定的条件划分为若干个资质等级。

依据《建筑业企业资质标准》（2016年，依据《住房城乡建设部关于简化建筑业企业资质标准部分指标的通知》对部分指标进行简化），施工总承包序列设有12个类别**（含水利水电工程施工总承包）**，一般分为4个等级（特级、一级、二级、三级）；专业承包序列设有36个类别，一般分为3个等级（一级、二级、三级）；施工劳务序列不分类别和等级。

（一）施工总承包序列

本节只讲授施工总承包序列资质等级标准，关于专业承包序列资质标准和施工劳务序列资质标准，可查看《建筑业企业资质标准》有关规定。

1. 资质分类

施工总承包序列设有12个类别，分别是建筑工程施工总承包、公路工程施工总承包、铁路工程施工总承包、港口与航道工程施工总承包、**水利水电工程施工总承包**、电力工程施工总承包、矿山工程施工总承包、冶金工程施工总承包、石油化工工程施工总承包、市政公用工程施工总承包、通信工程施工总承包、机电工程施工总承包。

2．基本条件

具有法人资格的企业申请建筑业企业资质应具备下列基本条件：

（1）具有满足《建筑业企业资质标准》要求的资产。

（2）具有满足《建筑业企业资质标准》要求的注册建造师及其他注册人员、工程技术人员、施工现场管理人员和技术工人。

（3）具有满足《建筑业企业资质标准》要求的工程业绩。

（4）具有必要的技术装备。

3．业务范围

（1）施工总承包工程应由取得施工总承包资质的企业承担。取得施工总承包资质的企业可以对所承接的施工总承包工程内各专业工程全部自行施工，也可以将专业工程依法进行分包。对设有资质的专业工程进行分包时，应分包给具有相应承包资质的企业。施工总承包企业劳务作业分包时，应分包给具有施工劳务资质的企业。

（2）设有专业承包资质的专业工程单独发包时，应由取得相应专业承包资质的企业承担。取得专业承包资质的企业可以承接具有施工总承包资质的企业依法分包的专业工程或建设单位依法发包的专业工程。取得专业承包资质的企业应对所承接的专业工程全部自行组织施工，劳务作业可以分包，但分包给具有施工劳务资质的企业。

（3）取得施工劳务资质的企业可以承接具有施工总承包资质或专业承包资质的企业分包的劳务作业。

（4）取得施工总承包资质的企业，可以从事资质证书许可范围内的相应工程总承包、工程项目管理等业务。

（二）施工总承包工程范围及资质标准

1．施工总承包工程范围

建筑工程施工总承包企业资质分为**特级、一级、二级、三级**。

(1) 一级资质承包工程范围。可承担单项合同额 3000 万元以上的下列建筑工程的施工：高度 200m 以下的工业、民用建筑工程；**高度 240m 以下的构筑物工程。**

(2) 二级资质承包工程范围。可承担下列建筑工程的施工：高度 100m 以下的工业、民用建筑工程；**高度 120m 以下的构筑物工程**；建筑面积 15 万 m^2 以下的建筑工程；单跨跨度 39m 以下的建筑工程。

(3) 三级资质承包工程范围。可承担下列建筑工程的施工：高度 50m 以下的工业、民用建筑工程；**高度 70m 以下的构筑物工程**；建筑面积 8 万 m^2 以下的建筑工程；单跨跨度 27m 以下的建筑工程。

(4) 特级资质承包工程范围。依据《施工总承包企业特级资质标准》，包括：

1）取得房屋建筑、公路、铁路、市政公用、港口与航道、水利水电等专业任意 1 项施工总承包特级资质和其中 2 项施工总承包一级资质，即可承接上述各专业工程的施工总承包、工程总承包和项目管理业务，及开展相应设计主导专业人员齐备的施工图设计业务。

2) 取得房屋建筑、矿山、冶金、石油化工、电力等专业中任意1项施工总承包特级资质和其中2项施工总承包一级资质，即可承接上述各专业工程的施工总承包、工程总承包和项目管理业务，及开展相应设计主导专业人员齐备的施工图设计业务。

3) 特级资质的企业限承担施工单项合同额**3000万**元以上的房屋建筑工程。

2. 一级资质标准

(1) 企业净资产1亿元以上。

(2) 企业主要人员。建筑工程（含水利工程）、机电工程专业一级注册建造师合计不少于12人，其中建筑工程专业一级建造师不少于9人。技术负责人具有10年以上从事工程施工技术管理工作经历，且具有结构专业高级职称；建筑工程相关专业中级以上职称人员不少于30人，且结构、给排水、暖通、电气等专业齐全。持有岗位证书的施工现场管理人员不少于50人，且施工员、质量员、安全员、机械员、造价员、劳务员等人员齐全。经考核或培训合格的中级工以上技术工人不少于150人。

(3) 企业工程业绩。近五年承担下列4类中2类工程的施工总承包或主体工程承包，工程质量合格。

1) 地上25层以上民用建筑工程1项或地上18～24层的民用建筑工程2项。

2) 高度100m以上的构筑物工程1项或高度80～100m（不含）的构筑物工程2项。

3) 建筑面积12万 m^2 以上的建筑工程1项或建筑面积10万 m^2 以上的建筑工程2项。

4) 钢筋混凝土结构单跨30m以上（或钢结构单跨36m以上）的建筑工程1项或钢筋混凝土结构单跨27～30m（不含）[或钢结构单跨30～36m（不含）]的建筑工程2项。

3. 二级资质标准

(1) 企业净资产4000万元以上。

(2) 企业主要人员。建筑工程（含水利工程）、机电工程专业一级注册建造师合计不少于12人，其中建筑工程专业一级建造师不少于9人。技术负责人具有8年以上从事工程施工技术管理工作经历，且具有结构专业高级职称或建筑工程相关专业中级以上职称人员不少于15人，且结构、给排水、暖通、电气等专业齐全。持有岗位证书的施工现场管理人员不少于30人，且施工员、质量员、安全员、机械员、造价员、劳务员等人员齐全。经考核或培训合格的中级工以上技术工人不少于75人。

(3) 企业工程业绩。近五年承担下列4类中2类工程的施工总承包或主体工程承包，工程质量合格。

1) 地上12层以上民用建筑工程1项或地上8～11层的民用建筑工程2项。

2) 高度50m以上的构筑物工程1项或高度35～50m（不含）的构筑物工程2项。

3) 建筑面积6万 m^2 以上的建筑工程1项或建筑面积5万 m^2 以上的建筑工程2项。

4) 钢筋混凝土结构单跨21m以上（或钢结构单跨24m以上）的建筑工程1项或钢筋混凝土结构单跨18～21m（不含）[或钢结构单跨21～24m（不含）]的建筑工程2项。

4. 三级资质标准

(1) 企业净资产800万元以上。

(2) 企业主要人员。建筑工程（含水利工程）、机电工程专业一级注册建造师合计不少于 5 人，其中建筑工程专业一级建造师不少于 4 人。技术负责人具有 5 年以上从事工程施工技术管理工作经历，且具有结构专业中级以上职称或建筑工程专业注册建造师执业资格；建筑工程相关专业中级以上职称人员不少于 6 人，且结构、给排水、电气等专业齐全。持有岗位证书的施工现场管理人员不少于 15 人，且施工员、质量员、安全员、机械员、造价员、劳务员等人员齐全。经考核或培训合格的中级工以上技术工人不少于 30 人。技术负责人（或注册建造师）主持完成过本类别资质二级以上标准要求的工程业绩不少于 2 项。

5. 特级资质标准

根据《施工总承包企业特级资质标准》申请特级资质，必须具备以下条件：

(1) **企业资信能力。**企业注册资本金 3 亿元以上；企业净资产 3.6 亿元以上；企业近三年上缴建筑业营业税均在 5000 万元以上；企业银行授信额度近三年均在 5 亿元以上。

(2) **企业主要人员。**

1) 企业经理具有 10 年以上从事工程管理工作经历；技术负责人具有 15 年以上从事工程技术管理工作经历，且具有工程序列高级职称及一级注册建造师或注册工程师执业资格。

2) 主持完成过两项及以上施工总承包一级资质要求的代表工程的技术工作或甲级设计资质要求的代表工程或合同额 2 亿元以上的工程总承包项目。

3) 财务负责人具有高级会计师职称及注册会计师资格；企业具有注册一级建造师（一级项目经理）50 人以上。

4) 企业具有本类别相关的行业工程设计甲级资质标准要求的专业技术人员。

(3) **科技进步水平。**

1) 企业具有省部级（或相当于省部级水平）及以上的企业技术中心。

2) 企业近三年科技活动经费支出平均达到营业额的 0.5% 以上。

3) 企业具有国家级工法 3 项以上；近五年具有与工程建设相关的，能够推动企业技术进步的专利 3 项以上，累计有效专利 8 项以上，其中至少有一项发明专利。

4) 企业近十年获得过国家级科技进步奖项或主编过工程建设国家或行业标准。

5) 企业已建立内部局域网或管理信息平台，实现了内部办公、信息发布、数据交换的网络化；已建立并开通了企业外部网站；使用了综合项目管理信息系统和人事管理系统、工程设计相关软件，实现了档案管理和设计文档管理。

(4) **代表工程业绩。**《施工总承包企业特级资质标准》对不同专业代表工程业绩以附件形式提出具体要求。

水利水电工程施工总承包企业特级资质标准代表工程业绩是：近 10 年承担过下列 6 项中的 3 项以上工程的总承包、施工总承包或主体工程承包，其中至少有 1 项是 1)、2) 中的工程，工程质量合格。

具体要求如下：

1) 库容 10 亿 m^3 以上或坝高 80m 以上大坝 1 座，或库容 1 亿 m^3 以上或坝高 60m 以上大坝 2 座。

2）过闸流量大于 3000m³/s 的拦河闸一座，或过闸流量大于 1000m³/s 的拦河闸 2 座。

3）总装机容量 300MW 以上水电站 1 座，或总装机容量 100MW 以上水电站 2 座。

4）总装机容量 10MW 以上灌溉、排水泵站 1 座，或总装机容量 5MW 以上灌溉、排水泵站 2 座。

5）洞径大于 8m、长度大于 3000m 的水工隧洞 1 个，或洞径大于 6m、长度大于 2000m 的水工隧洞 2 个。

6）年完成水工混凝土浇筑 50 万 m³ 以上或坝体土石方填筑 120 万 m³ 以上或岩基灌浆 12 万 m 以上或防渗墙成墙 8 万 m² 以上。

（三）建筑业企业资质动态管理

动态管理是指企业资质等级的浮动和经营范围的变动。实行动态管理，主要是为了突出企业在市场竞争机制当中内在素质和用户评价对资质的决定作用，这样有利于引导企业在市场竞争中重质量、守信誉、增活力、求发展。

动态管理依据 2018 年第二次修正的《建筑业企业资质管理规定》有关规定。

1. 管理部门

国务院住房城乡建设行政主管部门负责全国建筑业企业资质的统一管理。国务院交通运输、水利、工业信息化等有关部门配合国务院住房城乡建设行政主管部门实施相关资质类别建筑业企业资质的管理工作。

省、自治区、直辖市人民政府住房城乡建设行政主管部门负责本行政区域内建筑业企业资质的统一监督管理。省、自治区、直辖市人民政府交通运输、水利、通信等有关部门配合同级住房城乡建设行政主管部门实施本行政区内相关资质类别建筑业企业资质的管理工作。

2. 申请与许可

企业可以申请一项或多项建筑业企业资质。首次申请或增项申请资质，应当申请最低等级资质。

（1）由国务院住房城乡建设行政主管部门许可的企业资质。

1）施工总承包资质序列特级资质、一级资质及铁路工程施工总承包二级资质。

2）专业承包一级资质序列公路、水运、水利、铁路、民航的专业承包二级资质；涉及多个专业的专业承包一级资质。

（2）由企业工商注册地省、自治区、直辖市人民政府住房城乡建设主管部门许可的建筑业企业资质。

1）施工总承包资质序列二级资质及铁路、通信工程施工总承包三级资质。

2）专业承包资质序列一级资质（不含公路、水运、水利、铁路、民航方面的专业一级资质及涉及多个专业的专业承包一级资质）。

3）专业承包资质序列二级资质（不含铁路、民航方面的专业二级资质）；铁路方面专业承包三级资质；特种工程专业承包资质。

（3）由企业工商注册地区的市人民政府住房城乡建设主管部门许可的建筑业企业资质。

1) 施工总承包资质序列三级资质（不含铁路、通信工程施工总承包三级资质）。

2) 专业承包资质序列三级资质（不含铁路方面专业承包资质）及预拌混凝土、模板脚手架专业承包资质。

3) 施工劳务资质。

4) 燃气燃烧器具安装、维修企业资质。

(4) 相关事宜。企业申请建筑业企业资质，在资质许可机关的网站或审批平台提出申请事项，提交资金、专业技术人员、技术装备和已经完成业绩等电子材料。

建筑业企业资质证书分正本和副本，由国务院住房城乡建设主管部门统一印制，正副本具备同等法律效力。资质证书有效期为5年。

企业在建筑业企业资质证书有效期内名称、地址、法定代表人、技术负责人等发生变更的，应当在变更后的一个月内，办理变更手续。

3. 监督管理

县级以上人民政府建设行政主管部门和其他有关部门应当依照有关法律法规，加强对企业取得建筑业企业资质后是否满足资质标准和市场行为的监督管理。

(1) 监督检查人员履行监督职责时有权采取下列措施：

1) 要求企业提供建筑业企业资质证书，企业有关人员的注册执业证书、职称证书、岗位证书和考核或培训合格证书，有关施工业务的文档，有关质量管理、安全生产管理、合同管理、档案管理、财务管理等企业内部管理制度的文件。

2) 进入被检查企业进行检查，查阅相关资料。

3) 纠正违反有关法律、法规及有关规范和标准的行为。

监督检查人员应当将检查情况和处理结果予以登记，并由监督检查人员和被检查企业的有关人员签字后归档。

监督检查人员实施监督检查时，应当出示证件，并要两名以上人员参加。监督检查人员应当为被检查企业保守商业秘密，不得索取或者收受企业财物，不得谋取其他利益。

取得建筑业企业资质证书的企业应当保持资产、主要人员、技术装备等方面满足相应建筑企业资质标准要求的条件。

企业不再符合相应建筑企业资质标准要求条件的，县级以上地方人民政府住房城乡建设主管部门、其他有关部门，应当责令其限期改正并向社会公告，整改期限最长不超过3个月；企业整改期间不得申请建筑业企业资质的升级、增项，不能承揽新的工程；逾期仍未达到建筑业企业资质标准要求条件的，资质许可机关可以撤回其建筑业企业资质证书。

被撤回建筑业企业资质证书的企业，可以在资质被撤回后3个月内，向资质许可机关提出核定低于原等级同类别资质的申请。

(2) 有下列情形之一的，资质许可机关应当撤销建筑业企业资质：

1) 资质许可机关工作人员滥用职权、玩忽职守准予资质许可的。

2) 超越法定职权准予资质许可的。

3) 对不符合资质标准条件的申请企业准予资质许可的。

4) 依法可以撤销资质许可的其他情形。

以欺骗、贿赂等不正当手段取得资质许可的，应当予以撤销。

(3) 有下列情况之一的，资质许可机关应当注销建筑业企业资质，并向社会公布其建筑业企业资质证书作废，企业应当及时将建筑业企业资质证书交回许可机关：

1) 资质证书有效期期满，未依法申请延续的。
2) 企业依法终止的。
3) 资质证书依法被撤回、撤销或吊销的。
4) 企业提出注销申请的。
5) 法律、法规规定的应当注销建筑业企业资质的其他情形。

4. 法律责任

(1) 申请企业隐瞒有关真实情况或者提供虚假材料申请建筑业企业资质的，资质许可机关不予许可，并给予警告，申请企业在 1 年内不得再次申请建筑业企业资质。

(2) 企业以欺骗、贿赂的不正当手段取得建筑业企业资质的，由原资质许可机关予以撤销；由县级以上地方人民政府住房城乡建设主管部门或者其他有关部门给予警告，并处 3 万元的罚款；申请企业 3 年内不得再次申请建筑业企业资质。

(3) 企业有《建筑业企业资质管理规定》第二十三条行为之一，《建筑法》《建设工程质量管理条例》和其他有关法律、法规对处罚机关和处罚方式有规定的，县级以上地方人民政府住房城乡建设主管部门或者其他有关部门给予警告，责令改正，并处以 1 万元以上 3 万元以下的罚款。

根据《建筑业企业资质管理规定》第二十三条，企业申请建筑企业资质升级、资质增项，在申请之日起前一年至资质许可决定作出前，有下列情形之一的，资质许可机关不予批准其建筑企业资质升级申请和增项申请：

1) 超越本单位资质等级或以其他企业名义承揽工程，或允许其他企业或个人以本企业的名义承揽工程的。
2) 与建设单位或企业之间相互串通投标，或以行贿的不正当手段谋取中标的。
3) 未取得施工许可证擅自施工的。
4) 将承包的工程转包或违法分包的。
5) 违反国家工程建设强制性标准施工的。
6) 恶意拖欠分包企业工程款或者劳务人员工资的。
7) 隐瞒或谎报、拖延报告工程质量安全事故，破坏事故现场，阻碍对事故调查的。
8) 按照国家法律、法规和标准规定需要持证上岗的现场管理人员和技术工种作业人员未取得证书上岗的。
9) 未依法履行工程质量保修义务或拖延履行保修义务的。
10) 伪造、变造、倒卖、出租、出借或者以其他形式非法转让建筑业企业资质证书的。
11) 发生过较大以上质量安全事故或者发生过两起以上一般质量安全事故的。
12) 其他违反法律、法规的行为。

(4) 企业未按照《建筑业企业资质管理规定》及时办理建筑业企业资质证书变更手续的，由县级以上人民政府住房城乡建设主管部门责令限期办理，逾期不办理的可处以 1000 元以上 1 万元以下罚款。

(5) 企业在接受监督检查时不如实提供有关材料，或者拒绝、阻碍监督检查的，由县级以上地方人民政府住房城乡建设主管部门责令限期改正，并可以处3万元以下罚款。

(6) 企业未按照《建筑业企业资质管理规定》要求提供企业信誉档案信息的，由县级以上人民政府住房城乡建设主管部门或者其他部门给予警告，责令限期改正；逾期未改正的，可处以1000元以上1万元以下的罚款。

(7) 县级以上人民政府住房城乡建设主管部门及其工作人员违反规定的，由其上一级行政机关或者检察机关责令改正；对直接负责的主管人员和其他直接责任人员，依法给予行政处分；直接负责的主要人员和其他直接责任人员构成犯罪的，依法追究刑事责任。

按照《国务院办公厅关于印发全国深化"**放管服**"改革优化营商环境电视电话会议重点任务分工方案的通知》（国办发〔2020〕43号）的要求，深化建筑业"放管服"改革，做好建设工程企业资质（包括工程勘察、设计、施工、监理企业资质，以下统称企业资质）认定事项压减工作，制定改革方案，住房城乡建设部于2020年11月印发**《建设工程企业资质管理制度改革方案》**，方案主要内容如下：

（1）**工程勘察资质**。保留综合资质；将4类专业资质及劳务资质整合为岩土工程、工程测量、勘探测试等3类专业资质。综合资质不分等级，专业资质等级压减为甲、乙两级。

（2）**工程设计资质**。保留综合资质；将21类行业资质整合为14类行业资质；将151类专业资质、8类专项资质、3类事务所资质整合为70类专业和事务所资质。综合资质、事务所资质不分等级；行业资质、专业资质等级原则上压减为甲、乙两级（部分资质只设甲级）。

（3）**施工资质**。将10类施工总承包企业特级资质调整为施工综合资质，可承担各行业、各等级施工总承包业务；保留12类施工总承包资质，将民航工程的专业承包资质整合为施工总承包资质；将36类专业承包资质整合为18类；将施工劳务企业资质改为专业作业资质，由审批制改为备案制。综合资质和专业作业资质不分等级；施工总承包资质、专业承包资质等级原则上压减为甲、乙两级（部分专业承包资质不分等级），其中，施工总承包甲级资质在本行业内承揽业务规模不受限制。

（4）**工程监理资质**。保留综合资质；取消专业资质中的水利水电工程、公路工程、港口与航道工程、农林工程资质，保留其余10类专业资质；取消事务所资质。综合资质不分等级，专业资质等级压减为甲、乙两级。

三、施工企业、人员从业资格管理

为了加强施工企业及施工现场质量和生产安全，住房城乡建设部于2011年7月颁布了**《建筑施工企业负责人及项目负责人施工现场带班暂行办法》**，其中明确规定，建筑施工企业负责人是指**企业法定代表人、总经理、主管质量安全和生产工作的副总经理、总工程师和副总工程师**；项目负责人是指工程项目的**项目经理**。

（一）项目管理企业

建设工程项目管理是指从事工程项目管理的企业，受工程项目**业主委托**，对工程建设全过程或分段进行专业化管理和服务活动。国务院有关专业部门、省级政府建设行政主管部门应当加强对项目管理企业及其人员市场行为的监督管理，建立项目管理及其人员的信用评价体系，对违法违规等不良行为进行处罚。

1. 企业执业资格

项目管理企业应当具有工程勘察、设计、施工、监理、造价咨询、招标代理等一项或多项资质。工程勘察、设计、施工、监理、造价咨询、招标代理等企业可以在本企业资质以外申请其他资质。企业申请资质时，其原有工程业绩、技术人员、管理人员、注册资金和办公场所的资质条件可合并考核。

从事工程项目管理的专业技术人员，应当具有城市规划师、建筑师、工程师、建造师、监理工程师、造价工程师等一项或多项执业资格。取得城市规划师、建筑师、工程师、建造师、监理工程师、造价工程师等执业资格的专业技术人员，可在工程勘察、设计、监理、造价咨询、招标代理等任何一家企业申请注册并执业。取得上述多项执业资格的专业技术人员，可在同一企业注册并执业。

在履行委托项目管理合同时，项目管理企业及其人员应当遵守国家现行的法律法规、工程建设程序，执行工程建设强制性标准，遵守职业道德，公开、公平、科学、诚信地开展项目管理工作。

2. 服务范围

项目管理企业应当改善组织机构，建立项目管理体系，充实项目管理专业人员，按照现行有关企业资质管理规定，在其资质等级许可的范围内开展工程项目管理业务。

工程项目管理业务范围包括：协助业主方进行前期筹划、经济分析、专项评估与投资确定；协助业主方办理土地征用、规划许可等有关手续；协助业主方提出设计要求、组织评审工程设计方案、组织工程勘察设计招标、签订勘察设计合同并监督实施；协助业主方组织工程监理、施工、设备材料采购招标；协助业主方与工程项目总承包企业或施工企业及建筑材料、设备、构配件供应等企业签订合同并监督实施；协助业主方提出工程实施用款计划，进行工程竣工结算和工程决算，处理工程索赔，组织竣工验收，向业主方移交档案资料；生产试运行及工程保修期管理，组织项目后评估；项目管理合同约定的其他工作。

3. 委托方式

选择项目管理企业的委托方式有两种：**其一是招标投标方式；其二是直接委托方式。必要时也可联合体投标方式。**

工程项目业主方可以通过招标或委托等方式选择项目管理企业，并与选定的项目管理企业以书面形式签订委托项目管理合同。合同中应当明确履行期限，工作范围，双方权利、义务、责任，项目管理酬金及支付方式，合同争议解决办法等。

工程勘察、设计、监理等企业同时承担同一工程项目管理和其资质范围内的工程勘察、设计、监理业务时，依法应当招标投标的应当通过招标投标方式确定。施工企业不得在同一工程从事项目管理和工程承接业务。

两个及两个以上项目管理企业可以组成联合体以一个投标人身份共同投标。联合体中标的，联合体各方应当共同与业主签订委托项目管理合同，对委托项目管理合同的履行承担连带责任。联合体各方应签订联合体协议书，明确各方权利、义务和责任，并确定一方作为联合体的主要责任方，项目经理由主要责任方选派。

（二）项目经理

工程项目管理实行项目经理责任制。

项目管理企业应当根据委托项目管理合同约定，选派具有相应执业资格的专业人员担任项目经理，组成项目管理机构，建立与管理业务相适应的管理体系，配合满足工程项目管理需要的专业技术管理人员，制定各专业项目管理人员的岗位责任，履行委托项目管理合同。项目经理不得在两个及以上工程项目从事项目管理工作。

1. 定义

施工企业项目经理（简称项目经理），是指受企业法人代表委托，对工程项目施工过程全面负责的项目管理者，是施工企业法定代表人在工程项目上的代表人。为适应市场经济的需要，我国已正式实行项目经理责任制，即项目经理在工程项目施工中处于中心地位，对工程项目施工负有全面管理的责任。《建筑施工企业项目经理资质管理办法》使项目经理的培养和管理走上法制化轨道。

2. 资质等级

项目经理资质分为一级、二级、三级、四级。其资质标准为如下：

一级项目经理：担任过一个一级建筑施工企业资质标准要求的工程项目，或两个二级建筑施工企业资质标准要求的工程项目施工管理的主要负责人，并已取得国家认可的高级或者中级专业技术职称。

二级项目经理：担任过两个工程项目，其中至少一个二级建筑施工企业资质标准要求的工程项目施工管理的主要负责人，并已取得国家认可的中级或者初级专业技术职称。

三级项目经理：担任过两个工程项目，其中至少一个为三级建筑施工企业资质标准要求的工程项目施工管理的主要负责人，并已取得国家认可的中级或者初级专业技术职称。

四级项目经理：担任过两个工程项目，其中至少一个为四级建筑施工企业资质标准要求的工程项目施工管理的主要负责人，并已取得国家认可的初级专业技术职称。

3. 资质注册

项目经理的资质必须经过培训、考核、注册等环节取得。

（1）培训。从事工程项目施工管理的项目经理，必须参加经住房城乡建设部确认的由各省、自治区、直辖市建设行政主管部门或国务院有关部门组织的培训机构的培训，经考试合格，获得全国建筑施工企业项目经理合格证书。

（2）考核。取得项目经理培训合格证书，并经过项目经理岗位工作实践后，达到项目经理资质申请条件的由本人提出申请，经企业法定代表人签署意见，参加相应级别的项目经理资质考核。项目经理的资质考核由项目经理资质考核委员会负责。

（3）注册。项目经理资质考核完成后，由各省、自治区、直辖市建设行政主管部门和国务院有关部门认定注册，发给相应等级的项目经理资质证书。其中一级项目经理须报住房城乡建设部核准后才能发给资质证书。

建筑施工企业项目经理资质证书正本1本、副本1本，由住房城乡建设部统一印制，全国通用。

4. 项目经理权限

（1）项目经理是岗位职务，在承担工程建设时，必须具有国家授予的项目经理资质，其承担工程规模，应符合相应的项目经理资质等级。项目经理原则上只承担一个工程项目施工的管理工作。特殊情况下允许一级、二级项目经理同时承担两个工程项目施工的管理工作。

（2）项目经理在承担工程项目施工管理过程中，应履行的职责如下：

1）贯彻执行国家和工程所在地政府的有关法律、法规和政策，执行企业的各项管理制度。严格财经制度，加强财经管理，正确处理国家、企业与个人的利益关系。

2）执行项目承包合同中由项目经理负责履行的各项条款。

3）对工程项目施工进行有效控制，执行有关技术规范和标准，积极推广应用新技术，确保工程质量和工期，实行安全文明生产，努力提高经济效益。

（3）项目经理在承担工程项目施工管理过程中，应当接受企业领导和上级有关部门的工作检查和职工民主管理机构的监督。

（4）项目经理在承担工程项目施工管理过程中，应承担如下管理工作：

1）应当按照建筑施工企业与建设单位签订的工程合同，与本企业法定代表人签订项目承包合同，并在企业法定代表人授权范围内行使管理权力。

2）组织项目管理班子。

3）以企业法定代表人的身份处理与所承担的工程项目有关的外部关系，受委托签署有关合同。

4）指挥工程建设的生产经营活动，调配与管理进入工程项目的人力、资金、物资、机械设备等生产要素。

5）选择施工作业队伍。

6）进行合理的经济分配。

7）企业法定代表人授予的其他管理权力。

（三）建造师

2016年修正的**《注册建造师管理规定》**规定了我国建造师执业资格管理制度。

注册建造师是指通过考试认定或考试合格取得中华人民共和国建造师资格证书（以下简称资格证书），并按照《注册建造师管理规定》注册，取得中华人民共和国建造师注册证书（以下简称注册证书）和执业印章，担任施工单位项目负责人及从事相关活动的专业技术人员。未取得注册证书和执业印章的，不得担任大中型建设工程项目的施工单位项目负责人，不得以注册建造师名义从事相关活动。

《注册建造师管理规定》第四条规定，国务院住房城乡建设主管部门对全国注册建造师的注册、执业活动实施统一监督管理；国务院铁路、交通、**水利**、信息产业、民航等有关部门按照国务院规定的职责分工，对全国有关专业工程注册建造师的执业活动实施监督管理。县级以上地方人民政府住房城乡建设主管部门对本行政区域内的注册建造师的注册、执业活动实施监督管理；县级以上地方人民政府交通、水利、通信等有关部门在各自职责范围内，对本行政区域内有关专业工程注册建造师的执业活动监督管理。

注册建造师实行注册执业管理制度，注册建造师分为一级注册建造师和二级注册建造师。

注册证书和执业印章是注册建造师的执业凭证，由注册建造师本人保管、使用。注册证书与执业印章有效期为 3 年。

一级建造师的注册证书由国务院住房城乡建设主管部门统一样式，省、自治区、直辖市人民政府住房城乡建设主管部门组织制作。

1. 注册

(1) **注册条件**。申请初始注册时应当具备以下条件：

1) 经考核认定或者考核合格取得资质证书。

2) 受聘于一个相关单位。

3) 达到继续教育要求。

4) 没有《注册建造师管理规定》第十五条所列情形。

依据《注册建造师管理规定》第十五条，依据申请人有下列情形之一的，不予注册：

1) 不具备完全民事行为能力的。

2) 申请在两个或者两个以上单位注册的。

3) 未达到注册建造师继续教育要求的。

4) 受到刑事处罚，刑事处罚尚未执行完毕的。

5) 因执业活动受到刑事处罚，自刑事处罚执行完毕之日起至申请之日止不满 5 年的。

6) 因前项规定以外的原因受到刑事处罚，自处罚决定之日起至申请注册之日止不满 3 年的。

7) 被吊销注册证书，自处罚决定之日起至申请注册之日止不满 2 年的。

8) 在申请注册之日前 3 年内担任项目经理期间，所负责项目发生过重大质量和安全事故的。

9) 申请人的聘用单位不符合注册单位要求的。

10) 年龄超过 65 周岁的。

(2) **注册申请与审批**。取得一级建造师资格证书并受聘于一个建设工程勘察、设计、施工、监理、招标代理、造价咨询等单位人员，应当通过聘用单位提出注册申请，并可向单位工商注册所在地的省、自治区、直辖市人民政府住房城乡建设主管部门提交申请材料。

取得二级建造师资格证书的人员申请注册，由省、自治区、直辖市人民政府住房城乡建设主管部门负责受理和审批，具体审批程序由省、自治区、直辖市人民政府住房城乡建设主管部门依法确定。对批准注册的，核发由国务院住房城乡建设主管部门统一样式的中华人民共和国二级建造师注册证书和执业印章，并在核发证书后 30 日内送国务院住房城乡建设主管部门备案。

(3) **申请初始注册执业需提交的材料**。初始注册者，可自资格证书签发之日起 3 年内提出申请，逾期未申请者，须符合本专业继续教育的要求后方可申请初始注册。申请初始注册需要提交下列材料：

1) 注册建造师初始注册申请表。

2) 资格证书、学历证书和身份证明复印件。

3) 申请人与聘用单位签订的聘用劳动合同复印件或其他有效证明文件。

4) 预期申请初始注册的，应当提供达到继续教育要求的证明材料。

2. 执业

（1）**资格**。取得资格证书的人员应当受聘于一个具有建设工程勘察、设计、施工、监理、招标代理、造价咨询等一项或者多项资质的单位，经过注册后，方可以注册建造师名义从事相应的执业活动。

担任施工单位项目负责人的，应当受聘并注册于一个具有施工资质的企业。负责人要了解工程建设的法律、法规、工程建设强制性标准及有关行业管理的规定；具有一定的施工管理专业知识；具有一定的施工管理实践经验和资历，有一定的施工组织能力，能保证工程质量和安全生产。

一级建造师的执业技术能力包括：具有一定的工程技术、工程管理理论和相关经济理论水平，并具有丰富的施工管理专业知识；能够熟练掌握和运用与施工管理业务相关的法律、法规、工程建设强制性标准和行业管理的各项规定；具有丰富的施工管理实践经验和资历，有较强的施工组织能力，能保证工程质量和安全生产；有一定的外语水平。

二级建造师的执业技术能力可参看相关标准。

《注册建造师执业管理办法（试行）》规定的注册建造师执业工程范围见表7-1。

表7-1　　　　　　　　　　注册建造师执业工程范围

序号	注册专业	工 程 范 围
1	建筑工程	房屋建筑、装饰装修，地基与基础、土石方、建筑装修装饰、建筑幕墙、预拌商品混凝土、混凝土预制构件、园林古建筑、钢结构、高耸建筑物、电梯安装、消防设施、建筑防水、防腐保温、附着升降脚手架、金属门窗、预应力、爆破与拆除、建筑智能化、特种专业
2	公路工程	公路，地基与基础、土石方、预拌商品混凝土、混凝土预制构件、钢结构、消防设施建筑防水、防腐保温预应力、爆破与拆除、公路路面、公路路基、公路交通、桥梁、隧道、附着升降脚手架、起重设备安装、特种专业
3	铁路工程	铁路，土石方、地基与基础、预拌商品混凝土、混凝土预制构件、钢结构、附着升降脚手架、预应力、爆破与拆除、铁路铺轨架梁、铁路电气化、铁路桥梁、铁路隧道、城市轨道交通、铁路电务、特种专业
4	民航机场工程	民航机场，土石方、预拌商品混凝土、混凝土预制构件、钢结构、高耸构筑物、电梯安装、消防设施、建筑防水、防腐保温、附着升降脚手架、金属门窗、预应力、爆破与拆除、建筑智能化、桥梁、机场场道、机场空管、航站楼弱电系统、机场目视助航、航油储运、暖通、空调、给排水、特种专业
5	港口与航道工程	港口与航道，土石方、地基与基础、预拌商品混凝土、混凝土预制构件、消防设施、建筑防水、防腐保温、附着升降脚手架、爆破与拆除、港口及海岸、港口装卸设备安装、航道、航运梯级、通航设备安装、水上交通管制、水工建筑物基础处理、水工金属结构制作与安装、船台、船坞、滑道、航标、灯塔、栈桥、人工岛、筒仓、堆场道路及陆域构筑物、围堤、护岸、特种专业

第二节 水利工程施工许可

续表

序号	注册专业	工程范围
6	水利水电工程	水利水电，土石方、地基与基础、预拌商品混凝土、混凝土预制构件、钢结构、建筑防水、消防设施、起重设备安装、爆破与拆除、水工建筑物基础处理、水利水电金属结构制作与安装、水利水电机电设备安装、河湖整治、堤防、水工大坝、水工隧洞、送变电、管道、无损检测、特种专业
7	矿业工程	矿山，地基与基础、土石方、高耸构筑物、消防设施、防腐保温、环保、起重设备安装、管道、预拌商品混凝土、混凝土预制构件、钢结构、建筑防水、爆破与拆除、隧道、窑炉、特种专业
8	市政公用工程	市政公用，土石方、地基与基础、预拌商品混凝土、混凝土预制构件、预应力、爆破与拆除、环保、桥梁、隧道、道路路面、道路路基、道路交通、城市轨道交通、城市及道路照明、体育场地设施、给排水、燃气、供热、垃圾处理、园林绿化、管道、特种专业
9	通信与广电工程	通信与广电，通信线路、微波通信、传输设备、交换、卫星地球站、移动通信基站、数据通信及计算机网络、本地网、接入网、通信管道、通信电源、综合布线、信息化工程、铁路信号、特种专业
10	机电工程	机电、石油化工、电力、冶炼、钢结构、电梯安装、消防设施、防腐保温、起重设备安装、机电设备安装、建筑智能化、环保、电子、仪表安装、火电设备安装、送变电、核工业、护窑、冶炼机电设备安装、化工石油设备、管道安装、管道、无损检测、海洋石油、体育场地设施、净化、旅游设施、特种专业

注册建造师不得同时在两个及两个以上的建设工程项目上担任施工单位项目负责人。注册建造师可以从事建设工程项目总承包管理或施工管理，建设工程项目管理服务，建设工程技术经济咨询，以及法律、行政法规和国务院住房城乡建设主管部门规定的其他业务。

建设工程活动中形成的有关工程施工管理文件，应当由注册建筑师签字并加盖执业印章。施工单位签署质量合格的文件上，必须有注册建造师的签字盖章。

注册建造师在每一个有效期内应达到国务院住房城乡建设主管部门规定的继续教育要求。继续教育分为必修课和选修课，各为60学时，达到合格标准的，颁发继续教育合格证书。

（2）**权利**。

1）使用注册建造师名称。
2）在规定范围内从事执业活动。
3）在本人执业活动中形成的文件上签字并加盖执业印章。
4）保管和使用本人注册证书、执业印章。
5）对本人执业活动进行解释和辩护。
6）接受继续教育。
7）获得相应的劳动报酬。
8）对侵犯本人权利的行为进行申诉。

（3）**义务**。

1) 遵守法律、法规和有关管理规定，恪守职业道德。
2) 执行技术标准、规范和规程。
3) 保证执业成果质量，并承担相应责任。
4) 接受继续教育，努力提高执业水准。
5) 保守在执业中知悉的国家秘密和他人的商业、技术等秘密。
6) 与当事人有利害关系的，应当主动回避。
7) 协助注册管理机关完成相关工作。

3. 监督管理

(1) 县级以上人民政府住房城乡建设主管部门、其他有关部门应当依照有关法律、法规和《注册建造师管理规定》，对注册建造师的注册、执业和继续教育实施监督检查。有权采取下列措施：

1) 要求被检查人员出示注册证书。
2) 要求被检查人员所在聘用单位提供有关人员签署的文件及相关业务文档。
3) 就有关问题询问签署文件的人员。
4) 纠正违反有关法律、法规、《注册建造师管理规定》及工程标准规范的行为。

注册建造师违法从事相关活动的，违法行为发生地县级以上地方人民政府城乡建设主管部门或者其他有关部门应当依法查处，并将违法事实、处理结果告知注册机关；依法应当撤销注册的，应当将违法事实、处理建议以及有关材料报注册机关。

(2) 有下列情形之一的，注册机关依据职权或根据利害关系人的请求，可以撤销注册建造师的注册：

1) 注册机关工作人员滥用职权、玩忽职守作出准予注册许可的。
2) 超越法定职权作出准予注册许可的。
3) 违反法定程序作出准予注册许可的。
4) 对不符合法定条件的申请人颁发注册证书和执业印章的。
5) 依法可以撤销注册的其他情形的。

注册建造师信用档案应当包括注册建造师的基本情况、业绩、良好行为、不良行为等内容。违法违规行为、被投诉举报处理、行政处罚等情况应当作为注册建造师的不良行为记入信用档案。

4. 法律责任

(1) 隐瞒有关情况或者提供虚假材料申请注册的，住房城乡建设主管部门不予受理或不予注册，并给予警告，申请人1年内不得再次申请注册。

(2) 以欺骗、贿赂等不正当手段取得注册证书的，由注册机关撤销其注册，3年内不得再次申请注册，并由县级以上地方人民政府住房城乡建设主管部门处以罚款。其中没有违法所得的，处以1万元以下的罚款；有违法所得的，处以违法所得3倍以下且不超过3万元的罚款。

(3) 违反《注册建造师管理规定》，未取得注册证书和执业印章，担任大中型建设工程项目施工单位项目负责人，或者以注册建造师的名义从事相关活动的，其所签署的工程文件无效，由县级以上地方人民政府住房城乡建设主管部门或者其他有关部门给予警告，责令停止违法活动，并可处以 1 万元以上 3 万元以下的罚款。

（4）违反《注册建造师管理规定》，未办理变更注册而继续执业的，由县级以上地方人民政府住房城乡建设主管部门或其他有关部门责令限期改正；逾期不改正的，可处以 5000 元以下的罚款。

（5）违反《注册建造师管理规定》，注册建造师在职业活动中有第二十六条所列行为之一的，由县级以上地方人民政府住房城乡建设主管部门或由其他有关部门给予警告，责令改正，没有违法所得的，处以 1 万元以下的罚款；有违法所得的，处以违法所得 3 倍以下且不超过 3 万元的罚款。

根据《注册建造师管理规定》第二十六条，注册建造师不得有下列行为：
1) 不履行注册建造师义务。
2) 在执业过程中，索贿、受贿或者谋取合同约定费用外的其他利益。
3) 在执业过程中实施商业贿赂。
4) 签署有虚假记载等不合格的文件。
5) 允许他人以自己的名义从事执业活动。
6) 同时在两个或者两个以上单位受聘或者执业。
7) 涂改、倒卖、出租、出借或以其他形式非法转让资格证书、注册证书和执业印章。
8) 超出执业范围和聘用单位业务范围从事执业活动。
9) 法律、法规、规章禁止的其他行为。

（6）违反《注册建造师管理规定》，注册建造师或其聘用单位未按照要求提供注册建造师信用档案信息的，由县级以上地方人民政府住房城乡建设主管部门或者其他有关部门责令限期改正；逾期未改正的，可处以 1000 元以上 1 万元以下罚款。

（7）聘用单位为申请人提供虚假注册材料的，由县级以上地方人民政府住房城乡建设主管部门或者其他有关部门给予警告，责令限期改正；逾期未改正的，可处以 1 万元以上 3 万元以下罚款。

（四）建筑施工特种作业人员

建筑施工特种作业人员是指在房屋建筑和市政工程施工活动中，从事可能对本人、他人及周围设备设施的安全造成重大危害作业人员。建筑施工特种作业包括建筑电工、建筑架子工、建筑起重信号司索工、建筑起重机司机、建筑起重机安装拆卸工、高处作业吊篮安装拆卸工以及经省级以上人民政府住房城乡建设主管部门认定的其他特种作业人员。

建筑施工特种作业人员必须经住房城乡建设主管部门考核合格，取得建筑施工特种作业人员操作资格证书，方可上岗从事相应作业。

建筑施工特种作业人员的考核、从业、延期复核以及监督管理等，应依据**《建筑施工特种作业人员管理规定》**的有关规定。

第三节　水利工程施工管理

为提高建设项目工程总承包管理水平，促进建设项目工程总承包管理的规范化，推进建设项目工程总承包管理与国际接轨，住房城乡建设部发布**《建设项目工程总承包管理规**

范》(GB/T 50358—2017)，适用于工程总承包企业和项目组织对建设项目的设计、采购、施工和试运行全过程的管理。

所谓施工就是把设计文件转化为项目产品的过程，包括建筑、安装、竣工试验等作业。

本节建筑施工管理的内容，重点包括工程项目管理组织、项目策划和项目施工管理等方面内容。

一、工程项目管理组织

工程项目管理组织是指为了实现工程项目目标而进行的组织系统的设计、建立和运行，建成一个可以完成工程项目管理任务的组织机构，建立必要的规章制度，划分并明确岗位、层次、责任和权力，并通过一定岗位人员的规范化行为和信息流通，实现管理目标。

本质上，工程项目管理组织是在整个工程项目中从事各种管理工作的人员的**组合体**。工程项目的建设单位、施工单位（承包商）、勘察单位、设计单位、材料与设备供应单位都有自己的工程项目管理组织，这些组织之间存在各种联系，有各种管理工作、责任和任务的划分，形成工程项目总体的管理组织系统。

施工组织管理是施工企业经营管理的一个重要组成部分，是企业为了完成建筑产品的施工任务，从接受施工任务起到工程验收止的全过程中，围绕施工对象和施工现场而进行的生产事务的组织管理工作。

（一）任命项目经理

工程总承包企业应建立与工程总承包项目相适应的项目管理组织，并行使项目管理职能，实行项目经理负责制。

工程总承包企业应在工程总承包合同生效后，任命项目经理，并由工程总承包企业法定代表人签发书面授权委托书。

工程总承包企业宜采用项目管理目标责任书的形式，并明确项目目标和项目经理的职责、权限和利益。

项目经理应根据工程总承包企业法定代表人授权的范围、时间和项目管理目标责任书中规定的内容，对工程总承包项目，自项目启动至项目收尾，实行全过程管理。

（二）组建项目部

工程项目部是指实施或参与项目管理工作，且有明确的职责、权限和相互关系的人员及设施的集合，包括发包人、承包人、分包人和其他有关单位为完成项目管理目标而建立的管理组织。

1. 项目部的工作内容

（1）根据工程总承包企业管理规定，结合项目特点，确定组织形式，组建项目部，确定项目部的职能。

（2）根据工程总承包合同和企业有关管理规定，确定项目部的管理范围和任务。

（3）确定项目部的组成人员、职责和权限。

（4）工程总承包企业与项目经理签订项目管理目标责任书。

2. 项目部职能

项目部应具有工程总承包项目组织实施和控制职能。项目部应对项目质量、安全、费用、进度、职业健康和环境保护目标负责。项目部应具有内外部沟通协调管理职能。

3. 项目部岗位设置

根据工程总承包合同范围和工程总承包企业的有关管理规定，项目部可在**项目经理**以下设置控制经理、设计经理、采购经理、施工经理、试运行经理、财务经理、质量经理、安全经理、商务经理、行政经理等职能经理和进度控制工程师、质量工程师、安全工程师、合同管理工程师、费用估算师、费用控制工程师、材料控制工程师、信息管理工程师和文件管理控制工程师等管理岗位。根据项目具体情况，相关岗位可进行调整。

4. 项目部岗位能力要求职责

以项目经理为例。

（1）**项目经理能力要求**。工程总承包企业应明确项目经理的能力要求，确认项目经理任职资格，并进行管理。

工程总承包项目经理应具备下列条件：①取得工程建设类注册执业资格或高级专业技术职称；②具备决策、组织、领导和沟通能力，能正确处理和协调与项目发包人、项目相关方之间及企业内部各专业、各部门之间的关系；③具有工程总承包项目管理及相关的经济、法律法规和**标准化**知识；④具有类似项目的管理经验；⑤具有良好的信誉。

> 标准化管理是指符合外部标准（法律、法规或其他相关规则）和以内部标准为基础的管理体系。标准化是制度化的最高形式，可以运用到生产、开发设计、管理诸方面，是一种非常有效的工作方法。其作用在于使"建设活动五方主体"间信息更加对称，行为更加透明，避免暗箱和腐败发生；也使工程成本有效降低，规避工程管理风险，显著提高工作效率。

（2）**项目经理的职责**。项目经理应履行下列职责：①执行工程总承包企业的管理制度，维护企业的合法权益；②代表企业组织实施工程总承包项目管理，对实现合同约定的项目目标负责；③完成项目管理目标责任书规定的任务；④在授权范围内负责与项目干系人的协调，解决项目实施中出现的问题；⑤对项目实施全过程进行策划、组织、协调和控制；⑥负责组织项目的管理收尾和合同收尾工作。

（3）**项目经理的权限**。项目经理应具有下列权限：①经授权组建项目部，提出项目部的组织机构，选用项目部成员，确定岗位人员职责；②在授权范围内，行使相应的管理权，履行相应的职责；③在合同范围内，按规定程序使用工程总承包企业的相关资源；④批准发布项目管理程序；⑤协调和处理与项目有关的内外部事项。

5. 项目管理目标责任书

项目管理目标责任书包括的主要内容如下：

（1）规定项目质量、安全、费用、进度、职业健康和环境保护目标等。

（2）明确项目经理的责任、权限和利益。

（3）明确项目所需资源及工程总承包企业为项目提供的资源条件。

(4) 项目管理目标评价的原则、内容和方法。
(5) 工程总承包企业对项目部人员进行奖惩的依据、标准和规定。
(6) 项目经理解职和项目部解散的条件及方式。
(7) 在工程总承包企业制度规定以外的、由企业法定代表人向项目经理委托的事项。

二、项目策划

工程项目开工前应进行质量策划,应确定质量目标、质量管理组织体系及管理职责、质量管理与协调程序、质量控制点、质量风险、质量目标的实施措施,应根据工程进展实施动态管理。

项目部应在项目初始阶段开展项目策划工作,并编制项目管理计划和项目实施计划。项目策划应满足合同要求,同时应符合工程所在地对社会环境、依托条件、**项目干系人**需求以及项目对技术、质量、安全、费用、进度、职业健康、环境保护、相关政策和法律法规等方面的要求。

项目干系人是指在项目管理中积极参与项目实施或者在项目完成后其利益可能受积极或消极影响的个人或组织(如客户、用户、发起人、高层管理员、执行组织、公众或反对项目的人)。

工程质量策划应在关键部位和环节设置质量控制点:一是影响工程质量的关键部位、关键环节;二是影响结构安全和使用功能的关键部位、关键环节;三是采用新工艺、新技术、新材料、新设备的部位和环节;四是隐蔽工程验收。

(一) 项目策划的内容

项目策划一般包括如下内容:
(1) 明确项目策划原则。
(2) 明确项目技术、质量、安全、费用、进度、职业健康和环境保护等目标,并制定相关管理程序。
(3) 确定项目的管理模式、组织机构和职责分工。
(4) 制订资源配置计划。
(5) 制订项目协调程序。
(6) 制订风险管理计划。
(7) 制订分包计划。

(二) 项目管理计划

1. 项目管理计划概念

项目管理计划是项目的主计划或总体计划,是项目成功与否之关键,包括项目需要执行的过程、项目生命周期、**里程碑(即建设单位的工程施工进度节点)**和阶段划分等全局性内容。项目管理计划是一个用于协调所有项目计划的文件,可以帮助指导项目的执行和控制。

基线(baseline)是项目管理中的一个重要概念,可简单理解为项目最初设定并保存的各类计划、参数。项目的进展应当用基线进行衡量,以评估绩效。项目基线的三个起始点为**规模、周期与成本**,它们是一个项目的基础,同时也是决定项目是否按照既定的进度进行的基准。项目经理对基线进行规范管理，能有效保证项目的合理规划、评估，促进项目严格按照计划完成，防止失控。

2. 项目管理计划的编制依据

项目管理计划编制的主要依据应包括下列主要内容：

(1) 项目合同。

(2) 项目发包人和其他项目干系人的要求。

(3) 项目情况和实施条件。

(4) 项目发包人提供的信息和资料。

(5) 相关市场信息。

(6) 工程总承包企业管理层的总体要求。

3. 项目管理计划内容

项目管理计划应包括下列主要内容：

(1) 项目概况。

(2) 项目范围。

(3) 项目管理目标。

(4) 项目实施条件分析。

(5) 项目的管理模式、组织机构和职责分工。

(6) 项目实施的基本原则。

(7) 项目协调程序。

(8) 项目的资源配置计划。

(9) 项目风险分析与对策。

(10) 合同管理。

(三) 项目实施计划

1. 项目实施计划概念

项目实施计划是指从批准可行性研究报告，确定建设项目到项目竣工投产正常运行这段时期内对各个环节的工作进行统一规划、综合平衡，科学安排和确定合理的建设顺序和时间、建设项目的投产、达产时间。

2. 项目实施计划的编制依据

项目实施计划的编制依据应包括下列主要内容：

(1) 批准后的项目管理计划。

(2) 项目管理目标责任书。

(3) 项目的基础资料。

3. 项目实施计划的内容

项目实施计划应包括下列主要内容：

(1) 概述。

(2) 总体实施方案。

(3) 项目实施要点。

(4) 项目初步进度计划等。

4. 项目实施计划的管理规定

(1) 项目实施计划应由项目经理签署，并经项目发包人认可。

(2) 项目发包人对项目实施计划提出异议时，经协商后可由项目经理主持修改。

(3) 项目部应对项目实施计划的执行情况进行动态监控。

(4) 项目结束后，项目部应对项目实施计划的编制和执行进行分析和评价，并把相关活动结果的证据整理归档。

(四) 项目设计管理

工程总承包项目的设计应由具备相应设计资质和能力的企业承担；设计应满足合同约定的技术性能、质量标准和工程的可施工性、可操作性及可维修性的要求。

1. 设计管理

设计管理应由设计经理负责，并适时组建项目设计组。在项目实施过程中，设计经理应接受项目经理和工程总承包企业设计管理部门的管理。工程总承包项目应将采购纳入设计程序。设计组应负责请购文件的编制、报价技术评审和技术谈判、供应商图纸资料的审查和确认等工作。

2. 项目设计执行计划

项目设计执行计划应由设计经理或项目经理负责组织编制，经工程总承包企业有关职能部门评审后，由项目经理批准实施。

设计执行计划应满足合同约定的质量目标和要求，同时应符合工程总承包企业的质量管理体系要求。设计执行计划应明确项目费用控制指标、设计人工时指标，并宜建立项目设计执行效果测量基准。

3. 设计实施

施工组织设计和施工方案应根据工程特点、现场条件、质量风险和技术要求编制并按规定程序审批后执行，当需变更时应按审批程序办理变更手续。具体可参看《水利水电工程施工组织设计规范》(SL 303—2017) 的有关规定。

项目部的设计组应执行已批准的设计执行计划，满足计划控制目标的要求。

设计经理应组织对设计**基础数据**和资料进行检查和验证。设计组应按项目协调程序，对设计进行协调管理，并按工程总承包企业有关专业条件管理规定，协调和控制各专业之间的接口关系。设计组应按项目设计评审程序和计划进行设计评审，并保存评审活动结果的证据。设计组应按设计执行计划与采购和施工等进行有序的衔接并处理好接口关系。初步设计文件应满足主要设备、材料订货和编制施工图设计文件的需要；施工图设计文件应满足设备、材料采购，非标准设备制作和施工以及试运行的需要。设计选用的设备、材料，应在设计文件中注明其规格、型号、性能、数量等技术指标，其质量要求应符合合同要求和国家现行相关标准的有关规定。在施工前，项目部应组织设计交底或培训。设计组应依据合同约定，承担施工和试运行阶段的技术支持和服务。

基础数据是不因施工方案、管理模式变化而变化的数据，如工程实物量、生产要素 (人、材、机) 价格、企业消耗量 (企业定额) 等项。

4. 设计控制

设计经理应组织检查设计执行计划的执行情况,分析进度偏差,制定有效措施。

设计质量应按项目**质量管理体系**要求进行控制,制定控制措施。设计经理及各专业负责人应填写规定的质量记录,并向工程总承包企业职能部门反馈项目设计质量信息。设计经理及各专业负责人应配合控制人员进行设计费用进度综合检测和趋势预测,分析偏差原因,提出纠正措施。

> **质量管理体系**是管理组织内部建立的、为实现质量目标所必需的、系统的质量管理模式。

5. 设计收尾

设计经理及各专业负责人应根据设计执行计划的要求,除应按合同要求提交设计文件外,尚应完成为关闭合同所需要的相关文件。

设计经理及各专业负责人应根据项目文件管理规定,收集、整理设计图纸、资料和有关记录,组织编制项目设计文件总目录并存档。设计经理应组织编制设计完工报告,并参与项目完工报告的编制工作,将项目设计的经验与教训反馈给工程总承包企业有关职能部门。

三、项目施工管理

工程总承包项目的施工应由具备相应施工资质和能力的企业承担。施工管理应由施工经理负责,并适时组建施工组。在项目实施过程中,施工经理应接受项目经理和工程总承包企业施工管理部门的管理。

(一)施工执行计划

施工执行计划应由施工经理负责组织编制,经项目经理批准后组织实施,并报项目发包人确认。施工执行计划宜包括下列主要内容:

(1)工程概况。
(2)施工组织原则。
(3)施工质量计划。
(4)施工安全、职业健康和环境保护计划。
(5)施工进度计划。
(6)施工费用计划。
(7)施工技术管理计划,包括施工技术方案要求。
(8)资源供应计划。
(9)施工准备工作要求。

(二)施工控制

1. 施工进度控制

施工进度计划应经建设单位和监理单位审批后执行。施工中不得任意压缩工期,进度计划的重大调整应按原审批程序办理变更手续,并应制定相应质量控制措施。

施工组应根据施工执行计划组织编制施工进度计划,并组织实施和控制。施工进度计划应包括施工总进度计划、单项工程进度计划和单位工程进度计划。施工总进度计划应报项目发包人确认。具体可参考《水利水电工程施工组织设计规范》(SL 303—2017) 的有关规定。

(1) 编制施工进度计划的依据。依据包括下列主要内容：项目合同；施工执行计划；施工进度目标；设计文件；施工现场条件；供货计划；有关技术经济资料。

(2) 施工进度计划编制程序。

1) 收集编制依据资料。

2) 确定进度控制目标。

3) 计算工程量。

4) 确定分部、分项、单位工程的施工期限。

5) 确定施工流程。

6) 形成施工进度计划。

7) 编写施工进度计划说明书。

2. 工程费用控制

工程费用控制是指在确保工程质量、工程进度以及施工与生产安全的条件下，将工程实际费用控制在工程预算范围内所进行的工作。工程费用控制以工程预算为依据。所谓工程预算，是指在项目施工图设计阶段，根据工程量、工程定额和工程单价对工程费用进行的详细计算结果。工程费用控制就是要不断监测施工中各项费用实际支出情况，并与工程预算进行对比，如发现超预算的倾向，要及时查明原因并加以纠正。工程费用可分为**直接费用**与**间接费用**，按期计入工程成本。

直接费用和间接费用取决于该费用是否直接计入生产成本。直接费用是指在建设工程施工过程中，直接耗用于建设工程产品的各项费用的总和。间接费用由**规费**和管理费用组成。

项目部的施工组应根据项目施工执行计划，估算施工费用，确定施工费用控制基准。施工费用控制基准调整时，应按规定程序审批。施工组宜采用**赢得值法**等技术方法测量施工费用，分析费用偏差，预测费用趋势，采取纠正措施。施工组应依据施工分包合同、安全生产管理协议和施工进度计划制定施工分包费用支付计划和管理规定。

赢得值法（earned value management，EVM）是一种能全面衡量工程进度、成本状况的整体方法，其基本方法是用货币量代替工程量来测量工程的进度，它不以投入资金的多少来反映工程的进展，而是以资金已经转化为工程成果的量来衡量，是一种完整和有效的工程项目监控指标和方法。

3. 施工质量控制

为使项目的施工质量符合要求，在项目的实施过程中，对项目质量的实际情况进行监督，判断其是否符合相关的质量标准，并分析产生质量问题的原因，从而制定出相应的措施，确保项目质量持续改进。

工程总承包项目的施工应由具备相应施工资质和能力的企业承担。施工管理应由施工经理负责，并适时组建施工组。在项目实施过程中，施工经理应接受项目经理和工程总承包企业施工管理部门的管理。

项目部的施工组应对供货质量按规定进行复验并保存活动结果的证据。

施工组应监督施工质量不合格品的处置，并验证其实施效果。施工组应对所需的施工机械、装备、设施、工具和器具的配置以及使用状态进行有效性和安全性检查，必要时进行试验。操作人员应持证上岗，按操作规程作业，并在使用中做好维护和保养。施工组应对施工过程的质量控制绩效进行分析和评价，明确改进目标，制定纠正措施，进行持续改进。施工组应根据施工质量计划，明确施工质量标准和控制目标。施工组应组织对项目分包人的施工组织设计和专项施工方案进行审查。施工组应按规定组织或参加工程质量验收。当实行施工分包时，项目部应依据施工分包合同约定，组织项目分包人完成并提交质量记录和竣工文件，并进行评审。当施工过程中发生质量事故时，应按国家现行有关规定处理。

水利工程质量应当遵照《**水利工程质量管理规定**》中有关规定。

建设工程是一周期长、投资大的项目，施工中通常需要各类数据对进度进行支撑，而工程质量检测恰能为其提供准确和关键的工程数据，从而既可规避一些不安全因素，又能确保工程质量。**工程质量检测**是指工程质量检测机构依据国家有关法律、法规和工程建设标准，对**建筑材料、建筑构配件、设备以及工程实体质量、使用功能**等进行测试以确定其质量特性的活动。

（三）施工管理

1. 施工安全管理

项目部应建立项目安全生产责任制，明确各岗位人员的责任、责任范围和考核标准等。

施工组应根据项目安全管理实施计划进行施工阶段安全策划，编制施工安全计划，建立施工安全管理制度，明确安全职责，落实施工安全管理目标。施工组应按安全检查制度组织现场安全检查，掌握安全信息，召开安全例会，发现和消除隐患。施工组应对施工安全管理工作负责，并实行统一的协调、监督和控制。依据合同约定，工程总承包企业或分包商必须依法参加工伤保险，为从业人员缴纳保险费，鼓励投保安全生产责任保险。施工组应建立并保存完整的施工记录。项目部应依据分包合同和安全生产管理协议的约定，明确各自的安全生产管理职责和应采取的安全措施，并指定专职安全生产管理人员进行安全生产管理与协调。工程总承包企业应建立监督管理机制，监督考核项目部安全生产责任制落实情况。

2. 施工现场管理

施工现场应根据项目特点和合同约定，制定技能工人配备方案，其中级工及以上占比应符合项目所在地区施工现场建筑工人配备标准，施工现场技能工人配备方案应报监理单位审查后实施。

项目部的施工组应根据施工执行计划的要求，进行施工开工前的各项准备工作，并在施工过程中协调管理。

项目部应建立项目环境管理制度，掌握监控环境信息，采取应对措施。项目部应建立和执行安全防范及治安管理制度，落实防范范围和责任，检查报警和救护系统的适应性和有效性。项目部应建立施工现场卫生防疫管理制度。当现场发生安全事故时，应按国家现行有关规定处理。

3. 项目进度管理

项目部应建立项目进度管理体系,按合理交叉、相互协调、资源优化的原则对项目进度进行控制管理。项目部应对进度控制、费用控制和质量控制等进行协调管理。项目进度管理应按项目工作分解结构逐级管理。项目进度控制宜采用赢得值法、**网络计划技术**和信息技术等多样的技术和方法进行管理。

网络计划技术是指用于工程项目的计划与控制的一项管理技术。网络计划技术包括**网络图(工艺关系/组织关系)**、时间参数、关键路线、网络优化等。施工进度网络图是施工组织设计的关键内容,是控制工程进度和工程施工期限等各项施工活动的依据。进度计划是否合理,直接影响施工进度、成本和质量。

(1) **进度计划**。项目进度计划应按合同要求的工作范围和进度目标,制定工作分解结构并编制进度计划。项目进度计划文件应包括进度计划图表和编制说明。项目总进度计划应依据合同约定的工作范围和进度目标进行编制。项目分进度计划在总进度计划的约束条件下,根据细分的活动内容、活动逻辑关系和资源条件进行编制。项目分进度计划应在控制经理协调下,由设计经理、采购经理、施工经理和试运行经理组织编制,并由项目经理审批。

(2) **进度控制**。项目实施过程中,项目控制人员应对进度实施情况进行跟踪、数据采集,并应根据进度计划,优化资源配置,采用检查、比较、分析和纠偏等方法和措施,对计划进行动态控制。

(3) **工程验收**。施工质量验收应包括单位工程、分部工程、分项工程和检验批施工质量验收,并应符合相关规定。工程施工质量应符合**国家强制性工程建设标准**的规定,并应符合工程勘察设计文件要求和合同约定,依据标准为《水利水电工程施工质量检验与评定规程》(SL 176—2007)。

国家强制性工程建设标准是指直接涉及工程质量、安全、卫生及环境保护等方面的工程建设标准强制性条文。

国家强制性工程建设标准中对各项要素的规定是保障城乡基础建设设施建设体系化和效率提升的基本规定,是支撑城乡建设高质量发展的基本要求。所述各项要素是指**五大要素**,即项目规模、项目布局、项目功能、项目性能和关键技术措施。

第四节 水利工程安全生产

一、安全生产管理

(一) 管理目标

1. 生产管理责任人

(1) 安全生产法规。主要法规如下:

第四节 水利工程安全生产

《中华人民共和国安全生产法》（以下简称《安全生产法》）第五条规定："生产经营单位的**主要负责人**是本单位安全生产第一负责人，对本单位的安全生产工作全面负责。其他负责人对职责范围内的安全生产工作负责。"

《水利工程建设安全生产管理规定》第二条指出："本规定适用于水利工程的新建、扩建、改建、加固和拆除等活动及水利工程建设安全生产的监督管理。"第五条规定："项目法人（或者建设单位，下同）、勘察（测）单位、设计单位、施工单位、建设监理单位及其他与水利工程建设安全生产有关的单位，必须遵守安全生产法律、法规和本规定，保证水利工程建设安全生产，依法承担水利工程建设安全生产责任。"

《水利安全生产标准化通用规范》（SL/T 789—2019）已于2020年2月13日正式实施。该标准规定了水利安全生产标准化管理体系的目标职责、制度化管理、教育培训、现场管理、安全风险管控及隐患排查治理、应急管理、事故管理和持续改进等八个方面的基本要求。本标准适用于水利工程项目法人、勘测设计、施工、监理、运行管理，以及农村水电站、水文测验等水利生产经营单位开展安全生产标准化建设工作，也适用于对安全生产标准化工作的咨询、服务、评审管理等，其他水利生产经营单位可参照执行。

（2）**安全生产考核**。《水利水电工程施工企业主要负责人、项目负责人和专职安全生产管理人员安全生产考核管理办法》指出，企业主要负责人指企业的法定代表人和实际控制人。项目负责人是指由企业法定代表人授权，负责工程项目管理的人员。专职安全生产管理人员是指在企业专职从事工程项目安全生产管理工作的人员，包括企业安全生产管理机构的人员和专职从事工程项目安全生产管理的人员。

水利水电工程施工企业主要负责人、项目负责人和专职安全生产管理人员统称为安管人员。安管人员安全生产考核实行分类考核，分为企业主要负责人考核、项目负责人考核和专职安全生产管理人员考核。安管人员安全生产考核实行分级管理。国务院水行政主管部门对水利水电工程施工企业主要负责人、项目负责人和专职安全生产管理人员安全生产考核管理和安全生产工作实施监督管理，负责全国水利水电工程施工总承包一级（含）以上资质、专业承包一级资质企业安管人员的安全生产考核。

各省、自治区、直辖市人民政府水行政主管部门对本省级行政区域内水利水电工程施工企业主要负责人、项目负责人和专职安全生产管理人员安全生产工作实施监督管理，负责本省级行政区域内工商注册的水利水电工程施工总承包二级（含）以下资质、专业承包二级（含）以下资质企业安管人员的安全生产考核。

市、县级水行政主管部门依法对本行政区域内安管人员安全生产工作实施监督检查。

实施安管人员安全生产考核的水行政主管部门统称为考核管理部门。

安管人员应具备与从事水利水电工程施工相应的安全生产知识和管理能力，经考核管理部门考试合格后，申请取得水利水电工程施工企业主要负责人、项目负责人和专职安全生产管理人员安全生产考核合格证书。证书有效期3年，采用电子证书形式，在全国水利水电工程建设领域适用。证书样式由国务院水行政主管部门统一规定。

2. 危险源识别

（1）**危险源概念**。根据《水利水电工程施工危险源辨识与风险评价导则（试行）》，**水利水电工程施工危险源**（以下简称危险源）是指在水利水电工程施工过程中有潜在能量和物质释放危险的,可造成人员伤亡、健康损害、财产损失、环境破坏,在一定的触发因素作用下可转化为事故的部位、区域、场所、空间、岗位、设备及其位置。

水利水电工程施工重大危险源(以下简称重大危险源)是指在水利水电工程施工过程中有潜在能量和物质释放危险的,可能导致人员死亡、健康严重损害、财产严重损失、环境严重破坏,在一定的触发因素作用下可转化为事故的部位、区域、场所、空间、岗位、设备及其位置。

重大危险源包含《安全生产法》定义的危险物品重大危险源。工程区域内危险物品的生产、储存、使用及运输,其危险源辨识与风险评价参照国家和行业有关法律法规和技术标准。

危险源的辨识与风险等级评价按阶段划分为**工程开工前**和**施工期**两个阶段。

(2)**危险源辨识主体**。水利工程建设项目法人和勘测、设计、施工、监理等参建单位(以下一并简称为各单位)是危险源辨识、风险评价和管控的主体。各单位应结合本工程实际,根据工程施工现场情况和管理特点,全面开展危险源辨识与风险评价,严格落实相关管理责任和管控措施,有效防范和减少安全生产事故。

水行政主管部门和流域管理机构依据有关法律法规、技术标准和《水利水电工程施工危险源辨识与风险评价导则(试行)》对危险源辨识与风险评价工作进行指导、监督与检查。

3. 安全生产目标管理

(1)概念。《水利水电工程施工安全管理导则》(SL 721—2015)提出,**安全生产目标管理**是指各参建单位以及内部各部门,围绕项目安全生产的总目标,层层确立各自的目标,有效组织实施,并严格考核的一种管理制度。

(2)**安全生产目标管理制度**。项目法人应建立安全生产目标管理制度,明确目标与指标的制定、分解、实施、考核等环节内容。项目法人应根据本工程项目安全生产实际,组织制定项目安全生产总体目标和年度目标。各参建单位应根据项目安全生产总体目标和年度目标,制定所承担项目的安全生产总体目标和年度目标。

安全生产目标应主要包括下列内容:

1)生产安全事故控制目标。

2)安全生产投入目标。

3)安全生产教育培训目标。

4)安全生产事故隐患排查治理目标。

5)重大危险源监控目标。

6)应急管理目标。

7)文明施工管理目标。

8)人员、机械、设备、交通、消防、环境和职业健康等方面的安全管理控制指标等。

安全生产目标应尽可能量化,便于考核。目标制定应考虑以下因素:

1)国家的有关法律、法规、规章、制度和标准的规定及合同约定。

2)水利行业安全生产监督管理部门的要求。

3)水利行业的技术水平和项目特点。

4）采用的工艺和设施设备状况等。

(3) 安全生产目标考核。项目法人应制订有关参建单位的安全生产目标考核办法；各参建单位应制订本单位各部门的安全生产目标考核办法。项目法人安全生产目标考核办法由项目主管部门制订。

（二）工程建设安全责任制

《**水利水电工程施工安全管理导则**》（SL 721—2015）指出，**安全生产责任制**是各参建单位的职能部门及各级管理人员、作业人员在生产过程中对安全生产层层负责的制度。

《**建设工程安全生产管理条例**》第三十六条规定："施工单位的主要负责人、项目负责人、专职安全生产管理人员应当经建设行政主管部门或者其他有关部门考核合格后方可任职。"

《**水利工程建设安全生产管理规定**》第三条指出："水利工程建设安全生产管理，坚持安全第一，预防为主的方针。"第四条规定："发生生产安全事故，必须查清事故原因，查明事故责任，落实整改措施，做好事故处理工作，并依法追究有关人员的责任。"

1. 项目法人的安全责任

《**水利工程建设安全生产管理规定**》有关规定如下：

（1）项目法人在对施工投标单位进行资格审查时，应当对投标单位的主要负责人、项目负责人以及专职安全生产管理人员是否经水行政主管部门安全生产考核合格进行审查。有关人员未经考核合格的，不得认定投标单位的投标资格。

（2）项目法人应当向施工单位提供施工现场及施工可能影响的毗邻区域内供水、排水、供电、供气、供热、通信、广播电视等地下管线资料，气象和水文观测资料，拟建工程可能影响的相邻建筑物和构筑物、地下工程的有关资料，并保证有关资料的真实、准确、完整，满足有关技术规范的要求。对可能影响施工报价的资料，应当在招标时提供。

（3）项目法人不得调减或挪用批准概算中所确定的水利工程建设有关安全作业环境及安全施工措施等所需费用。工程承包合同中应当明确安全作业环境及安全施工措施所需费用。

（4）项目法人应当组织编制保证安全生产的措施方案，并自工程开工之日起15个工作日内报有管辖权的水行政主管部门、流域管理机构或者其委托的水利工程建设安全生产监督机构（简称安全生产监督机构）备案。建设过程中安全生产的情况发生变化时，应当及时对保证安全生产的措施方案进行调整，并报原备案机关。

保证安全生产的措施方案应当根据有关法律法规、强制性标准和技术规范的要求并结合工程的具体情况编制，应当包括以下内容：

1）项目概况。
2）编制依据。
3）安全生产管理机构及相关负责人。
4）安全生产的有关规章制度制定情况。
5）安全生产管理人员及特种作业人员持证上岗情况等。
6）生产安全事故的应急救援预案。
7）工程度汛方案、措施。

8) 其他有关事项。

(5) 项目法人在水利工程开工前，应当就落实保证安全生产的措施进行全面系统的布置，明确施工单位的安全生产责任。

(6) 项目法人应当将水利工程中的拆除工程和爆破工程发包给具有相应水利水电工程施工资质等级的施工单位。

项目法人应当在拆除工程或者爆破工程施工 15 日前，将下列资料报送水行政主管部门、流域管理机构或者其委托的安全生产监督机构备案：

1) 拟拆除或拟爆破的工程及可能危及毗邻建筑物的说明。
2) 施工组织方案。
3) 堆放、清除废弃物的措施。
4) 生产安全事故的应急救援预案。

2. 勘察（测）、设计、建设监理及其他有关单位的安全责任

(1) 勘察（测）单位应当按照法律、法规和工程建设强制性标准进行勘察（测），提供的勘察（测）文件必须真实、准确，满足水利工程建设安全生产的需要。勘察（测）单位在勘察（测）作业时，应当严格执行操作规程，采取措施保证各类管线、设施和周边建筑物、构筑物的安全。

勘察（测）单位和有关勘察（测）人员应当对其勘察（测）成果负责。

(2) 设计单位应当按照法律、法规和工程建设强制性标准进行设计，并考虑项目周边环境对施工安全的影响，防止因设计不合理导致生产安全事故的发生。

设计单位应当考虑施工安全操作和防护的需要，对涉及施工安全的重点部位和环节在设计文件中注明，并对防范生产安全事故提出指导意见。

采用新结构、新材料、新工艺以及特殊结构的水利工程，设计单位应当在设计中提出保障施工作业人员安全和预防生产安全事故的措施建议。

设计单位和有关设计人员应当对其设计成果负责。

设计单位应当参与与设计有关的生产安全事故分析，并承担相应的责任。

(3) 建设监理单位和监理人员应当按照法律、法规和工程建设强制性标准实施监理，并对水利工程建设安全生产承担监理责任。

建设监理单位应当审查施工组织设计中的安全技术措施或者专项施工方案是否符合工程建设强制性标准。

建设监理单位在实施监理过程中，发现存在生产安全事故隐患的，应当要求施工单位整改；对情况严重的，应当要求施工单位暂时停止施工，并及时向水行政主管部门、流域管理机构或者其委托的安全生产监督机构以及项目法人报告。

(4) 为水利工程提供机械设备和配件的单位，应当按照安全施工的要求提供机械设备和配件，配备齐全有效的保险、限位等安全设施和装置，提供有关安全操作的说明，保证其提供的机械设备和配件等产品的质量和安全性能达到国家有关技术标准。

3. 施工单位的安全责任

(1) 施工单位从事水利工程的新建、扩建、改建、加固和拆除等活动，应当具备国家规定的注册资本、专业技术人员、技术装备和安全生产等条件，依法取得相应等级的资质

第四节 水利工程安全生产

证书,并在其资质等级许可的范围内承揽工程。

(2) 施工单位应当依法取得安全生产许可证后,方可从事水利工程施工活动。

(3) 施工单位主要负责人依法对本单位的安全生产工作全面负责。施工单位应当建立健全安全生产责任制度和安全生产教育培训制度,制定安全生产规章制度和操作规程,保证本单位建立和完善安全生产条件所需资金的投入,对所承担的水利工程进行定期和专项安全检查,并做好安全检查记录。

施工单位的项目负责人应当由取得相应执业资格的人员担任,对水利工程建设项目的安全施工负责,落实安全生产责任制度、安全生产规章制度和操作规程,确保安全生产费用的有效使用,并根据工程的特点组织制定安全施工措施,消除安全事故隐患,及时、如实报告生产安全事故。

(4) 施工单位在工程报价中应当包含工程施工的安全作业环境及安全施工措施所需费用。对列入建设工程概算的上述费用,应当用于施工安全防护用具及设施的采购和更新、安全施工措施的落实、安全生产条件的改善,不得挪作他用。

(5) 施工单位应当设立安全生产管理机构,按照国家有关规定配备专职安全生产管理人员。施工现场必须有专职安全生产管理人员。

专职安全生产管理人员负责对安全生产进行现场监督检查。发现生产安全事故隐患,应当及时向项目负责人和安全生产管理机构报告;对违章指挥、违章操作的,应当立即制止。

(6) 施工单位在建设有度汛要求的水利工程时,应当根据项目法人编制的工程度汛方案、措施制定相应的度汛方案,报项目法人批准;涉及防汛调度或影响其他工程、设施度汛安全的,由项目法人报有管辖权的防汛指挥机构批准。

(7) 垂直运输机械作业人员、安装拆卸工、爆破作业人员、起重信号工、登高架设作业人员等特种作业人员,必须按照国家有关规定经过专门的安全作业培训,并取得特种作业操作资格证书后,方可上岗作业。

(8) 施工单位应当在施工组织设计中编制安全技术措施和施工现场临时用电方案,对下列达到一定规模的危险性较大的工程应当编制专项施工方案,并附具安全验算结果,经施工单位技术负责人签字以及总监理工程师核签后实施,由专职安全生产管理人员进行现场监督:

1) 基坑支护与降水工程。
2) 土方和石方开挖工程。
3) 模板工程。
4) 起重吊装工程。
5) 脚手架工程。
6) 拆除、爆破工程。
7) 围堰工程。
8) 其他危险性较大的工程。

对以上所列工程中涉及高边坡、深基坑、地下暗挖工程、高大模板工程的专项施工方案,施工单位还应当组织专家进行论证、审查。

9) 施工单位在使用施工起重机械和整体提升脚手架、模板等自升式架设设施前，应当组织有关单位进行验收，也可以委托具有相应资质的检验检测机构进行验收；使用承租的机械设备和施工机具及配件的，由施工总承包单位、分包单位、出租单位和安装单位共同进行验收。验收合格的方可使用。

10) 施工单位的主要负责人、项目负责人、专职安全生产管理人员应当经水行政主管部门对其安全生产知识和管理能力考核合格。

施工单位应当对管理人员和作业人员每年至少进行一次安全生产教育培训，其教育培训情况记入个人工作档案。安全生产教育培训考核不合格的人员，不得上岗。

施工单位在采用新技术、新工艺、新设备、新材料时，应当对作业人员进行相应的安全生产教育培训。

具体可参看《水电水利工程施工通用安全技术规程》（DL/T 5370—2017）、《水电水利工程施工作业人员安全操作规程》（DL/T 5373—2017）、《水电水利工程土建施工安全技术规程》（DL/T 5371—2017）的有关规定。

二、监督管理

（一）分级管理

水行政主管部门和流域管理机构按照**分级管理**权限，负责水利工程建设安全生产的监督管理。水行政主管部门或者流域管理机构委托的安全生产监督机构负责水利工程施工现场的具体监督检查工作。

1. 水利部

水利部负责全国水利工程建设安全生产的监督管理工作，其主要职责是：

（1）贯彻、执行国家有关安全生产的法律、法规和政策，制定有关水利工程建设安全生产的规章、规范性文件和技术标准。

（2）监督、指导全国水利工程建设安全生产工作，组织开展对全国水利工程建设安全生产情况的监督检查。

（3）组织、指导全国水利工程建设安全生产监督机构的建设、管理以及水利水电工程施工单位的主要负责人、项目负责人和专职安全生产管理人员的安全生产考核工作。

2. 流域管理机构

流域管理机构负责所管辖的水利工程建设项目的安全生产监督工作。

3. 省、自治区、直辖市人民政府水行政部门

省、自治区、直辖市人民政府水行政主管部门负责本行政区域内所管辖的水利工程建设安全生产的监督管理工作，其主要职责是：

（1）贯彻、执行有关安全生产的法律、法规、规章、政策和技术标准，制定地方有关水利工程建设安全生产的规范性文件。

（2）监督、指导本行政区域内所管辖的水利工程建设安全生产工作，组织开展对本行政区域内所管辖的水利工程建设安全生产情况的监督检查。

（3）组织、指导本行政区域内水利工程建设安全生产监督机构的建设工作以及有关的水利水电工程施工单位的主要负责人、项目负责人和专职安全生产管理人员的安全生产考核工作。

4. 市、县级人民政府水行政部门

市、县级人民政府水行政主管部门水利工程建设安全生产的监督管理职责由省、自治区、直辖市人民政府水行政主管部门规定。

（二）监督机构权限

水行政主管部门或者流域管理机构委托的安全生产监督机构，应当严格按照有关安全生产的法律、法规、规章和技术标准，对水利工程施工现场实施监督检查。

安全生产监督机构应当配备一定数量的专职安全生产监督人员。

水行政主管部门或者其委托的安全生产监督机构应当自收到《水利工程建设安全生产管理规定》第九条和第十一条规定的有关备案资料后20日内，将有关备案资料抄送同级安全生产监督管理部门。流域管理机构抄送项目所在地省级安全生产监督管理部门，并报水利部备案。

水行政主管部门、流域管理机构或者其委托的安全生产监督机构依法履行安全生产监督检查职责时，有权采取下列措施：

（1）要求被检查单位提供有关安全生产的文件和资料。

（2）进入被检查单位施工现场进行检查。

（3）纠正施工中违反安全生产要求的行为。

（4）对检查中发现的安全事故隐患，责令立即排除；重大安全事故隐患排除前或者排除过程中无法保证安全的，责令从危险区域内撤出作业人员或者暂时停止施工。

各级水行政主管部门和流域管理机构应当建立举报制度，及时受理对水利工程建设生产安全事故及安全事故隐患的检举、控告和投诉；对超出管理权限的，应当及时转送有管理权限的部门。举报制度应当包括以下内容：

（1）公布举报电话、信箱或者电子邮件地址，受理对水利工程建设安全生产的举报。

（2）对举报事项进行调查核实，并形成书面材料。

（3）督促落实整顿措施，依法作出处理。

三、应急救援与调查处理

（一）应急预案

应急预案是指面对突发事件，如自然灾害、重特大事故、环境公害及人为破坏的应急管理、指挥、救援计划等。《突发事件应急预案管理办法》提出"应急预案"，是指各级人民政府及其部门、基层组织、企事业单位、社会团体等为依法、迅速、科学、有序应对突发事件，最大程度减少突发事件及其造成的损害而预先制定的工作方案。地震、台风、洪涝、滑坡、山洪、泥石流等自然灾害易发区域所在地人民政府，重要基础设施和城市供水、供电、供气、供热等生命线工程经营管理单位，矿山、建筑施工单位，易燃易爆物品、化学品、放射性物品等危险物品生产、经营、使用、储存、运输、废弃处置单位，公共交通工具、公共场所、医院、学校等人员密集场所的经营单位或者管理单位等，应当有针对性地组织开展**应急预案演练**。

（1）各级地方人民政府水行政主管部门应当根据本级人民政府的要求，制定本行政区域内水利工程建设特大生产安全事故应急救援预案，并报上一级人民政府水行政主管部门备案。流域管理机构应当编制所管辖的水利工程建设特大生产安全事故应急救援预案，并报水利部备案。

(2) 项目法人应当组织制定本建设项目的生产安全事故应急救援预案,并定期组织演练。应急救援预案应当包括紧急救援的组织机构、人员配备、物资准备、人员财产救援措施、事故分析与报告等方面的方案。

(3) 施工单位应当根据水利工程施工的特点和范围,对施工现场易发生重大事故的部位、环节进行监控,制定施工现场生产安全事故应急救援预案。实行施工总承包的,由总承包单位统一组织编制水利工程建设生产安全事故应急救援预案,工程总承包单位和分包单位按照应急救援预案,各自建立应急救援组织或者配备应急救援人员,配备救援器材、设备,并定期组织演练。

具体可参看《生产经营单位生产安全事故应急预案编制导则》(GB/T 29639—2020)。

(二) 调查处理

施工单位发生生产安全事故,项目法人及其他有关单位应当按照国家有关伤亡事故报告和调查处理的规定,及时、如实地向负责安全生产监督管理的部门以及水行政主管部门或者流域管理机构报告;特种设备发生事故的,还应当同时向特种设备安全监督管理部门报告。接到报告的部门应当按照国家有关规定,如实上报。

实行施工总承包的建设工程,由总承包单位负责上报事故。

发生生产安全事故后,有关单位应当采取措施防止事故扩大,保护事故现场。需要移动现场物品时,应当做出标记和书面记录,妥善保管有关证物。

水利工程建设生产安全事故的调查、对事故责任单位和责任人的处罚与处理,按照有关法律、法规的规定执行。

依据《水利工程质量事故处理规定》第三十二条,在水利工程运行过程中发现的工程建设质量问题,依据《建筑法》《建设工程质量管理条例》《建设工程勘察设计管理条例》《水利工程质量管理规定》等法律法规规章和《水利工程质量事故处理规定》追究有关责任。

《生产安全事故报告和调查处理条例》第四十条规定:"事故发生单位对事故发生负有责任的,由有关部门依法暂扣或者吊销其有关证照;对事故发生单位负有事故责任的有关人员,依法暂停或者撤销其与安全生产有关的执业资格、岗位证书;事故发生单位主要负责人受到刑事处罚或者撤职处分的,自刑罚执行完毕或者受处分之日起,5年内不得担任任何生产经营单位的主要负责人。"

依据《水利工程质量事故处理规定》第二条,水利工程质量事故是指水利工程在建设过程中因建设管理、勘察、设计、施工、监理、检测等原因造成工程质量不满足法律法规、强制性标准和工程设计文件的质量要求,影响工程主要功能正常使用,造成一定经济损失,必须进行工程处理的事件。因水利工程质量事故造成人身伤亡及财产损失的,责任单位应按有关规定,给予受损方经济赔偿。

【思考题】

1. 简述水利工程的基本特征。
2. 简述水利工程施工的主要内容。

3. 施工期寿命周期一般分为几个阶段？
4. 水利工程施工开工建设的必备条件是什么？
5. 建筑业企业资质有哪几个序列？
6. 施工总承包企业资质可分为哪几个级别？
7. 建造师注册的基本条件是什么？
8. 简述项目经理的职责与权限。
9. 简述水利工程安全生产责任制。
10. 简述水利工程安全生产管理体制。
11. 说明安全生产应急预案的重要性。

第八章 水利工程建设监理法规

《诗经·小雅·节南山》中提到：何用不监。战国韩非子认为：理者，成物之文（指规律）也。以此引申"监理"的含义，可表述为：以某项条理或准则为依据，对一项行为进行监视、督察、控制和评价。

第一节 水利工程建设监理法规概述

一、水利工程建设监理

（一）水利工程建设监理概念

《水利工程建设监理规定》提出，水利工程建设监理是指具有相应资质的水利工程建设监理单位（简称监理单位），受项目法人（建设单位）委托，按照监理合同对水利工程建设项目实施中的质量、进度、资金、安全生产、环境保护等进行的管理活动，包括水利工程施工监理、水土保持工程施工监理、机电及金属结构设备制造监理、水利工程建设环境保护监理。

而建设工程监理，依据《建设工程监理规范》（GB/T 50319—2013）可定义为，工程监理单位受建设单位委托，根据法律法规、工程建设标准、勘察设计文件及合同，在施工阶段对建设工程质量、造价、进度进行控制，对合同、信息进行管理，对工程建设相关方的关系进行协调，并履行建设工程安全生产管理法定职责的服务活动。

根据《水利工程施工监理规范》（SL 288—2014），**施工监理**是指监理单位依据有关规定和合同约定，对水利工程的施工、保修实施的监理。而**监理单位**定义为具有法人资格，取得水利工程建设监理资质等级证书，并与发包人签订监理合同，提供监理服务的单位。监理机构是指监理单位依据监理合同派驻工程现场，由监理人员和其他工作人员组成，代表监理单位履行监理合同的机构。其中监理人员是指在监理机构从事水利工程施工监理总监理工程师、副总监理工程师、监理工程师和监理员。

（二）监理的范围和依据

1. 监理范围

根据《水利工程建设监理规定》第三条，总投资 200 万元以上且符合下列条件之一的水利工程建设项目，必须实行建设监理：

(1) 关系社会公共利益或者公共安全的。
(2) 使用国有资金投资或者国家融资的。
(3) 使用外国政府或者国际组织贷款、援助资金的。

铁路、公路、城镇建设、矿山、电力、石油天然气、建材等开发建设项目的配套水土保持工程，符合以上规定条件的，应当按照《水利工程建设监理规定》开展水土保持工程施工监理。其他水利工程建设项目可以参照《水利工程建设监理规定》执行。

根据《水利工程建设监理规定》第四条，水利部对全国水利工程建设监理实施统一监督管理。水利部所属流域管理机构和县级以上地方人民政府水行政主管部门对其所管辖的水利工程建设监理实施监督管理。

2. 监理依据

水利工程施工监理应以下列文件为依据：

(1) 国家和国务院水行政主管部门有关工程建设的法律、法规和规章。

(2) 工程建设标准强制性条文（水利工程部分）。

(3) 经批准的工程建设项目设计文件。

(4) 监理合同、施工合同等合同文件。

(三) 监理业务委托与承接

按《水利工程建设监理规定》规定必须实施建设监理的水利工程建设项目，项目法人应当按照水利工程建设项目招标投标管理的规定，确定具有相应资质的监理单位，并报项目主管部门备案。项目法人和监理单位应当依法签订监理合同。

项目法人委托监理业务，合同价格不得低于成本。监理单位不得违反标准规范规定或合同约定，通过降低服务质量、减少服务内容等手段进行恶性竞争，扰乱正常市场秩序。项目法人及其工作人员不得索取、收受监理单位的财物或者其他不正当利益。

监理单位应当按照水利部的规定，取得**水利工程建设监理单位资质等级证书**，并在其资质等级许可的范围内承揽水利工程建设监理业务。两个以上具有资质的监理单位，可以组成一个联合体承接监理业务。联合体各方应当签订协议，明确各方拟承担的工作和责任，并将协议提交项目法人。联合体的资质等级，按照同一专业内资质等级较低的一方确定。联合体中标的，联合体各方应当共同与项目法人签订监理合同，就中标项目向项目法人承担连带责任。

监理单位与被监理单位以及建筑材料、建筑构配件和设备供应单位有隶属关系或者其他利害关系的，不得承担该项工程的建设监理业务。监理单位不得以串通、欺诈、胁迫、贿赂等不正当竞争手段承揽水利工程建设监理业务。

监理单位不得允许其他单位或者个人以本单位名义承揽水利工程建设监理业务。监理单位不得转让监理业务。

(四) 监理业务实施

1. 监理单位建设监理实施程序

(1) 按照监理合同，选派满足监理工作要求的总监理工程师、监理工程师和监理员组建项目监理机构，进驻现场。

(2) 编制监理规划，明确项目监理机构的工作范围、内容、目标和依据，确定监理工作制度、程序、方法和措施，并报项目法人备案。

(3) 按照工程建设进度计划，分专业编制监理实施细则。

(4) 按照监理规划和监理实施细则开展监理工作，编制并提交监理报告。

(5) 监理业务完成后，按照监理合同向项目法人提交监理工作报告、移交档案资料。

由水利工程施工监理总程序图（图8-1）可以了解水利工程施工监理的全过程。其中**缺陷责任期**，即工程质量保修期，是从工程通过合同工程完工验收之日起，或从单位工程或部分工程通过投入使用验收之日起，至有关规定或施工合同约定的缺陷责任终止的时段。

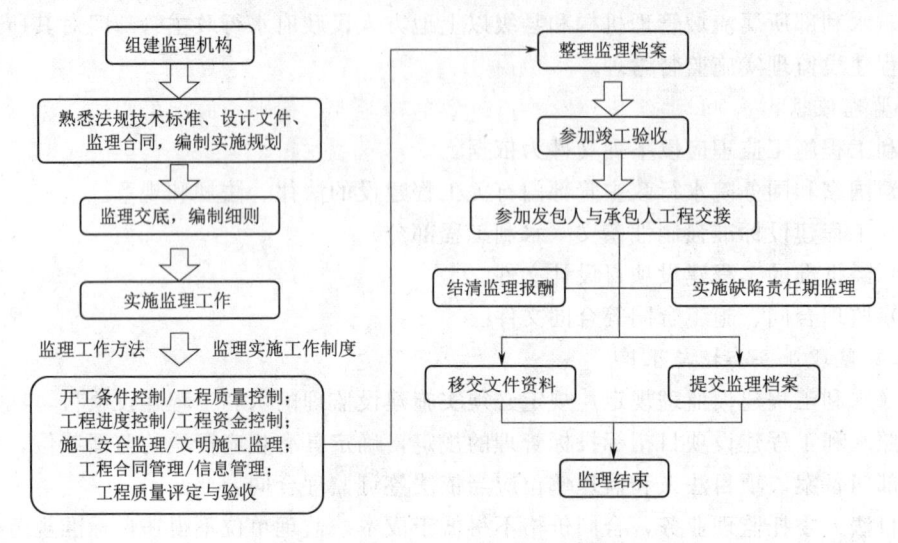

图8-1 水利工程施工监理总程序

监理工作方法主要有现场记录、发布文件、旁站监理、巡视检查、跟踪检测、平行检测和协调。

监理实施工作制度有技术文件核查、审核和审批制度；原材料、中间产品和工程设备报验制度；工程质量报验制度；工程计量付款签证制度；会议制度（第一次工地会议、监理例会、监理专题会议）；紧急情况报告制度；工程建设标准强制性条文（水利工程部分）符合性审核制度；监理报告制度；工程验收制度。

2. 监理机构工作要求

《水利工程施工监理规范》（SL 288—2014）规定，施工监理机构的基本职责与权限共16项：

(1) 审查承包人拟选择的分包项目和分包人，报发包人审批。

(2) 核查并签发施工图纸。

(3) 审批、审核或确认承包人提交的各类文件。

(4) 签发指示、通知、批复等监理文件。

(5) 监督、检查现场施工安全，发现安全隐患及时要求承包人整改或暂停施工。

(6) 监督、检查文明施工情况。

(7) 监督、检查施工进度。

(8) 核验承包人申报的原材料、中间产品的质量，复核工程施工质量。

(9) 参与或组织工程设备的交货验收。

(10) 审核工程计量，签发各类付款证书。

(11) 审批施工质量缺陷处理措施计划，监督、检查施工质量缺陷处理情况，组织施工质量缺陷备案表的填写。

(12) 处置施工中影响工程质量和安全的紧急情况。

(13) 处理变更、索赔和违约等合同事宜。

(14) 依据有关规定参与工程质量评定，主持或参与工程验收。

(15) 主持施工合同履行中发包人和承包人之间的协调工作。

(16) 监理合同约定的其他职责与权限。

监理单位应当将项目监理机构及其人员名单、监理工程师和监理员的授权范围书面通知被监理单位。监理实施期间监理人员有变化的，应当及时通知被监理单位。监理单位更换总监理工程师和其他主要监理人员的，应当符合监理合同的约定。

《水利工程建设监理规定》 规定如下：

监理单位应当按照监理合同，组织设计单位等进行现场设计交底，核查并签发施工图。未经总监理工程师签字的施工图不得用于施工。监理单位不得修改工程设计文件。

监理单位应当按照监理规范的要求，采取旁站、巡视、跟踪检测和平行检测等方式实施监理，发现问题应当及时纠正、报告。监理单位不得与项目法人或者被监理单位串通，弄虚作假、降低工程或者设备质量。监理人员不得将质量检测或者检验不合格的建设工程、建筑材料、建筑构配件和设备按照合格签字。未经监理工程师签字，建筑材料、建筑构配件和设备不得在工程上使用或者安装，不得进行下一道工序的施工。

监理单位应当协助项目法人编制控制性总进度计划，审查被监理单位编制的施工组织设计和进度计划，并督促被监理单位实施。

监理单位应当协助项目法人编制付款计划，审查被监理单位提交的资金流计划，按照合同约定核定工程量，签发付款凭证。未经总监理工程师签字，项目法人不得支付工程款。

监理单位应当审查被监理单位提出的安全技术措施、专项施工方案和环境保护措施是否符合工程建设强制性标准和环境保护要求，并监督实施。监理单位在实施监理过程中，发现存在安全事故隐患的，应当要求被监理单位整改；情况严重的，应当要求被监理单位暂时停止施工，并及时报告项目法人。被监理单位拒不整改或者不停止施工的，监理单位应当及时向有关水行政主管部门或者流域管理机构报告。

3. 监理人员工作要求

(1) 项目监理机构的监理人员应由总监理工程师、监理工程师和监理员组成，且专业配套、数量应满足建设工程监理工作需要，必要时可设总监理工程师代表。总监理工程师、监理工程师应当具有监理工程师职业资格，总监理工程师还应当具有工程类高级专业技术职称。

(2) 监理工程师应当由其聘用监理单位（以下简称注册监理单位）报水利部注册备案，并在其注册监理单位从事监理业务；需要临时到其他监理单位从事监理业务的，应当由该监理单位与注册监理单位签订协议，明确监理责任等有关事宜。

(3) 监理人员应当保守执（从）业秘密，并不得同时在两个以上水利工程项目从事监理业务，不得与被监理单位以及建筑材料、建筑构配件和设备供应单位发生经济利益关系。

4. 实行总监理工程师负责制

总监理工程师负责全面履行监理合同约定的监理单位职责，发布有关指令，签署监理文件，协调有关各方之间的关系。

监理工程师在总监理工程师授权范围内开展监理工作，具体负责所承担的监理工作，并对总监理工程师负责。

监理员在监理工程师或者总监理工程师授权范围内从事监理辅助工作。

5. 项目法人工作要求

项目法人应当向监理单位提供必要的工作条件，支持监理单位独立开展监理业务，不得明示或者暗示监理单位违反法律法规和工程建设强制性标准，不得更改总监理工程师指令。

项目法人应当按照监理合同，及时、足额支付监理单位报酬，不得无故削减或者拖延支付。

项目法人可以对监理单位提出并落实的合理化建议给予奖励。奖励标准由项目法人与监理单位协商确定。

（五）监督管理

水利部对全国水利工程建设监理实施统一监督管理。

水利部所属流域管理机构（简称流域管理机构）和县级以上地方人民政府水行政主管部门对其所管辖的水利工程建设监理实施监督管理。

县级以上人民政府水行政主管部门和流域管理机构应当加强对水利工程建设监理活动的监督管理，对项目法人和监理单位执行国家法律法规、工程建设强制性标准以及履行监理合同的情况进行监督检查。项目法人应当依据监理合同对监理活动进行检查。

县级以上人民政府水行政主管部门和流域管理机构在履行监督检查职责时，有关单位和人员应当客观、如实反映情况，提供相关材料。县级以上人民政府水行政主管部门和流域管理机构实施监督检查时，不得妨碍监理单位和监理人员正常的监理活动，不得索取或者收受被监督检查单位和人员的财物，不得谋取其他不正当利益。

县级以上人民政府水行政主管部门和流域管理机构在监督检查中，发现监理单位和监理人员有违规行为的，应当责令纠正，并依法查处。

任何单位和个人有权对水利工程建设监理活动中的违法违规行为进行检举和控告。有关水行政主管部门和流域管理机构以及有关单位应当及时核实、处理。

二、我国水利工程建设监理制度

（一）发展历程

1983 年，利用世界银行贷款建设的云南鲁布革水电站引水工程首次引入了建设监理"工程师机构"，被称为"鲁布革冲击波"，引发了我国工程项目建设管理体制的重大改革，是我国工程监理的起点。之后，引大入秦工程、内蒙古河套灌区改造工程等世界银行贷款水利水电工程项目也都相继采用了建设监理模式，取得了显著成效。

从 1988 年开始进行试点，1988 年 7 月 25 日建设部印发了《关于开展建设监理工作的通知》（建设部〔88〕建字第 142 号），提出要建立具有中国特色的建筑监理制度；1988年 11 月制定印发了《关于开展建设监理试点工作的若干意见》；1989 年 7 月 28 日建设部颁布了《建设监理试行规定》；1992 年 1 月 18 日建设部发布了《工程建设监理单位资质管理试行办法》；1992 年 6 月 4 日建设部颁发了《监理工程师资格考试和注册试行办法》；

1992年9月建设部、国家物价局联合印发了《关于发布工程建设监理费有关规定的通知》（〔1992〕价费字479号）；1995年10月建设部、国家工商行政管理局联合印发了《工程建设监理合同》示范文本；1995年12月15日建设部、国家计委联合颁布了《工程建设监理规定》；至1996年在建设领域全面推行监理制度。

"八五"期间（1991—1995年）初步确立水利工程建设监理制度，"九五"期间（1996—2001年）该制度得到大力推行，是实现"两个根本转变"的集中表现；中华人民共和国第八届全国人民代表大会第四次会议批准的《中华人民共和国国民经济和社会发展"九五"计划和2010年远景目标纲要》指出，水利工程发展总体目标是：监理法规基本完善；队伍规模和素质基本满足项目建设需要；监理手段规范化科学化；监理队伍向产业化方向发展并成为重要的建设主体之一，形成较为完善的建设监理市场格局，进而和其他改革措施配套形成较为完善的水利建设管理新体制。

随后，1997年8月25日水利部发布《水利工程质量监督管理规定》；1997年11月1日全国人民代表大会常务委员会颁布了《建筑法》；2000年1月30日国务院颁发了《建设工程质量管理条例》；水利部和国家工商行政管理总局联合对《水利工程建设监理合同示范文本》（GF—2000—0211）进行了修订，更新为《水利工程施工监理合同示范文本》（GF—2007—0211）；2001年1月17日，建设部颁布了《建设工程监理范围和规模标准规定》；2001年8月29日，建设部发布了《工程监理企业资质管理规定》；2005年4月1日建设部对〔1992〕价费字479号文件进行修订，发布《修订建设工程监理与咨询服务收费标准的工作方案》；2006年1月26日建设部令第147号颁布《注册监理工程师管理规定》；2013年，住房城乡建设部颁布最新版本《建设工程监理规范》（GB/T 50319—2013）。

近年，大批水利工程监理法规及规范也得到重新颁布或多次修正，如《注册监理工程师（水利工程）管理办法》、《监理工程师职业资格制度规定》、《水利工程建设监理规定》、《水利工程施工监理规范》（SL 288—2014）、《水利工程建设监理单位资质管理办法》、《水利工程质量检测管理规定》。

（二）我国现行水利水电工程建设监理法规

我国水利水电工程建设监理领域现行的相关法律法规主要包括：

(1)《水利工程施工监理合同示范文本》（GF—2007—0211）。

(2)《水利工程建设监理规定》。

(3)《水利工程建设监理单位资质管理办法》。

(4)《水利工程质量检测管理规定》。

(5)《水利工程质量监督管理规定》。

(6)《注册监理工程师（水利工程）管理办法》。

(7)《监理工程师职业资格制度规定》。

第二节　建设监理单位资质管理

根据《水利工程建设监理规定》第七条，监理单位应当按照水利部的规定，取得水利

工程建设监理单位资质等级证书,并在其资质等级许可的范围内承揽水利工程建设监理业务。

为加强水利工程建设监理单位的资质管理,规范水利工程建设市场秩序,保证水利工程建设质量,根据《建设工程质量管理条例》《国务院对确需保留的行政审批项目设定行政许可的决定》等规定,水利部制定了**《水利工程建设监理单位资质管理办法》**,该办法适用于水利工程建设监理单位资质的认定与管理。

该办法指出,从事水利工程建设监理业务的单位,应当按照该办法取得资质,并在资质等级许可的范围内承揽水利工程建设监理业务。申请监理资质的单位(简称申请人),应当按照其拥有的技术负责人、专业技术人员和工程监理业绩等条件,申请相应的资质等级。

水利部负责监理单位资质的认定与管理工作。水利部所属流域管理机构和省、自治区、直辖市人民政府水行政主管部门依照管理权限,负责有关的监理单位资质申请材料的接收、转报以及相关管理工作。

一、资质等级和业务范围

监理单位资质**分为水利工程施工监理、水土保持工程施工监理、机电及金属结构设备制造监理和水利工程建设环境保护监理四个专业**。其中,水利工程施工监理专业资质和水土保持工程施工监理专业资质分为甲级、乙级和丙级三个等级,机电及金属结构设备制造监理专业资质分为甲级、乙级两个等级,水利工程建设环境保护监理专业资质暂不分级。

(一)资质等级

1. 甲级

(1)具有健全的组织机构、完善的组织章程和管理制度。技术负责人具有高级专业技术职称,并取得监理工程师资格证书。

(2)专业技术人员。监理工程师以及其中具有高级专业技术职称的人员,均不少于表8-1规定的人数。造价工程师不少于3人。

(3)具有五年以上水利工程建设监理经历,且近三年监理业绩分别为:

1)申请水利工程施工监理专业资质,应当承担过(含正在承担,下同)1项Ⅱ等水利枢纽工程,或者2项Ⅱ等(堤防2级)其他水利工程的施工监理业务;该专业资质许可的监理范围内的近三年累计合同额不少于600万元。

承担过水利枢纽工程中的挡、泄、导流、发电工程之一的,可视为承担过水利枢纽工程。

2)申请水土保持工程施工监理专业资质,应当承担过2项Ⅱ等水土保持工程的施工监理业务;该专业资质许可的监理范围内的近三年累计合同额不少于350万元。

3)申请机电及金属结构设备制造监理专业资质,应当承担过4项中型机电及金属结构设备制造监理业务;该专业资质许可的监理范围内的近三年累计合同额不少于300万元。

(4)能运用先进技术和科学管理方法完成建设监理任务。

第二节 建设监理单位资质管理

表 8-1　　　　　　　各专业资质等级配备监理工程师一览表

资质等级	水利工程施工监理 监理工程师	水利工程施工监理 其中高级职称人员	水土保持工程施工监理 监理工程师	水土保持工程施工监理 其中高级职称人员	机电及金属结构设备制造监理 监理工程师	机电及金属结构设备制造监理 其中高级职称人员	水利工程建设环境保护监理 监理工程师	水利工程建设环境保护监理 其中高级职称人员
甲级	40	8	25	5	25	5	—	—
乙级	25	5	15	3	12	3	—	—
丙级	10	3	10	3	—	—	—	—
不定级	—	—	—	—	—	—	10	3

注　1. 监理工程师的监理专业必须为各专业资质要求的相关专业。
　　2. 具有两个以上不同类别监理专业的监理工程师，监理单位申请不同专业资质等级时可分别计算人数。
　　3. —表示无限制。

2. 乙级

（1）具有健全的组织机构、完善的组织章程和管理制度。技术负责人具有高级专业技术职称，并取得监理工程师资格证书。

（2）专业技术人员。监理工程师以及其中具有高级专业技术职称的人员，均不少于表 8-1 规定的人数。造价工程师不少于 2 人。

（3）具有三年以上水利工程建设监理经历，且近三年监理业绩分别为：

1）申请水利工程施工监理专业资质，应当承担过 3 项Ⅲ等（堤防 3 级）水利工程的施工监理业务；该专业资质许可的监理范围内的近三年累计合同额不少于 400 万元。

2）申请水土保持工程施工监理专业资质，应当承担过 4 项Ⅲ等水土保持工程的施工监理业务；该专业资质许可的监理范围内的近三年累计合同额不少于 200 万元。

（4）能运用先进技术和科学管理方法完成建设监理任务。

首次申请机电及金属结构设备制造监理专业乙级资质，只需满足第（1）、（2）、（4）项；申请重新认定、延续或者核定机电及金属结构设备制造监理专业乙级资质，还须该专业资质许可的监理范围内的近三年年均监理合同额不少于 30 万元。

3. 丙级和不定级

（1）具有健全的组织机构、完善的组织章程和管理制度。技术负责人具有高级专业技术职称，并取得监理工程师资格证书。

（2）专业技术人员。监理工程师以及其中具有高级专业技术职称的人员，均不少于表 8-1 规定的人数。造价工程师不少于 1 人。

（3）能运用先进技术和科学管理方法完成建设监理任务。

申请重新认定、延续或者核定丙级（或者不定级）监理单位资质，还须专业资质许可的监理范围内的近三年年均监理合同额不少于 30 万元。

（二）业务范围

各专业资质等级可以承担的业务范围如下。

1. 水利工程施工监理专业资质

甲级可以承担各等级水利工程的施工监理业务。

乙级可以承担Ⅱ等（堤防2级）以下各等级水利工程的施工监理业务。

丙级可以承担Ⅲ等（堤防3级）以下各等级水利工程的施工监理业务。

2. 水土保持工程施工监理专业资质

甲级可以承担各等级水土保持工程的施工监理业务。

乙级可以承担Ⅱ等以下各等级水土保持工程的施工监理业务。

丙级可以承担Ⅲ等水土保持工程的施工监理业务。

同时具备水利工程施工监理专业资质和乙级以上水土保持工程施工监理专业资质的，方可承担淤地坝中的骨干坝施工监理业务。

其中，水土保持工程等级划分标准如下：

Ⅰ等：500km² 以上的水土保持综合治理项目；总库容100万 m³ 以上、小于500万 m³ 的沟道治理工程；征占地面积500hm² 以上的开发建设项目的水土保持工程。

Ⅱ等：150km² 以上、小于500km² 的水土保持综合治理项目；总库容50万 m³ 以上、小于100万 m³ 的沟道治理工程；征占地面积50hm² 以上、小于500hm² 的开发建设项目的水土保持工程。

Ⅲ等：小于150km² 的水土保持综合治理项目；总库容小于50万 m³ 的沟道治理工程；征占地面积小于50hm² 的开发建设项目的水土保持工程。

表8-2 发电机组、水轮机组等级划分标准

工程规模	装机容量/10⁴kW
大型	≥30
中型	5～30
小型	<5

3. 机电及金属结构设备制造监理专业资质

甲级可以承担水利工程中的各类型机电及金属结构设备制造监理业务。

乙级可以承担水利工程中的中、小型机电及金属结构设备制造监理业务。

其中，机电及金属结构设备等级划分标准见表8-2～表8-4。

表8-3 水工金属结构设备（闸门、压力钢管、拦污设备）等级划分标准

	规格分档	参数标准[FH=门叶面积（m²）×设计水头（m）]
闸门	大型	FH≥1000
	中型	200≤FH<1000
	小型	FH<200
	规格分档	参数标准[DH=直径（m）×设计水头（m）]
压力钢管	大型	DH≥300
	中型	50≤DH<300
	小型	DH<50
	规格分档	参数标准
		耙斗式	回转式
拦污设备	大型	耙斗容积≥3m³	齿耙宽度（m）×清污深度（m）≥100m²
	中型	1m³≤耙斗容积<3m³	30m²≤齿耙宽度（m）×清污深度（m）<100m²
	小型	耙斗容积<1m³	齿耙宽度（m）×清污深度（m）<30m²

4. 水利工程建设环境保护监理专业资质可以承担各类各等级水利工程建设环境保护监理业务。

表8-4 起重设备等级划分标准

规格分档	起重量G
大型	$G \geqslant 100t$
中型	$30t \leqslant G < 100t$
小型	$G < 30t$

二、资质申请和审批

(一) 资质申请

申请监理单位资质，应当具备水利工程建设监理单位资质等级标准规定的资质条件。监理单位资质一般按照专业逐级申请，可以申请一个或者两个以上专业资质。

申请人应当向其注册地的省、自治区、直辖市人民政府水行政主管部门提交申请材料。但是，水利部直属单位独资或者控股成立的企业申请监理单位资质的，应当向水利部提交申请材料；流域管理机构直属单位独资或者控股成立的企业申请监理单位资质的，应当向该流域管理机构提交申请材料。

申请人应当如实提交有关材料和反映真实情况，并对申请材料的真实性负责。

首次申请监理单位资质，申请人应当提交以下材料：

(1) 水利工程建设监理单位资质等级申请表。

(2) 企业章程。

(3) 法定代表人身份证明。

(4) 水利工程建设监理单位资质等级申请表中所列监理工程师、造价工程师的申请人同意注册证明文件（已在其他单位注册的，还需提供原注册单位同意变更注册的证明），以及上述人员的劳动合同和社会保险凭证。

申请晋升、重新认定、延续监理单位资质等级的，除提交以上规定的材料外，还应当提交以下材料：

(1) 原水利工程建设监理单位资质等级证书（副本）。

(2) 近三年承担的水利工程建设监理合同书，以及已完工程的建设单位评价意见。

当监理单位发生合并、重组、分立情形时，可以确定由一家单位承继原单位资质，该单位应当自合并、重组、分立之日起30个工作日内，按照上述要求，提交有关申请材料以及合并、重组、分立决议和监理业绩分割协议。经审核，注册人员等事项满足资质标准要求的，直接进行证书变更。重组、分立后其他单位申请获得水利工程建设监理单位资质的，按照首次申请办理。

资质等级证书有效期届满，需要延续的，监理单位应当在有效期届满30个工作日前，按照上述要求，向水利部提出延续资质等级的申请。水利部在资质等级证书有效期届满前，作出是否准予延续的决定。

(二) 受理和认定

监理单位资质每年集中认定一次，受理时间由水利部提前三个月向社会公告。但监理单位分立后申请重新认定监理单位资质，以及监理单位申请资质证书变更或者资质延续的情形除外。

省、自治区、直辖市人民政府水行政主管部门和流域管理机构应当自收到申请材料之日起20个工作日内提出意见，并连同申请材料转报水利部。水利部按照《中华人民共和国行政许可法》有关规定办理受理手续。

水利部应当自受理申请之日起20个工作日内作出认定或者不予认定的决定；20个工作日内不能作出决定的，经本机关负责人批准，可以延长10个工作日。决定予以认定的，应当在10个工作日内颁发水利工程建设监理单位资质等级证书；不予认定的，应当书面通知申请人并说明理由。

水利部在作出决定前，应当组织对申请材料进行评审，并将评审结果在水利部网站公示，公示时间不少于7日。

水利部应当制作水行政许可除外时间告知书，将评审和公示时间告知申请人。

（三）资质证书

水利工程建设监理单位资质等级证书包括正本一份、副本四份，正本和副本具有同等法律效力，有效期为5年。

资质等级证书有效期内，监理单位的名称、地址、法定代表人等工商注册事项发生变更的，应当在变更后30个工作日内向水利部提交水利工程监理单位资质等级证书变更申请并附工商注册事项变更的证明材料，办理资质等级证书变更手续。水利部自收到变更申请材料之日起3个工作日内办理变更手续。

水利部应当将资质等级证书的发放、变更、延续等情况及时通知有关省、自治区、直辖市人民政府水行政主管部门或者流域管理机构，并定期在水利部网站公告。

三、监督管理

水利部建立监理单位资质监督检查制度，对监理单位资质实行动态管理。

水利部履行监督检查职责时，有关单位和人员应当客观、如实反映情况，提供相关材料。

县级以上地方人民政府水行政主管部门和流域管理机构发现监理单位资质条件不符合相应资质等级标准的，应当向水利部报告，水利部按照《水利工程建设监理单位资质管理办法》核定其资质等级。

违反《水利工程建设监理单位资质管理办法》应当给予处罚的，依照《中华人民共和国行政许可法》《建设工程质量管理条例》《水利工程建设监理规定》的有关规定执行。

监理单位被吊销资质等级证书的，三年内不得重新申请；因违法违规行为被降低资质等级的，两年内不得申请晋升资质等级；受到其他行政处罚，受到通报批评、情节严重，被计入不良行为档案，或者在审计、监察、稽察、检查中发现存在严重问题的，一年内不得申请晋升资质等级。法律法规另有规定的，从其规定。

第三节　水利监理工程师注册执业制度

为加强水利工程建设监理管理，规范注册监理工程师（水利工程）（简称水利监理工程师）执业行为，保障工程质量、安全、进度和投资效益，维护公共利益和水利建设市场秩序，依据《建设工程质量管理条例》《建设工程安全生产管理条例》《国务院办公厅关于全面实行行政许可事项清单管理的通知》（国办发〔2022〕2号）、《住房和城乡建设部、交通运输部、水利部、人力资源社会保障部关于印发〈监理工程师职业资格制度规定〉〈监理工程师职业资格考试实施办法〉的通知》（建人规〔2020〕3号）等有关规定，2022年5月19日，水利部制定并发布**《注册监理工程师（水利工程）管理办法》**。该方法适用于我国境内水利监理工程师的注册、执业、继续教育和监督管理。

水利部实施水利监理工程师注册，并对全国水利监理工程师的执业活动实施监督管理。各省、自治区、直辖市人民政府水行政主管部门对本行政区域内水利监理工程师的执业活动实施监督管理。

一、水利监理工程师概念

据《监理工程师职业资格制度规定》，注册监理工程师是指经考试取得中华人民共和国监理工程师职业资格证书，并按照本规定注册，取得中华人民共和国注册监理工程师注册执业证书（简称注册证书）和执业印章，从事工程监理及相关业务活动的专业技术人员。

水利监理工程师是指通过水利工程专业类别监理工程师职业资格考试取得中华人民共和国监理工程师职业资格证书（以下简称职业资格证书），并按照《**注册监理工程师（水利工程）管理办法**》注册后，从事水利工程建设监理执业活动的人员，分为**水利工程施工监理、水土保持工程施工监理、机电及金属结构设备制造监理、水利工程建设环境保护监理四个专业**。

2013年12月31日以前取得中国水利工程协会颁发的水利工程建设监理工程师资格证书（以下简称协会资格证书）的人员，可按照《**注册监理工程师（水利工程）管理办法**》注册为水利监理工程师。水利监理工程师最多申请注册两个专业，在注册后可申请变更专业，但机电及金属结构设备制造监理专业与其他专业不得同时注册。取得协会资格证书的人员，在其协会资格证书专业类别范围内申请注册、变更专业。

2020—2022年取得职业资格证书的人员，在水利工程施工监理、水土保持工程施工监理、水利工程建设环境保护监理三个专业范围内申请注册、变更专业。

2023年以后取得职业资格证书的人员，通过"水利工程施工监理、水土保持工程施工监理、水利工程建设环境保护监理专业考试"的，在水利工程施工监理、水土保持工程施工监理、水利工程建设环境保护监理三个专业范围内申请注册、变更专业；通过"机电及金属结构设备制造监理专业考试"的，申请注册机电及金属结构设备制造监理专业。

二、注册

水利监理工程师注册分为初始注册、延续注册、变更注册及注销注册。

注册的申请、受理和办理在水利部政务服务平台进行。符合注册条件的人员本人须在水利部政务服务平台进行注册，填报申请材料，对材料的真实性、有效性承诺并负责。水利部收到申请材料后，对申请材料不齐全或不符合形式要求的，在5个工作日内一次性告知申请人需要补正的全部内容；逾期不告知的，自收到申请材料之日起即为受理。申请材料齐全、符合形式要求的，水利部自受理之日起15个工作日内予以注册并核发水利监理工程师注册证书。

水利部全面应用水利监理工程师注册证书电子证照。水利监理工程师按照有关规定自行制作执业印章。

(一) 注册条件

1. 初始注册

水利监理工程师注册条件如下：

(1) 取得职业资格证书。

(2) 受聘于一家水利工程建设监理单位或者水利水电工程勘察、设计、施工、招标代理、造价咨询、项目管理单位。

(3) 符合《注册监理工程师（水利工程）管理办法》第四章关于继续教育的要求。

(4) 无《注册监理工程师（水利工程）管理办法》规定的不予注册情形。

符合注册条件的人员，应当自取得职业资格证书之日起1年内申请初始注册；取得职业资格证书超出1年期限申请初始注册的，应当满足继续教育要求。

取得协会资格证书的人员和2020年、2021年取得职业资格证书的人员，在2022年12月31日以前申请初始注册的，对继续教育不作要求；在2023年1月1日以后申请初始注册的，应当满足继续教育要求。

初始注册的有效期为4年。申请初始注册应当提交下列材料：

(1) 承诺书（统一格式）。

(2) 初始注册申请表。

(3) 劳动合同和社会保险参保缴费材料（退休人员应当提供有效的退休证明相关材料、劳务合同和意外伤害保险投保缴费材料）。

(4) 超出规定期限申请初始注册的，应当提供符合《注册监理工程师（水利工程）管理办法》第二十八条规定的继续教育合格证明。

2. 延续注册

水利监理工程师注册有效期届满需继续执业的，应当在有效期届满30日前申请延续注册。延续注册的有效期为4年。

申请延续注册应当提交下列材料：

(1) 承诺书（统一格式）。

(2) 延续注册申请表。

(3) 劳动合同和社会保险参保缴费材料（退休人员应当提供有效的退休证明相关材料、劳务合同和意外伤害保险投保缴费材料）。

(4) 继续教育合格证明。

3. 变更注册

水利监理工程师在注册有效期内需要变更注册专业的，应当申请变更注册；需要变更执业单位或者执业单位名称发生变更的，应当自与现聘用单位签订劳动合同（或劳务合同）或执业单位名称变更之日起30日内申请变更注册。变更注册后，原注册有效期届满时间不变。

申请变更注册应当提交下列材料：

(1) 承诺书（统一格式）。

(2) 变更注册申请表。

(3) 变更执业单位的，应当提交与现聘用单位签订的劳动合同和社会保险参保缴费材料（退休人员应当提交有效的退休证明相关材料、劳务合同和意外伤害保险投保缴费材料）。

4. 注销注册

水利监理工程师在注册有效期内停止执业的，应当申请注销注册，提交注销注册申请表。水利部自受理之日起 15 个工作日内办理注销注册手续。

（二）不予注册

《注册监理工程师（水利工程）管理办法》第十五条明确规定，有下列情形之一的，不予注册：

(1) 不具有完全民事行为能力的。

(2) 申请在两个或者两个以上单位注册的。

(3) 年龄在 70 周岁以上的。

(4) 受刑事处罚且尚未执行完毕的。

(5) 隐瞒有关情况或者提供虚假材料申请注册被警告，自处罚决定之日起至申请注册之日止未满 1 年的。

(6) 存在第十八条第（一）、（二）或（三）项情形被吊销注册证书，自处罚决定之日起至申请注册之日止未满 2 年的。

(7) 以欺骗、贿赂等不正当手段获得注册被撤销，自被撤销注册之日起至申请注册之日止未满 3 年的。

(8) 存在第十八条第（四）项或第（五）项情形被吊销注册证书，自处罚决定之日起至申请注册之日止未满 5 年的；情节特别恶劣或因过错造成重大以上安全事故的，终身不予注册。

(9) 法律、法规规定不予注册的其他情形。

被注销注册或不予注册的人员，在具备注册条件后，按初始注册要求申请注册。

（三）撤销注册

根据《注册监理工程师（水利工程）管理办法》第十七条，有下列情形之一的，水利部依据职权或根据利害关系人的请求，撤销水利监理工程师的注册：

(1) 行政机构工作人员滥用职权、玩忽职守准予注册的。

(2) 超越法定职权准予注册的。

(3) 违反法定程序准予注册的。

(4) 对不具备注册条件的申请人准予注册的。

(5) 依法可以撤销注册的其他情形。

申请人以欺骗、贿赂等不正当手段获准注册的，水利部予以撤销，并依法给予行政处罚；构成犯罪的，依法追究刑事责任。申请人基于本次注册的利益不受保护。

（四）吊销注册

根据《注册监理工程师（水利工程）管理办法》第十八条，水利监理工程师有下列情形之一的，由水利部依据职权或根据其他行政机关的意见建议吊销其注册证书：

(1) 利用执业上的便利，索取或者收受项目法人，被监理的施工单位，机电及金属结构设备制造单位，以及建筑材料、建筑构配件和设备供应单位财物，情节严重的。

(2) 与被监理的施工单位，机电及金属结构设备制造单位，以及建筑材料、建筑构配件和设备供应单位串通，谋取不正当利益，情节严重的。

(3) 非法泄露执业中应当保守的秘密，情节严重的。

(4) 因过错造成重大质量事故的。

(5) 未执行法律、法规和工程建设强制性标准，情节严重的。

(6) 法律、法规、规章规定的应当吊销注册证书的其他情形。

(五) 注销注册

根据《注册监理工程师（水利工程）管理办法》第十九条，水利监理工程师有下列情形之一的，由水利部办理注销注册手续，公布其注册证书和执业印章作废：

(1) 与原聘用单位解除劳动合同（或劳务合同）且在三个月内未被其他单位聘用的。

(2) 注册有效期届满且未延续的。

(3) 年龄在70周岁以上的。

(4) 死亡或者不具有完全民事行为能力的。

(5) 受到刑事处罚的。

(6) 依法被撤销注册或者应当撤销注册的。

(7) 依法被吊销注册证书的。

(8) 法律、法规规定的应当注销注册的其他情形。

有以上所列情形之一的，水利监理工程师本人应当及时向水利部申请注销注册；聘用单位应当及时报告水利部；有关单位和个人有权向水利部举报；县级以上人民政府水行政主管部门应当及时逐级上报至水利部。

三、执业

水利监理工程师在执业中必须遵守国家有关法律、法规和规定，恪守职业道德和从业规范，提高服务意识和社会责任感，诚实守信，独立、客观、公正履行监理工作职责，切实维护社会公共利益和公共安全，主动接受各级水行政主管部门的监督检查，执行行业自律相关规定。

(一) 执业要求

水利监理工程师从事水利工程建设监理执业活动，应当受聘并注册于一个具有水利工程建设监理资质的单位。其执业范围是注册专业对应的水利工程建设监理业务，具体工作内容执行《水利工程建设监理规定》《水利工程建设监理单位资质管理办法》等制度及相关技术标准。

水利监理工程师按照有关规定在本人执业活动中所形成的监理文件上签字并加盖执业印章，承担相应法律责任。修改经水利监理工程师签字和加盖执业印章的监理文件，应当由本人进行；因特殊情况，本人不能进行修改的，应当由其他水利监理工程师修改，并签字和加盖执业印章，修改人对修改部分承担相应法律责任。

(二) 权利和义务

水利监理工程师享有的权利如下：

(1) 以水利监理工程师名义依法从事水利工程建设监理业务。

(2) 保管和使用本人的注册证书和执业印章，任何单位和个人不得强制代替本人保管和使用。

（3）在本人执业活动中形成的监理文件上签字和加盖执业印章。

水利监理工程师应当履行的义务如下：

（1）履行监理职责，执行相关技术标准。

（2）保证执业活动成果的质量。

（3）接受继续教育，提高执业水平。

（4）与被监理的施工单位，机电及金属结构设备制造单位，以及建筑材料、建筑构配件和设备供应单位等相关当事人有利害关系的，应当主动回避。

（5）保守在执业中知悉的国家秘密和他人的商业秘密。

（三）法律责任

水利监理工程师不得有下列行为：

（1）弄虚作假提供执业活动成果。

（2）以个人名义承接水利工程建设监理业务。

（3）允许他人以自己名义从事水利工程建设监理业务。

（4）同时在两个以上单位执业。

（5）涂改、倒卖、出租、出借或者以其他形式非法转让注册证书或者执业印章。

（6）超出注册专业对应的执业范围从事水利工程建设监理业务。

（7）受到停止执业处罚期间，继续以水利监理工程师名义从事水利工程建设监理业务。

（8）法律、法规、规章禁止的其他行为。

水利监理工程师有以上所列行为的，依据相关法律、法规、规章进行处罚；构成犯罪的，依法追究刑事责任。

四、继续教育

水利监理工程师应当按照国家专业技术人员继续教育的有关规定接受继续教育，更新理论知识，提升职业技能和专业水平，以适应岗位需要和职业发展要求。

水利监理工程师应当本着诚信原则参加继续教育。发现弄虚作假的，由水利部将其当年继续教育学时记录为零。继续教育机构应当本着诚信原则开展继续教育工作。发现存在违规行为的，由水利部责令改正，情节严重的依法依规进行处理。

（一）继续教育内容

水利监理工程师继续教育的内容包括监理专业技术人员应当掌握的法律法规、政策理论、职业道德、技术信息等基本知识；水利工程建设监理相关技术标准，水利工程建设监理新理论、新技术、新方法等专业知识。

（二）继续教育课时

水利监理工程师继续教育每年应不少于 30 学时。取得职业资格证书超出 1 年期限申请初始注册的人员，申请当年继续教育应不少于 30 学时。被注销注册后重新申请注册的人员，自被注销注册当年至重新申请注册当年，继续教育平均每年应不少于 30 学时，或近三年累计不少于 90 学时。

（三）继续教育形式

水利监理工程师继续教育形式包括面授培训、远程（网络）培训、学术会议、学术报告、专业论坛等。为水利监理工程师提供继续教育服务的机构，应当具备与继续教育目的任务相适应的场所、设施、教材和人员，建立健全组织机构和管理制度，如实出具继续教育证明，载明继续教育的内容和学时，并加盖机构印章。水利部鼓励继续教育机构为水利监理工程师免费提供远程（网络）培训。

五、监督管理

县级以上人民政府水行政主管部门应当依照有关法律、法规、规章和《注册监理工程师（水利工程）管理办法》的规定，对水利监理工程师的注册、执业和继续教育等实施监督检查，按照诚信体系建设要求对水利监理工程师实行信用监管，归集、共享和应用相关信用信息，采取差异化监管措施。

县级以上人民政府水行政主管部门依法履行监督检查职责时，有权采取下列措施：

（1）要求被检查人员出示注册证书。

（2）要求被检查人员执业单位提供其签署的监理文件及相关业务文档。

（3）就有关问题询问签署监理文件的人员。

（4）依法纠正违反有关法律、法规、规章和《注册监理工程师（水利工程）管理办法》的行为。

县级以上人民政府水行政主管部门发现水利监理工程师违反法律、法规、规章等相关规定的，应当予以查处，并按照水利建设市场信用管理有关要求，及时将本单位或同级人民政府及有关部门作出的责任追究、行政处罚以及司法机关作出的刑事处罚等信息逐级报送至水利部，通过全国水利建设市场监管平台公开；应予注销注册、撤销注册、吊销注册证书或者责令停止执业的，应当及时将违法事实、处理建议及有关材料逐级报送至水利部，由水利部依法作出处理。

水利监理工程师受到县级以上人民政府及有关部门警告、通报批评、罚款、没收违法所得、没收非法财物等行政处罚的，在全国水利建设市场监管平台公开有关行政处罚的期限内，县级以上人民政府水行政主管部门和有关单位及社会团体可采取以下严格监管措施：

（1）在行政许可、市场准入、招标投标、信用评价、评比表彰、政策试点、项目示范、行业创新等事项中作为技术人员申报时，进行重点审查。

（2）在资质资格管理中，限制享受"绿色通道"、告知承诺等便利服务。

（3）在日常监管中，适度增加监督检查频次。

水利监理工程师在执业等过程中，受到水利部停止执业、吊销注册证书等行政处罚或司法机关刑事处罚，或者被相关联合惩戒部门列入"黑名单"、符合实施联合惩戒措施的，在全国水利建设市场监管平台公开有关行政处罚、刑事处罚信息或者当事人被列入"黑名单"的期限内，县级以上人民政府水行政主管部门和有关单位及社会团体可采取以下惩戒措施：

（1）在行政许可、市场准入、招标投标、信用评价、评比表彰、政策试点、项目示范、行业创新等事项中，依法限制作为监理人员申报。

(2) 纳入水利建设市场重点监管对象，提高监督检查频次。
(3) 依法限制取得水利工程建设领域相关执业资格。
(4) 不得参加水利行业各类评优表彰等活动。

水利部在水利监理工程师管理工作中，有下列情形之一的，对负有责任的领导人员和直接责任人员依法依规给予处分；涉嫌犯罪的，移送司法机关依法追究刑事责任：
(1) 对不符合注册条件的申请人办理注册或者超越法定职权办理注册的。
(2) 对符合注册条件的申请人不予注册或者不在法定期限内批准注册的。
(3) 对符合法定条件的申请不予受理的。
(4) 利用职务之便，收取他人财物或者其他好处的。
(5) 不依法履行监督管理职责，或者发现违法行为不予查处的。

第四节 水利工程质量管理

水利工程质量是指在国家和水利水电行业现行的有关法律、法规、技术标准和批准的设计文件及工程合同中，对兴建的水利水电工程的安全、适用、经济、美观等特性的综合要求。

一、工程质量监督管理

（一）监督机构与职责

根据《水利工程质量管理规定》第五十二条，县级以上人民政府水行政主管部门、流域管理机构在管辖范围内负责对水利工程质量的监督管理：①贯彻执行水利工程质量管理的法律、法规、规章和工程建设强制性标准，并组织对贯彻落实情况实施监督检查；②制定水利工程质量管理制度；③组织实施水利工程建设项目的质量监督；④组织、参与水利工程质量事故的调查与处理；⑤建立举报渠道，受理水利工程质量投诉、举报；⑥履行法律法规规定的其他职责。

1. 水利工程质量监督机构

《水利工程质量管理规定》第五十三条规定："县级以上人民政府水行政主管部门可以委托**水利工程质量监督机构**具体承担水利工程建设项目的质量监督工作。县级以上人民政府水行政主管部门、流域管理机构可以采取购买技术服务的方式对水利工程建设项目实施质量监督。"

依据《水利工程质量监督管理规定》，水利工程质量监督机构按**总站、中心站、站**三级设置：

(1) 水利部设置全国水利工程质量监督总站，办事机构设在建设司。水利水电规划设计管理局设置水利工程设计质量监督分站，各流域机构设置流域水利工程质量监督分站作为总站的派出机构。

(2) 各省、自治区、直辖市水利（水电）厅（局），新疆生产建设兵团水利局设置水利工程质量监督中心站。

(3) 各地（市）水利（水电）局设置水利工程质量监督站。各级质量监督机构隶属于同级水行政主管部门，业务上接受上一级质量监督机构的指导。

水利工程质量监督项目站（组），是相应质量监督机构的派出单位。

2. 水利工程质量监督机构职责

(1) 全国水利工程质量监督总站的职责。

1) 贯彻执行国家和水利部有关工程建设质量管理的方针、政策。

2) 制订水利工程质量监督、检测有关规定和办法，并监督实施。

3) 归口管理全国水利工程的质量监督工作，指导各分站、中心站的质量监督工作。

4) 对部直属重点工程组织实施质量监督。参加工程的阶段验收和竣工验收。

5) 监督有争议的重大工程质量事故的处理。

6) 掌握全国水利工程质量动态，组织交流全国水利工程质量监督工作经验，组织培训质量监督人员。开展全国水利工程质量检查活动。

(2) 水利工程设计质量监督分站受总站委托承担的主要任务。

1) 归口管理全国水利工程的设计质量监督工作。

2) 负责设计全面质量管理工作。

3) 掌握全国水利工程的设计质量动态，定期向总站报告设计质量监督情况。

(3) 各流域水利工程质量监督分站的主要职责。

1) 对本流域内下列工程项目实施质量监督：①总站委托监督的部属水利工程；②中央与地方合资项目，监督方式由分站和中心站协商确定；③省（自治区、直辖市）界及国际边界河流上的水利工程。

2) 监督受监督水利工程质量事故的处理。

3) 参加受监督水利工程的阶段验收和竣工验收。

4) 掌握本流域内水利工程质量动态，及时上报质量监督工作中发现的重大问题，开展水利工程质量检查活动，组织交流本流域内的质量监督工作经验。

(4) 各省、自治区、直辖市，新疆生产建设兵团水利工程质量监督中心站的职责。

1) 贯彻执行国家、水利部和省、自治区、直辖市有关工程建设质量管理的方针、政策。

2) 管理辖区内水利工程的质量监督工作；指导本省、自治区、直辖市的市（地）质量监督站工作。

3) 对辖区内除《水利工程质量监督管理规定》第十四条、第十六条规定以外的水利工程实施质量监督；协助配合由部总站和流域分站组织监督的水利工程的质量监督工作。

4) 参加受监督水利工程的阶段验收和竣工验收。

5) 监督受监督水利工程质量事故的处理。

6) 掌握辖区内水利工程质量动态和质量监督工作情况，定期向总站报告，同时抄送流域分站；组织培训质量监督人员，开展水利工程质量检查活动，组织交流质量监督工作经验。

(5) 市（地）水利工程质量监督站的职责，由各中心站根据《水利工程质量监督规定》制订。

3. 质量监督人员

各级质量监督机构的站长一般应由同级水行政主管部门主管工程建设的领导兼任，有条件的可配备相应级别的专职副站长。各级质量监督机构的正副站长由其主管部门任命，并报上一级质量监督机构备案。

各级质量监督机构应配备一定数量的专职质量监督员。质量监督员的数量由同级水行政主管部门根据工作需要和专业配套的原则确定。

水利工程质量监督员必须具备以下条件：

(1) 取得工程师职称，或具有大专以上学历并有5年以上从事水利水电工程设计、施工、监理、咨询或建设管理工作的经历。

(2) 坚持原则，秉公办事，认真执法，责任心强。

(3) 经过培训并通过考核取得"水利工程质量监督员证"。

质量监督机构可聘任符合条件的工程技术人员作为工程项目的兼职质量监督员。为保证质量监督工作的公正性、权威性，凡从事该工程监理、设计、施工、设备制造的人员不得担任该工程的兼职质量监督员。

各质量监督分站、中心站、地（市）站和质量监督员必须经上一级质量监督机构考核、认证，取得合格证书后，方可从事质量监督工作。

（二）工程质量监督

1. 质量监督方式

根据《水利工程质量管理规定》第五十四条，县级以上人民政府水行政主管部门、流域管理机构、受委托的水利工程质量监督机构应当采取抽查等方式，对水利工程建设有关单位质量行为和工程实体质量进行监督检查。有关单位和个人应当支持与配合，不得拒绝或者阻碍质量监督检查人员依法执行职务。

根据《水利工程质量管理规定》第五十五条，县级以上人民政府水行政主管部门、流域管理机构、受委托的水利工程质量监督机构履行监督检查职责时，依法采取下列措施：

(1) 要求被监督检查单位提供有关工程质量等方面的文件和资料。

(2) 进入被监督检查工程现场和其他相关场所进行检查、抽样检测等。

2. 质量监督内容

水利工程质量监督工作主要包括以下内容：

(1) 核查项目法人、勘察、设计、施工、监理、质量检测等单位和人员的资质或者资格。

(2) 检查项目法人、勘察、设计、施工、监理、质量检测、监测等单位履行法律、法规、规章规定的质量责任情况。

(3) 检查工程建设强制性标准执行情况。

(4) 检查工程项目质量检验和验收情况。

(5) 检查原材料、中间产品、设备和工程实体质量情况。

(6) 实施其他质量监督工作。

3. 质量监督权限

根据《水利工程质量管理规定》第五十六条，县级以上人民政府水行政主管部门、流域管理机构、受委托的水利工程质量监督机构履行监督检查职责时，发现有下列行为之一的，责令改正，采取处理措施：

(1) 项目法人质量管理机构和人员设置不满足工程建设需要，质量管理制度不健全，未组织编制工程建设执行技术标准清单，未组织或者委托监理单位组织勘察、设计交底，未按照规定履行设计变更手续，对发现的质量问题未组织整改落实的。

(2) 勘察、设计单位未严格执行勘察、设计文件的校审、会签、批准制度，未按照规定进行勘察、设计交底，未按照规定在施工现场设立设计代表机构或者派驻具有相应技术能力的人员担任设计代表，未按照规定参加工程验收，未按照规定执行设计变更，对发现的质量问题未组织整改落实的。

(3) 施工单位未经项目法人书面同意擅自更换项目经理或者技术负责人，委托不具有相应资质等级的水利工程质量检测单位对检测项目实施检测，单元工程（工序）施工质量未经验收或者验收不通过擅自进行下一单元工程（工序）施工，隐蔽工程未经验收或者验收不通过擅自隐蔽，伪造工程检验或者验收资料，对发现的质量问题未组织整改落实的。

(4) 监理单位未经项目法人书面同意擅自更换总监理工程师或者监理工程师，未对施工单位的施工质量管理体系、施工组织设计、专项施工方案、归档文件等进行审查，伪造监理记录和平行检验资料，对发现的质量问题未组织整改落实的。

(5) 有影响工程质量的其他问题的。

根据《水利工程质量管理规定》第五十七条，项目法人应当将重要隐蔽单元工程及关键部位单元工程、分部工程、单位工程质量验收结论报送承担项目质量监督的水行政主管部门或者流域管理机构。

(三) 质量检测

水利工程质量检测是工程质量监督和质量检查的重要手段。

质量检测单位，必须取得省级以上计量认证合格证书，并经水利工程质量监督机构授权，方可从事水利工程质量检测工作，检测人员必须持证上岗。

质量监督机构根据工作需要，可委托水利工程质量检测单位承担以下主要任务：

(1) 核查受监督工程参建单位的试验室装备、人员资质、试验方法及成果等。

(2) 根据需要对工程质量进行抽样检测，包括水利工程有关部位以及所采用的建筑材料和工程设备，提出检测报告。

(3) 参与工程质量事故分析和研究处理方案。

(4) 质量监督机构委托的其他任务。

质量检测单位所出具的检测鉴定报告必须实事求是，数据准确可靠，并对出具的数据和报告负法律责任。

工程质量检测实行有偿服务，检测费用由委托方支付。收费标准按有关规定确定。在处理工程质量争端时，发生的一切费用由责任方支付。

二、工程质量检测管理

水利工程质量检测（简称质量检测），是指水利工程质量检测单位（以下简称检测单位）依据国家有关法律、法规和标准，对水利工程实体以及用于水利工程的原材料、中间产品、金属结构和机电设备等进行的检查、测量、试验或者度量，并将结果与有关标准、要求进行比较以确定工程质量是否合格所进行的活动。

为加强水利工程质量检测管理，规范水利工程质量检测行为，根据《建设工程质量管

第四节 水利工程质量管理

理条例》《国务院对确需保留的行政审批项目设定行政许可的决定》,《水利工程质量检测管理规定》于 2008 年 11 月 3 日以水利部令第 36 号发布,并于 2009 年 1 月 1 日起施行,从事水利工程质量检测活动以及对水利工程质量检测实施监督管理适用该规定。2018 年 4 月 4 日,水利部发布并实施**《水利工程质量检测单位资质等级标准》**。

(一) 检测单位资质分级

检测单位应当按照本规定取得资质,并在资质等级许可的范围内承担质量检测业务。

1. 资质类别与等级标准

水利工程质量检测单位资质分为岩土工程、混凝土工程、金属结构、机械电气和量测共 5 个类别,每个类别分为甲级、乙级 2 个等级。

《水利工程质量检测单位资质等级标准》规定了所有类别的人员配备、业绩、管理体系和质量保证体系要求和各个类别的检测能力要求。

2. 检测业务范围

取得甲级资质的检测单位可以承担各等级水利工程的质量检测业务。大型水利工程(含一级堤防)主要建筑物以及水利工程质量与安全事故鉴定的质量检测业务,必须由具有甲级资质的检测单位承担。

取得乙级资质的检测单位可以承担除大型水利工程(含一级堤防)主要建筑物以外的其他各等级水利工程的质量检测业务。主要建筑物是指失事以后将造成下游灾害或者严重影响工程功能和效益的建筑物,如堤坝、泄洪建筑物、输水建筑物、电站厂房和泵站等。

3. 申请与审批

检测单位资质原则上采用集中审批方式,受理时间由审批机关提前三个月向社会公告。

检测单位应当向审批机关提交下列申请材料:

(1)《水利工程质量检测单位资质等级申请表》。
(2) 计量认证资质证书和证书附表复印件。
(3) 主要试验检测仪器、设备清单。
(4) 主要负责人、技术负责人的职称证书复印件。
(5) 管理制度及质量控制措施。

具有乙级资质的检测单位申请甲级资质的,还需提交近三年承担质量检测业务的业绩及相关证明材料。

检测单位可以同时申请不同专业类别的资质。

当检测单位发生分立情形时,应当按规定重新申请资质等级。

水利部负责审批检测单位甲级资质;省、自治区、直辖市人民政府水行政主管部门负责审批检测单位乙级资质。

审批机关收到检测单位的申请材料后,应当依法作出是否受理的决定,并向检测单位出具书面凭证;申请材料不齐全或者不符合法定形式的,应当在 5 日内一次告知检测单位需要补正的全部内容。

审批机关在作出批准或者不予批准的决定前,应当组织对申请材料进行评审,必要时可以组织专家进行现场评审,并将评审结果公示,公示时间不少于 7 日。

审批机关应当在法定期限内作出决定。听证、专家评审及公示所需时间不计算在法定期限内,行政机关应当将所需时间书面告知申请人。决定予以批准的,颁发水利工程质量检测单位资质等级证书(以下简称资质等级证书);不予批准的,应当书面通知检测单位并说明理由。

4. 资质证书

资质等级证书有效期为3年。有效期届满,需要延续的,检测单位应当在有效期届满30日前,向原审批机关提出申请。原审批机关应当在有效期届满前作出是否延续的决定。

原审批机关应当重点核查检测单位仪器设备、检测人员、场所的变动情况,检测工作的开展情况以及质量保证体系的执行情况,必要时,可以组织专家进行现场核查。

检测单位变更名称、地址、法定代表人、技术负责人的,应当自发生变更之日起60日内到原审批机关办理资质等级证书变更手续。

任何单位和个人不得涂改、倒卖、出租、出借或者以其他形式非法转让资质等级证书。

(二) 检测工作质量要求

检测单位应当建立健全质量保证体系,采用先进、实用的检测设备和工艺,完善检测手段,提高检测人员的技术水平,确保质量检测工作的科学、准确和公正。

检测单位不得转包质量检测业务;未经委托方同意,不得分包质量检测业务。

检测单位应当按照国家和行业标准开展质量检测活动;没有国家和行业标准的,由检测单位提出方案,经委托方确认后实施。检测单位违反法律、法规和强制性标准,给他人造成损失的,应当依法承担赔偿责任。

质量检测试样的取样应当严格执行国家和行业标准以及有关规定。提供质量检测试样的单位和个人,应当对试样的真实性负责。

检测单位应当按照合同和有关标准及时、准确地向委托方提交质量检测报告并对质量检测报告负责。任何单位和个人不得明示或者暗示检测单位出具虚假质量检测报告,不得篡改或者伪造质量检测报告。

检测单位应当将存在工程安全问题、可能形成质量隐患或者影响工程正常运行的检测结果以及检测过程中发现的项目法人(建设单位)、勘测设计单位、施工单位、监理单位违反法律、法规和强制性标准的情况,及时报告委托方和具有管辖权的水行政主管部门或者流域管理机构。

检测单位应当建立档案管理制度。检测合同、委托单、原始记录、质量检测报告应当按年度统一编号,编号应当连续,不得随意抽撤、涂改。检测单位应当单独建立检测结果不合格项目台账。

检测人员应当按照法律、法规和标准开展质量检测工作,并对质量检测结果负责。

(三) 监督检查

县级以上人民政府水行政主管部门应当加强对检测单位及其质量检测活动的监督检查,主要检查下列内容:

(1) 是否符合资质等级标准。

(2) 是否有涂改、倒卖、出租、出借或者以其他形式非法转让资质等级证书的行为。

第四节 水利工程质量管理

(3) 是否存在转包、违规分包检测业务及租借、挂靠资质等违规行为。
(4) 是否按照有关标准和规定进行检测。
(5) 是否按照规定在质量检测报告上签字盖章，质量检测报告是否真实。
(6) 仪器设备的运行、检定和校准情况。
(7) 法律、法规规定的其他事项。

流域管理机构应当加强对所管辖的水利工程的质量检测活动的监督检查。

县级以上人民政府水行政主管部门和流域管理机构实施监督检查时，有权采取下列措施：
(1) 要求检测单位或者委托方提供相关的文件和资料。
(2) 进入检测单位的工作场地（包括施工现场）进行抽查。
(3) 组织进行比对试验以验证检测单位的检测能力。
(4) 发现有不符合国家有关法律、法规和标准的检测行为时，责令改正。

县级以上人民政府水行政主管部门和流域管理机构在监督检查中，可以根据需要对有关试样和检测资料采取抽样取证的方法；在证据可能灭失或者以后难以取得的情况下，经负责人批准，可以先行登记保存，并在5日内作出处理，在此期间，当事人和其他有关人员不得销毁或者转移试样和检测资料。

（四）法律责任

1. 检测单位

违反《水利工程质量检测管理规定》，未取得相应的资质，擅自承担检测业务的，其检测报告无效，由县级以上人民政府水行政主管部门责令改正，可并处1万元以上3万元以下的罚款。

隐瞒有关情况或者提供虚假材料申请资质的，审批机关不予受理或者不予批准，并给予警告或者通报批评，两年之内不得再次申请资质。

以欺骗、贿赂等不正当手段取得资质等级证书的，由审批机关予以撤销，3年内不得再次申请，可并处1万元以上3万元以下的罚款；构成犯罪的，依法追究刑事责任。

检测单位违反《水利工程质量检测管理规定》，有下列行为之一的，由县级以上人民政府水行政主管部门责令改正，有违法所得的，没收违法所得，可并处1万元以上3万元以下的罚款；构成犯罪的，依法追究刑事责任：
(1) 超出资质等级范围从事检测活动的。
(2) 涂改、倒卖、出租、出借或者以其他形式非法转让资质等级证书的。
(3) 使用不符合条件的检测人员的。
(4) 未按规定上报发现的违法违规行为和检测不合格事项的。
(5) 未按规定在质量检测报告上签字盖章的。
(6) 未按照国家和行业标准进行检测的。
(7) 档案资料管理混乱，造成检测数据无法追溯的。
(8) 转包、违规分包检测业务的。

检测单位伪造检测数据，出具虚假质量检测报告的，由县级以上人民政府水行政主管部门给予警告，并处3万元罚款；给他人造成损失的，依法承担赔偿责任；构成犯罪的，依法追究刑事责任。

2. 委托方

违反《水利工程质量检测管理规定》，委托方有下列行为之一的，由县级以上人民政府水行政主管部门责令改正，可并处1万元以上3万元以下的罚款：

(1) 委托未取得相应资质的检测单位进行检测的。

(2) 明示或暗示检测单位出具虚假检测报告，篡改或伪造检测报告的。

(3) 送检试样弄虚作假的。

3. 检测人员

从事质量检测活动中，检测人员有下列行为之一的，由县级以上人民政府水行政主管部门责令改正，给予警告，可并处1千元以下罚款：

(1) 不如实记录，随意取舍检测数据的。

(2) 弄虚作假、伪造数据的。

(3) 未执行法律、法规和强制性标准的。

4. 管理机构及工作人员

县级以上人民政府水行政主管部门、流域管理机构及其工作人员，有下列行为之一的，由其上级行政机关或者监察机关责令改正；情节严重的，对直接负责的主管人员和其他直接责任人员依法给予行政处分；构成犯罪的，依法追究刑事责任：

(1) 对符合法定条件的申请不予受理或者不在法定期限内批准的。

(2) 对不符合法定条件的申请人签发资质等级证书的。

(3) 利用职务上的便利，收受他人财物或者其他好处的。

(4) 不依法履行监督管理职责，或者发现违法行为不予查处的。

三、水利工程建设监理单位质量责任

水利工程建设管理单位的质量责任在《水利工程质量管理规定》第五章"监理单位的质量责任"中有明确规定。

监理单位应当在其资质等级许可的范围内承担水利工程监理业务，禁止超越资质等级许可的范围或者以其他监理单位的名义承担水利工程监理业务，禁止允许其他单位或者个人以本单位的名义承担水利工程监理业务，不得转让其承担的水利工程监理业务。

监理单位应当依照国家有关法律、法规、规章、技术标准、批准的设计文件和合同，对水利工程质量实施监理。

监理单位应当建立健全质量管理体系，按照工程监理需要和合同约定，在施工现场设置监理机构，配备满足工程建设需要的监理人员，落实质量责任制。现场监理人员应当按照规定持证上岗。总监理工程师和监理工程师一般不得更换；确需更换的，应当经项目法人书面同意，且更换后的人员资格不得低于合同约定的条件。

监理单位应当对施工单位的施工质量管理体系、施工组织设计、专项施工方案、归档文件等进行审查。

监理单位应当按照有关技术标准和合同要求，采取旁站、巡视、平行检验和见证取样检测等形式，复核原材料、中间产品、设备和单元工程（工序）质量。未经监理工程师签字，原材料、中间产品和设备不得在工程上使用或者安装，施工单位不得进行下一单元工

程（工序）的施工。未经总监理工程师签字，项目法人不拨付工程款，不进行竣工验收。平行检验中需要进行检测的项目按照有关规定由具有相应资质等级的水利工程质量检测单位承担。

监理单位不得与被监理工程的施工单位以及原材料、中间产品和设备供应商等单位存在隶属关系或者其他利害关系。监理单位不得与项目法人或者被监理工程的施工单位串通，弄虚作假、降低工程质量。

四、工程质量管理罚则

根据《水利工程质量管理规定》，工程质量管理罚则如下：

县级以上人民政府水行政主管部门、流域管理机构、水利工程质量监督机构的工作人员在水利工程质量监督管理工作中玩忽职守、滥用职权、徇私舞弊，构成犯罪的，依法追究刑事责任；尚不构成犯罪的，依法给予政务处分。

项目法人将工程发包给不具有相应资质等级的勘察、设计、施工单位或者委托给不具有相应资质等级的监理单位的，依照《建设工程质量管理条例》第五十四条规定，由水行政主管部门或者流域管理机构依据职权责令改正，处 50 万元以上 100 万元以下的罚款。

项目法人有下列行为之一的，依照《建设工程质量管理条例》第五十六条规定，由水行政主管部门或者流域管理机构依据职权责令改正，处 20 万元以上 50 万元以下的罚款：

（1）迫使市场主体以低于成本的价格竞标的。

（2）任意压缩合理工期的。

（3）明示或者暗示勘察、设计、施工单位违反工程建设强制性标准，降低工程质量的。

（4）施工图设计文件未经审查或者审查不合格，擅自施工的。

（5）未按照国家规定办理工程质量监督手续的。

（6）明示或者暗示施工单位使用不合格的原材料、中间产品和设备的。

水利工程竣工验收后，项目法人未移交建设项目档案的，依照《建设工程质量管理条例》第五十九条规定，由水行政主管部门或者流域管理机构依据职权责令改正，处 1 万元以上 10 万元以下的罚款。

勘察、设计、施工、监理单位超越本单位资质等级承揽工程的，依照《建设工程质量管理条例》第六十条规定，由水行政主管部门或者流域管理机构依据职权责令停止违法行为，对勘察、设计或者监理单位处合同约定的勘察费、设计费或者监理酬金 1 倍以上 2 倍以下的罚款；对施工单位处工程合同价款 2% 以上 4% 以下的罚款；有违法所得的，予以没收。

勘察、设计、施工、监理单位允许其他单位或者个人以本单位名义承揽工程的，依照《建设工程质量管理条例》第六十一条规定，由水行政主管部门或者流域管理机构依据职权责令改正，没收违法所得，对勘察、设计或者监理单位处合同约定的勘察费、设计费或者监理酬金 1 倍以上 2 倍以下的罚款；对施工单位处工程合同价款 2% 以上 4% 以下的罚款。

承包单位将承包的工程转包或者违法分包的，依照《建设工程质量管理条例》第六十二条规定，由水行政主管部门或者流域管理机构依据职权责令改正，没收违法所得，对勘察、设计单位处合同约定的勘察费、设计费 25%以上 50%以下的罚款；对施工单位处工程合同价款 0.5%以上 1%以下的罚款。

监理单位转让工程监理业务的，依照《建设工程质量管理条例》第六十二条规定，由水行政主管部门或者流域管理机构依据职权责令改正，没收违法所得，处合同约定的监理酬金 25%以上 50%以下的罚款。

勘察、设计单位未依据项目批准文件，相关规划，国家规定的勘察、设计深度要求编制水利工程勘察、设计文件的，依照《建设工程勘察设计管理条例》第四十条规定，由水行政主管部门或者流域管理机构依据职权责令限期改正；逾期不改正的，处 10 万元以上 30 万元以下的罚款；造成损失的，依法承担赔偿责任。

勘察、设计单位有下列行为之一的，依照《建设工程质量管理条例》第六十三条规定，由水行政主管部门或者流域管理机构依据职权责令改正，处 10 万元以上 30 万元以下的罚款；造成损失的，依法承担赔偿责任：

(1) 勘察单位未按照工程建设强制性标准进行勘察的。
(2) 设计单位未根据勘察成果文件进行工程设计的。
(3) 设计单位指定原材料、中间产品和设备的生产厂、供应商的。
(4) 设计单位未按照工程建设强制性标准进行设计的。

施工单位在施工中偷工减料的，使用不合格的原材料、中间产品和设备的，或者有不按照批准的设计文件或者技术标准施工的其他行为的，依照《建设工程质量管理条例》第六十四条规定，由水行政主管部门或者流域管理机构依据职权责令改正，处工程合同价款 2%以上 4%以下的罚款；造成水利工程质量不符合规定的质量标准的，负责返工、修理，并赔偿因此造成的损失。

施工单位未对原材料、中间产品、设备进行检验，或者未对涉及结构安全的试块、试件以及有关材料取样检测的，依照《建设工程质量管理条例》第六十五条规定，由水行政主管部门或者流域管理机构依据职权责令改正，处 10 万元以上 20 万元以下的罚款；造成损失的，依法承担赔偿责任。

施工单位不履行保修义务或者拖延履行保修义务的，依照《建设工程质量管理条例》第六十六条规定，由水行政主管部门或者流域管理机构依据职权责令改正，处 10 万元以上 20 万元以下的罚款，并对在保修期内因质量缺陷造成的损失承担赔偿责任。

监理单位有下列行为之一的，依照《建设工程质量管理条例》第六十七条规定，由水行政主管部门或者流域管理机构依据职权责令改正，处 50 万元以上 100 万元以下的罚款；有违法所得的，予以没收；造成损失的，承担连带赔偿责任：

(1) 与项目法人或者施工单位串通，弄虚作假、降低工程质量的。
(2) 将不合格的水利工程、原材料、中间产品和设备按照合格签字的。

监理单位与被监理工程的施工单位以及原材料、中间产品和设备供应商等单位有隶属关系或者其他利害关系承担该项工程的监理业务的，依照《建设工程质量管理条例》第六十八条规定，由水行政主管部门或者流域管理机构依据职权责令改正，处 5 万元以上 10 万元以下的罚款；有违法所得的，予以没收。

水利工程质量检测单位伪造检测数据，出具虚假质量检测报告的，由水行政主管部门或者流域管理机构依据职权责令改正,给予警告或者通报批评,处 10 万元以下罚款;给他人造成损失的,依法承担赔偿责任。

有关单位违反规定,依法应当责令停业整顿、降低资质等级或者吊销资质证书的,依照《建设工程质量管理条例》第七十五条、《建设工程勘察设计管理条例》第四十二条的规定处罚。

依照《建设工程质量管理条例》给予单位罚款处罚的,对单位直接负责的主管人员和其他直接责任人员处单位罚款数额 5%以上 10%以下的罚款。

违反工程质量管理的行为,《建筑法》《建设工程质量管理条例》《建设工程勘察设计管理条例》等法律、行政法规另有规定的,依照其规定执行。

县级以上人民政府水行政主管部门、流域管理机构应当依照有关规定加强对水利工程建设项目法人、勘察、设计、施工、监理、检测、监测等单位的信用监管,对相关单位的行政处罚、行政处理决定信息,依照有关规定记入其信用记录。

【思考题】

1. 简述水利工程建设管理的概念。
2. 简述水利工程监理范围和法律依据。
3. 简述水利工程建设监理实施程序。
4. 监理机构的工作要求是什么?
5. 详述建设监理单位资质等级及业务范围。
6. 简述监理工程师注册执业制度。
7. 论述水利水电工程质量管理的重要性。
8. 为什么要强调水利水电工程质量检测?

第九章 水事基本法

《宪法》规定了国家根本制度和根本任务，是人们行为基本法律准则。水事基本法处于除《宪法》之外水法规的最高地位，具有政策纲领性和原则性的特点，是制定相关部门规章、条例和地方性法规的法律依据。

第一节 《中华人民共和国水法》

《水法》于1988年1月21日第六届全国人民代表大会常务委员会第二十四次会议通过。2002年8月29日第九届全国人民代表大会常务委员会第二十九次会议修订。根据2009年8月27日第十一届全国人民代表大会常务委员会第十次会议《关于修改部分法律的决定》第一次修正。根据2016年7月2日第十二届全国人民代表大会常务委员会第二十一次会议《关于修改〈中华人民共和国节约能源法〉等六部法律的决定》第二次修正。

一、概述

（一）立法目的

《水法》第一条规定："为了合理开发、利用、节约和保护水资源，防治水害，实现水资源的可持续利用，适应国民经济和社会发展的需要，制定本法。"第二条规定："在中华人民共和国领域内开发、利用、节约、保护、管理水资源，防治水害，适用本法。"

开发、利用水资源与防治水害是《水法》的核心内容，也是《水法》的直接立法目的。《水法》同时强调，国家厉行节约用水，大力推行节约用水措施，发展节水型工业、农业和服务业，建立节水型社会。最终目的是实现水资源的可持续利用，以适应国民经济和社会发展的需要。**水资源的可持续利用**是指：在人类与自然相和谐的前提下，不但提高人们生活质量和环境承载能力、满足一个地区人们的用水需要，而且也不损害别的地区人们满足其需要的发展。要防止追求眼前的发展，造成污染和枯竭而影响长远的发展。

（二）主要内容

《水法》共八章，八十二条，主要包括总则，水资源规划，水资源开发利用，水资源、水域和水工程的保护，水资源配置和节约使用，水事纠纷处理与执法监督检查，法律责任，附则等内容。

二、《水法》解读

面临洪涝灾害、干旱缺水、水污染严重、水土流失等制约我国经济社会发展的四大现实问题，《水法》的颁布施行必将促进我国水资源的可持续利用，保障我国经济社会的可持续发展。

第一节 《中华人民共和国水法》

> 我国人均水资源仅为世界平均水平的1/4，属于水资源贫乏的国家之一。且水资源分布不均衡，洪涝灾害频繁、水环境污染严重，严重制约着国民经济和社会的发展。

《水法》严格贯彻了从工程水利向资源水利，从传统水利向现代水利、可持续发展水利转变的治水新思路；充分借鉴和吸收了国外水管理的先进经验；突出重点，强调针对性、科学性；设定的法律制度和法律责任具有较强的可操作性。《水法》在加强水资源宏观管理和配置方面采取了有效措施，具体如下：

（1）《水法》强调了规划的重要性及其法律地位，强调了应当按照流域、区域统一制定规划，包括流域规划和区域规划。区域规划应当服从流域规划，专业规划应当服从综合规划。规划一经批准，必须严格执行。同时，为加强流域综合规划的实施和监督，还确立了流域综合规划的规划同意书制度。

（2）《水法》确立了水资源论证制度。在进行国民经济和社会发展规划以及城市总体规划的编制、重大建设项目的布局时，应当与当地水资源条件和防洪要求相适应，并进行科学论证。

（3）《水法》确立了水中长期供求规划制度，要求供求规划应当依据水的供求现状、国民经济和社会发展规划、流域规划、区域规划，按照水资源供需协调、综合平衡、保护生态、厉行节约、合理开源的原则制定。

（4）《水法》还确立了流域水量分配方案制度和旱情紧急情况下的水量调度预案制度以及年度水量分配方案和调度计划制度。

（5）《水法》特别重视各种宏观管理制度的监督管理。

《水法》对水资源管理体制作了有效的规定。《水法》强化了水资源的统一管理和流域管理，规定国家对水资源实行流域管理与行政区域管理相结合的管理体制；国务院水行政主管部门负责全国水资源的统一管理和监督工作；国务院水行政主管部门在国家确定的重要江河、湖泊设立的流域管理机构，在所管辖的范围内行使法律、行政法规规定的和国务院水行政主管部门授予的水资源管理和监督职责；县级以上地方人民政府水行政主管部门按照规定的权限，负责本行政区域内水资源的统一管理和监督工作。

面对全球水资源的紧张，《水法》加强了在节约用水和水资源保护方面的管理力度，具体如下：

（1）把发展节水型工业、农业和服务业，建立节水型社会作为发展目标写入总则，实行从"开源与节流并重"到"开源与节流相结合，节流优先，大力建设节水型社会"的战略调整。

（2）根据水资源的宏观管理和配置，在水资源的微观分配和管理上，实行总量控制和定额管理相结合的制度，以及取水许可制度和水资源有偿使用制度。

（3）强化工业、农业、城市生活节水管理，大力推行采用节水先进技术、工艺和设备，逐步淘汰落后的、耗水量高的工艺、产品和设备。

（4）新建、扩建、改建建设项目，应当制定节水措施方案，配套建设节水设施，其节水设施应当与主体工程同时设计、同时施工、同时投产。

(5) 实行计划用水、超定额用水累进加价制度。

在水资源保护方面，除强化水量保护的有关规定外，《水法》特别强调了水质管理，确立了相应的法律制度：确立了江河、湖泊的水功能区划制度；规定国家建立饮用水水源保护区制度；规定在江河、湖泊新建、改建或者扩大排污口，应当经过有管辖权的水行政主管部门或者流域管理机构许可。

《水法》在加强执法监督方面采取了有力措施。单独设立了"水事纠纷处理与执法监督检查"的章节，规定了水行政主管部门和流域管理机构及其水政监督检查人员执法权利和义务；强化了法律责任，对违法行为人应当承担的法律责任、行政处罚的种类和幅度等都作出了明确规定。

此外，国家制定了涉水法律、行政法规，如《防洪法》《水污染防治法》《水土保持法》《城市供水条例》《取水许可证制度实施办法》《中华人民共和国防汛条例》《水库大坝安全管理条例》《河道管理条例》等，这些法律、行政法规的制定对合理开发、利用、保护水资源，防治水害和水污染，保护和改善环境，实现可持续发展都具有十分重要的作用。

三、法律责任

《水法》特别强化打击违法行为，有下列情形者，将承担严格的法律责任，处以罚款或行政处分或刑事责任等，具体查看《水法》的相应法条：

(1) 水行政主管部门或者其他有关部门以及水工程管理单位及其工作人员，职务犯罪。

(2) 在河道管理范围内建设妨碍行洪的建筑物、构筑物，或者从事影响河势稳定、危害河岸堤防安全和其他妨碍河道行洪的活动。

(3) 未经水行政主管部门或者流域管理机构同意，擅自修建水工程，或者建设桥梁，码头，和其他拦河、跨河、临河建筑物、构筑物，铺设跨河管道、电缆，且防洪法未作规定。

(4) 有下列行为之一，且防洪法未作规定：

1) 在江河、湖泊、水库、运河、渠道内弃置、堆放阻碍行洪的物体和种植阻碍行洪的林木及高秆作物。

2) 围湖造地或者未经批准围垦河道。

(5) 在饮用水水源保护区内设置排污口。

(6) 未经批准擅自取水；未依照批准的取水许可规定条件取水。

(7) 建设项目的节水设施没有建成或者没有达到国家规定的要求，擅自投入使用。

(8) 侵占、毁坏水工程及堤防、护岸等有关设施，毁坏防汛、水文监测、水文地质监测设施；在水工程保护范围内，从事影响水工程运行和危害水工程安全的爆破、打井、采石、取土等活动。

(9) 侵占、盗窃或者抢夺防汛物资，防洪排涝、农田水利、水文监测和测量以及其他水工程设备和器材，贪污或者挪用国家救灾、抢险、防汛、移民安置和补偿及其他水利建设款物。

(10) 拒不执行水量分配方案和水量调度预案；拒不服从水量统一调度；拒不执行上

一级人民政府的裁决；在水事纠纷解决前，未经各方达成协议或者上一级人民政府批准，单方面违反本法规定改变水的现状。

第二节 《中华人民共和国长江保护法》

一、概述

我国长江发源于"世界屋脊"——青藏高原的唐古拉山脉各拉丹冬峰西南侧，流经共11个省级行政区，于崇明岛以东注入东海，全长6397km，在世界大河中长度仅次于非洲的尼罗河和南美洲的亚马孙河，居世界第三位。

长江流域是指由长江干流、支流和湖泊形成的集水区域所涉及的青海省、四川省、西藏自治区、云南省、重庆市、湖北省、湖南省、江西省、安徽省、江苏省、上海市，以及甘肃省、陕西省、河南省、贵州省、广西壮族自治区、广东省、浙江省、福建省的相关县级行政区域。

长江干流是指长江源头至长江河口，流经青海省、四川省、西藏自治区、云南省、重庆市、湖北省、湖南省、江西省、安徽省、江苏省、上海市的长江主河段。

长江干流在**宜昌市**以上为上游，长4504km，占长江全长的70.4%，控制流域面积100万km^2。宜昌市至**湖口县**为中游，长955km，流域面积68万km^2。湖口县至**出海口**为下游，长938km，面积12万km^2，加入的主要支流有南岸的青衣江、水阳江水系、太湖水系和北岸的巢湖水系。

长江支流是指直接或者间接流入长江干流的河流，支流可以分为一级支流、二级支流等。

长江重要支流是指流域面积1万km^2以上的支流，其中流域面积8万km^2以上的一级支流包括雅砻江、岷江、嘉陵江、乌江、湘江、沅江、汉江和赣江等。

长江干流、支流和湖泊形成的集水区域所涉及的19个省、直辖市、自治区相关的行政区域，涉及范围广，统筹治理难度大。

（一）立法目的与适用范围

1. 立法目的

《长江保护法》第一条规定："为了加强**长江流域**生态环境保护和修复，促进资源合理高效利用，保障生态安全，实现人与自然和谐共生、中华民族永续发展，制定本法。"第二条规定："在长江流域开展生态环境保护和修复以及长江流域各类生产生活、开发建设活动，应当遵守本法。"

2. 适用范围

《长江保护法》第三条规定："长江流域经济社会发展，应当坚持生态优先、绿色发展，共抓大保护、不搞大开发；长江保护应当坚持统筹协调、科学规划、创新驱动、系统治理。"第四条规定："国家建立长江流域协调机制，统一指导、统筹协调长江保护工作，审议长江保护重大政策、重大规划，协调跨地区跨部门重大事项，督促检查长江保护重要工作的落实情况。"

(二)《长江保护法》内容

《长江保护法》总计九章,共九十六条,主要包括总则、规划与管控、资源保护、水污染防治、生态环境修复、绿色发展、保障与监督、法律责任、附则等内容。

二、《长江保护法》解读

《长江保护法》为长江经济带生态优先、绿色发展立"规矩",推动长江流域走出一条生态优先、绿色发展之路,是党中央、国务院主动适应把握引领经济发展新常态,科学谋划中国经济新棋局,作出的既利当前又惠长远的重大决策部署。

1. 完善长江保护法律体系

《长江保护法》作为我国第一部针对流域保护的特殊法、专门法,从生态系统的整体性和流域的系统性出发,将"生态优先、绿色发展""共抓大保护、不搞大开发"理念和要求贯穿始终,明晰有关各方职责,落实生态环境责任,强化违法处罚力度,为全面推动长江经济带高质量发展提供了坚实的法律保障。特别是《长江保护法》侧重于解决影响长江流域污染防治、生态环境保护修复的难点、痛点和关键问题,提出具有针对性的制度措施,与《水污染防治法》《水法》《中华人民共和国环境保护法》等法律密切衔接、互为补充,形成完整的法律体系。

2. 跨部门协同及其配套制度

《长江保护法》对国务院及其有关部门,包括生态环境、发展改革、自然资源、水行政、交通运输、林草、农业农村等部门,长江流域地方各级人民政府及其有关部门以及流域各级河湖长等的主体职责做了系统安排。此外,《长江保护法》还从规划管控、资源保护、水污染防治、生态环境修复、绿色发展等五个方面制度对有关各方的管理职责进行了合理配置。

3. 多措并举,推动绿色发展

《长江保护法》提出"三线一单"要求,即环境质量"底线"、资源利用"上线"、生态保护"红线"和生态环境准入清单。

(1)底线,即建立健全长江流域水环境质量标准体系,环境质量标准的制定要根据各省市水环境质量改善目标和水污染防治要求,确定重点污染物排放总量控制指标,超标区域应实施更严格的污染物排放总量削减要求,地方标准可以严于国家标准。

(2)上线,即统筹长江水资源保护与利用,优先满足城乡居民生活用水,保障基本生态用水,并统筹农业、工业用水以及航运等的需要。

(3)红线,即科学划定生态保护红线,有序推进水土流失地块自然生态恢复,严格限制红线内的各项开发整治活动。

(4)清单,即各省市制定生态环境分区管控方案和生态环境**准入清单**,要根据自身生态环境和资源利用状况,与国土空间规划相衔接。

4. 构建全流域协调机制

《长江保护法》明确国家构建长江流域协调机制,提出推动生态环境保护修复的财政保障制度、生态保护补偿制度、司法保障制度建设,推动实行长江流域生态环境保护责任制和考核评价制度、监督检查制度、联合执法制度、约谈反馈制度、定期报告制度等。

5. 加大处罚，从严打击违法行为

《长江保护法》统筹运用**行政、民事、刑事**三种责任方式，从重从严处罚违法行为。对于行政部门及有关责任人，既追究单位法人的责任，也追究具体责任人的责任。对于污染企业和个人，在打击违法行为的同时，加强了经济处罚；构成犯罪的，依法追究刑事责任。

《长江保护法》明确了"四个禁止"：
(1) 禁止在长江流域重点生态功能区布局对生态系统有严重影响的产业。
(2) 禁止重污染企业和项目向长江中上游转移。
(3) 禁止在长江干支流岸线1km范围内新建、扩建化工园区和化工项目。
(4) 禁止在长江干流岸线3km范围内和重要支流岸线1km范围内新建、改建、扩建尾矿库；但是以提升安全、生态环境保护水平为目的的改建除外。

第三节 《中华人民共和国黄河保护法》

一、概述

黄河是位于中国北方地区的大河，属世界长河之一，中国第二长河（或称第二大河流）。黄河全长约5464km，其流域面积约752443km^2。黄河发源于青藏高原巴颜喀拉山北麓的约古宗列盆地，自西向东分别流经青海、四川、甘肃、宁夏、内蒙古、山西、陕西、河南及山东9个省（自治区），最后流入渤海。发源地至河口的河段为黄河上游，河口至桃花峪的河段称黄河中游，桃花峪以下的黄河河段为黄河下游。

黄河是中华文明最主要的发源地，中国人称其为"母亲河"。因流经黄土高原，每年都会携带16亿t泥沙，其中有12亿t流入大海，剩下4亿t长年沉积于黄河下游，形成冲积平原，也使下游河床慢慢高出了两岸河堤之外的平原，从而形成了著名的"**地上悬河**"。最危险地段是在河南省开封市北10km处的柳园口，河面宽8km，堤坝高约15m，河床高出市区地平面7~8m，最高处达10m以上。

黄河流域是指黄河干流、支流和湖泊的集水区域，所涉及的青海省、四川省、甘肃省、宁夏回族自治区、内蒙古自治区、山西省、陕西省、河南省、山东省的相关县级行政区域。

黄河干流是指黄河源头至黄河河口，流经青海省、四川省、甘肃省、宁夏回族自治区、内蒙古自治区、山西省、陕西省、河南省、山东省的黄河主河段（含入海流路）。

黄河支流是指直接或者间接流入黄河干流的河流，支流可以分为一级支流、二级支流等。

黄河重要支流是指湟水、洮河、祖厉河、清水河、大黑河、皇甫川、窟野河、无定河、**汾河、渭河、伊洛河、沁河、大汶河**等十三条一级支流。

黄河洪水依据来源可分为Ⅰ型区间大洪水、Ⅱ型区间大洪水、Ⅲ型区间大洪水3种区间类型。Ⅰ**型区间大洪水**是指河口至龙门区间或龙门至三门峡区间来水为主形成的洪水，其特点是洪峰高、洪量和含沙量大，对黄河下游防洪威胁严重；Ⅱ**型区间大洪水**是指以三门峡至花园口区间干流及支流伊洛河、沁河来水为主形成的洪水，具有洪峰高、涨势猛、洪量集中、含沙量小、预见期短等特点，对黄河下游防洪威胁最为严重；Ⅲ型区间大洪水是指龙门至三门峡和三门峡至花园口区间共同来水组成的洪水，此类洪水的特点是洪峰较低，历时长，含沙量较小，对下游防洪有一定威胁。

大汶河洪水主要由暴雨形成，洪峰形瘦、含沙量小，历时2~4天，一旦汇入黄河将影响东平湖（八百里水泊梁山遗存水域）对黄河洪水的分滞洪量，威胁黄河下游济南市安全。

龙山文化泛指黄河下游地区新石器时代晚期的一种文化，因1928年首次发现于山东省章丘龙山镇而得名。山东龙山文化是大汶口文化的延续，距今4500~4000年。龙山文化陶器有黑陶、灰陶、红陶、黄褐陶和白陶等，造型有鼎、碗、罐、甑、鬶、盆等。薄如蛋壳的蛋壳黑陶是龙山文化代表性器物。

黄河滩区是指黄河流域河道管理范围内由于历史原因形成的群众居住、耕种的滩地，具有行洪、滞洪、沉沙功能。

黄河滩区是沉积黄河泥沙、滞蓄大洪水的重要区域，又是百万群众赖以生存的必需场所。黄河滩区就是指黄河下游宽河道河槽两侧的**滩地**，滩区面积约3101km^2，占河道面积的86%。被左右摆动的河槽和生产堤所分割，共形成120多个1.5~8.0km宽窄不等的自然滩。滩地存在着大量串沟、洼地、堤河等自然地貌，以及平行河道的**控导护滩工程**、**生产堤**，还有星罗棋布严重阻水的片林、村庄、避水村台、房台等人工构筑物。

生产堤是沿黄民众为保护耕地、村庄，自修自守的土堤，也称民埝，是黄河二级悬河。

（一）立法目的与适用范围

2022年10月30日，《黄河保护法》于第十三届全国人民代表大会常务委员会第三十七次会议通过，并于2023年4月1日起施行。

《黄河保护法》作为黄河流域的基础性、综合性和统领性的专门法律，能够结合黄河流域的特殊问题制定具有针对性的规定，在生态保护与修复、水资源节约集约利用、水沙调控与防洪安全、污染防治等方面建立黄河流域生态环境保护规范，为黄河流域生态环境保护和高质量发展提供全方位的法律保障。

《黄河保护法》第一条规定："为了加强黄河流域生态环境保护，保障黄河安澜，推进水资源节约集约利用，推动高质量发展，保护传承弘扬黄河文化，实现人与自然和谐共生、中华民族永续发展，制定本法。"第二条规定："黄河流域生态保护和高质量发展各类活动，适用本法；本法未作规定的，适用其他有关法律的规定。"

（二）《黄河保护法》内容

《黄河保护法》总计十一章，共一百二十二条，主要包括总则、规划与管控、生态保护与修复、水资源节约集约利用、水沙调控与防洪安全、污染防治、促进高质量发展、黄河文化保护传承弘扬、保障与监督、法律责任、附则等内容。

二、《黄河保护法》解读

（1）**《黄河保护法》**立法的**总体思路**体现为**"三个坚持"**。

1) **坚持突出重点**，对生态保护与修复、水资源节约集约利用、水沙调控与防洪安全等作出专章规定。

2) **坚持问题导向**，针对黄河水少沙多、水沙关系不协调、生态环境脆弱的现状和特点，对特定区域、特定问题采取特别制度措施。

3) **坚持统筹兼顾**，注重加强与西部大开发、中部崛起等区域协调发展战略的互促共进，平衡好保护与发展、保护与利用的关系。

（2）黄河流域**最大**的矛盾是水资源短缺、**最大的**问题是生态环境脆弱、**最大的**威胁是洪水、**最大的**短板是高质量发展不充分、**最大的**弱项是民生发展不足。为此，《黄河保护法》紧紧抓住**水沙关系**调节这个"牛鼻子"，针对黄河流域各种特殊问题，对特定区域、特定问题规定特别制度措施。

1) 针对黄河流域生态环境脆弱问题，《黄河保护法》主要从加强**生态保护与修复**和**加强污染防治**两个方面，对加强生态环境保护作了规定。

2) 针对黄河流域水资源短缺问题，《黄河保护法》明确，国家在黄河流域**强化农业节水增效、工业节水减排和城镇节水降损**措施，有效实现水资源节约集约利用，推进节水型社会建设；明确黄河流域水资源利用，应当坚持节水优先、统筹兼顾、集约使用、精打细算。

国家在黄河流域实行水资源刚性约束制度，坚持以水定城、以水定地、以水定人、以水定产，优化国土空间开发保护格局，促进人口和城市科学合理布局，构建与水资源承载能力相适应的现代产业体系。

3) 针对洪水威胁问题，国家统筹黄河干支流防洪体系建设，加强流域及流域间防洪体系协同，推进黄河上中下游防汛抗旱、防凌联动，构建科学高效的综合性防洪减灾体系，并适时组织评估，有效提升黄河流域防治洪涝等灾害的能力。

4) 针对黄河流域高质量发展不充分问题，《黄河保护法》规定，黄河流域县级以上地方人民政府应当推动制造业高质量发展和资源型产业转型，因地制宜发展特色优势现代产业和清洁低碳能源，推动产业结构、能源结构、交通运输结构等优化调整。国家鼓励、支持单位和个人参与黄河流域生态保护和高质量发展相关活动。

（3）《黄河保护法》也对传承弘扬黄河文化作出规定。比如，要求编制黄河文化保护传承弘扬规划，推动黄河文化体系建设，组织开展黄河文化和治河历史研究，推动黄河文化创造性转化和创新性发展。

三、法律责任

对下列违反规定的，将处以**罚款**或**行政处分**或**吊销取水许可**或**拆除恢复原状**或**追究刑事责任**。

（1）国务院有关部门、黄河流域县级以上地方人民政府及其有关部门、黄河流域管理机构及其所属管理机构、黄河流域生态环境监督管理机构违反《黄河保护法》规定的。

（2）在黄河干支流岸线一定范围内新建、扩建化工园区和化工项目；在黄河干流岸线和重要支流岸线的管控范围内新建、改建、扩建尾矿库；违反生态环境准入清单规定进行生产建设活动。

(3) 在黄河流域禁止开垦坡度以上陡坡地开垦种植农作物；在黄河流域损坏、擅自占用淤地坝；在黄河流域从事生产建设活动造成水土流失未进行治理，或者治理不符合国家规定的相关标准。

(4) 黄河干流、重要支流水工程未将生态用水调度纳入日常运行调度规程。

(5) 禁渔期内在黄河流域重点水域从事天然渔业资源生产性捕捞；在黄河流域开放水域养殖、投放外来物种或者其他非本地物种种质资源；在三门峡、小浪底、故县、陆浑、河口村水库库区采用网箱、围网或者拦河拉网方式养殖，妨碍水沙调控和防洪。

(6) 未经批准擅自取水，或者未依照批准的取水许可规定条件取水。

(7) 黄河流域以及河南省、山东省黄河供水区相关县级行政区域的用水单位用水水平超过强制性用水定额，未按照规定期限实施节水技术改造。

(8) 黄河流域以及河南省、山东省黄河供水区相关县级行政区域取水量达到取水规模以上的单位未安装在线计量设施、在线计量设施不合格或者运行不正常。

(9) 黄河流域农业灌溉取用深层地下水。

(10) 黄河流域水库管理单位不执行黄河流域管理机构的水沙调度指令。

(11) 在河道、湖泊管理范围内建设妨碍行洪的建筑物、构筑物或者从事影响河势稳定、危害河岸堤防安全和其他妨碍河道行洪的活动；违法利用、占用黄河流域河道、湖泊水域和岸线；建设跨河、穿河、穿堤、临河的工程设施，降低行洪和调蓄能力或者缩小水域面积，未建设等效替代工程或者采取其他功能补救措施；侵占黄河备用入海流路。

(12) 在黄河流域破坏自然资源和生态、污染环境、妨碍防洪安全、破坏历史文化遗产等造成他人损害，以及造成黄河流域生态环境损害。

四、黄河治理标志性变革

纵观历史长河，治理黄河的历史成为中华民族历史的重要篇章，关于黄河的漫漫长诗无处不彰显着中华民族光辉灿烂的史歌。《孟子·滕文公上》曾记载黄河流域"草木畅茂，禽兽繁殖"，关中平原直到中国战国时期依然有着"山林川谷美，天才之利多"的繁茂景象。

中国古代水利工程事业十大名人值得后人铭记，他们是禹、孙叔敖、西门豹、李冰、王景、范仲淹、王安石、郭守敬、潘季驯、李仪址。

黄河的治理历史也是一部数代人探索泥沙治理的历史。典型重大变革演绎波澜壮阔的中华史诗。

第一次重大变革是以**大禹**的疏导策略为标志，改变单纯筑堤堵水的办法，因势利导治理洪水。到战国中期，为了结束黄河长期多股分流、改道频繁的局面，又以疏导为主，特筑堤防，将其两岸堤距宽达50汉里（1汉里相当于现今414 m），使得黄河主流能在堤内游荡，从而使黄河河道蓄洪能力增强，不易发生决口。

第二次重大变革以东汉水利专家**王景**为标志，王景提出"堰流法"，即在堤岸一侧设置溢流堰分泄洪水，保障堤岸安全；系统地修建荥阳至千乘入海口长达千余里的黄河两岸大堤，并将沐渠和黄河分离。王景治河之后，黄河相对安澜近八百年。有"王景治河，千载无恙"之说。

第三次重大变革发生在明朝万历初年，以**潘季驯**为标志，推行"筑堤束水，以水攻沙"的治河理念，创造性修筑两岸缕堤、格堤、月堤、遥堤，使下游河道基本固定下来。以水攻沙是治理泥沙的重大创举，这是实现黄河自治的一种理念，使黄河治理跃上新的台阶。

第四次重大变革是新中国成立后对黄河泥沙的治理，以毛主席发出"要把黄河的事情办好"号召为标志。新一代黄河人采用"兴利除害、综合利用"的治黄方针，"拦、排、调、放、挖"的策略，以及"人工扰沙"和"调水调沙"治理泥沙的途径。黄河流域修建数千座总库容远超黄河年径流总量的水库，以及11万余座淤地坝等拦沙工程，减少流入黄河的泥沙，确保黄河下游伏秋大汛不决口，为我国国民经济发展作出了重要贡献。

第五次重大变革是以党的第十八次代表大会开始，进入**社会主义新时代**为标志。2019年9月18日习近平总书记开宗明义："我们都把黄河称为母亲河，保护黄河是事关中华民族伟大复兴和永续发展的千秋大计。"2021年出台的**《黄河流域生态保护和高质量发展规划纲要》**这一纲领性文件，是制定实施相关规划方案、政策措施和建设相关工程项目的重要依据。2022年**《黄河保护法》**更从法律层面规范黄河生态保护和高质量发展，确保黄河安澜。

党的十八大以来，黄河流域修复生态、沙退绿进；大江大河的生态状况发生了历史性、根本性的变化。

黄河，中华文明的发源地。《山海经·西山经》有"河出昆仑"之说。《汉书·沟洫志》进一步把黄河尊为百川之首。中华民族历经5000多年文明史，黄河流域地区就有3000多年是全国的政治、经济、文化中心。20多个朝代"定都""中原"，包括夏、商、西周（成周洛邑）、东周、西汉（初期）、东汉、曹魏、西晋、北魏、隋、唐（含武周）、五代、北宋和金等。中国八大古都中，西安、洛阳、郑州、开封、安阳五大古都位于黄河流域。诞生在黄河流域的《诗经》《易经》《尚书》《春秋》《礼》以及《论语》《墨子》《孟子》《老子》《庄子》《荀子》等元典，是中华文明的精髓，对后世影响深远。

第四节 《中华人民共和国水污染防治法》

一、概述

《水污染防治法》于1984年5月11日在第六届全国人民代表大会常务委员会第五次会议上通过，于1996年第一次修正，于2008年修订，于2017年第二次修正。

水污染是指水体因某种物质的介入，而导致其化学、物理、生物或者放射性等方面的特性改变，从而影响水的有效利用，危害人体健康或者破坏生态环境，造成水质恶化的现象。

被污染的水也称**污水**。污水中的酸、碱、氧化剂，以及铜、镉、汞、砷等化合物，苯、二氯乙烷、乙二醇等有机毒物，会毒死水生生物，破坏饮用或灌溉水源，威胁人类生命健康。污水中的有机物被微生物分解时，消耗水中的氧，影响水生生物的生存；水中溶解氧耗尽后，有机物进行厌氧分解，产生硫化氢、硫醇等难闻气体，使水质进一步恶化。

水污染物是指直接或者间接向水体排放的，能导致水体污染的物质。

有毒污染物是指那些直接或者间接被生物摄入体内后，可能导致该生物或者其后代发病、行为反常、遗传异变、生理机能失常、机体变形或者死亡的污染物。

污泥是指污水处理过程中产生的半固态或者固态物质。

基于国际、国内水质评价的研究方法，**公众环境研究中心（IPE）**开发了**蔚蓝城市水质指数（BCWQI）**，并据此对60万条水质监测数据进行分析，**首期制作完成了2018年全国城市水质地图**。

其中，**地表水**主要基于全国各级生态环境部门公开的地表水监测断面2018年历次水质监测数据（部分地区缺乏2018年数据，以2017年或更早数据代替），并参考水利部门各断面监测数据；**饮用水源地**主要基于全国各级生态环境部门公开的县级及以上集中式生活饮用水水源地2018年监测数据，结合水源地环境问题整治进度；**地下水**基于全国各级生态环境部门公开的地下水水源地监测数据，水污染防治行动计划列举的地下水现状水质（部分地区未公布现状数据，以2020年目标水质代替），并参考近年来城市地下水研究文献。

其权重比例如下：地表水得分占总分的50%，饮用水源地得分占30%，地下水得分占20%。

（一）立法目的与适用范围

《水污染防治法》第一条规定："为了保护和改善环境，防治水污染，保护水生态，保障饮用水安全，维护公众健康，推进生态文明建设，促进经济社会可持续发展，制定本法。"第二条规定："本法适用于中华人民共和国领域内的江河、湖泊、运河、渠道、水库等地表水体以及地下水体的污染防治。海洋污染防治适用《中华人民共和国海洋环境保护法》。"

（二）《水污染防治法》内容

《水污染防治法》总计八章，共一百零三条，主要包括总则、水污染防治的标准和规划、水污染防治的监督管理、水污染防治措施（一般规定、工业水污染防治、城镇水污染防治、农业和农村水污染防治、船泊水污染防治）、饮用水水源和其他特殊水体保护、水污染事故处置、法律责任、附则等内容。

二、《水污染防治法》解读

（一）法律属性

事关污染防治的法律一般分为环境要素保护法（如《中华人民共和国大气污染防治法》《中华人民共和国土壤污染防治法》《中华人民共和国海洋环境保护法》）和污染源管理法（如《中华人民共和国固体废物污染环境防治法》《中华人民共和国环境噪声污染防治法》《中华人民共和国放射性污染防治法》）两种。《水污染防治法》属于环境要素保护法。

（二）《水污染防治法》重点

水污染防治法的立法目的是保护地表水和地下水，防止水污染物直接或者间接进入水体。

水污染物的主要来源包括工业生产、城镇、农业和农村、船舶。

国家对饮用水水源和其他特殊水体实行**重点法律保护**。

水污染防治制度无一例外都是为了保证实现立法目的，也即保护水环境、防治水体受到污染而设立的。

（三）责任主体

(1) 企业事业单位。
(2) 排放工业废水的企业、工业集聚区。
(3) 城镇污水集中处理设施的运营单位、污泥处理处置单位。
(4) 农药使用者、运输者、存贮者，畜禽养殖者，水产养殖者，农田灌溉者。
(5) 船舶经营者、管理者、使用者、作业者。
(6) 饮用水供水单位。
(7) 自然人。

（四）污染防治与保护

(1) **污染防治**。污染防治包括工业水污染防治、城镇水污染防治、农业和农村水污染防治、船舶水污染防治。

(2) **饮用水水源和其他特殊水体保护**。饮用水水源保护区内，禁止设置排污口。禁止在饮用水水源一级保护区内新建、改建、扩建与供水设施和保护水源无关的建设项目。

(3) **水污染防治规划**。防治水污染应当按流域或者按区域进行统一规划。

(4) **水污染物排放标准和水环境质量标准**。国务院环境保护主管部门根据国家水环境质量标准和国家经济、技术条件，制定国家水污染物排放标准。国务院环境保护主管部门制定国家水环境质量标准。

（五）水污染防治制度

共九项制度，即环境影响评价制度；三同时制度，即同时设计、同时施工、同时投入使用；总量控制制度；排污许可制度；排污口规范制度；自行监测制度；水环境质量监测和水污染排放监测制度；落后工艺和设备淘汰制度；饮用水水源保护区制度。

三大亮点：第一，各级党政主要负责人担任"河长"，负责组织领导相应河湖的管理和保护工作；第二，总量控制制度和排污许可制度；第三，加大对超标超总量、伪造监测数据、私设暗管等逃避监管行为的处罚力度。

水利工程项目环境影响评价可参考《环境影响评价法》的相关条款。

【思考题】

1. 《水法》为何被称为水事活动的基本法？如何解读该法？
2. 《长江保护法》提出的"三线一单"具体内容是什么？

3. 《长江保护法》明确"四个禁止"有何意义?
4. 《黄河保护法》强调"三个坚持"有何意义?
5. 请综合归纳《黄河保护法》的法律责任。
6. 查阅资料论述黄河流域治理五个最大问题。
7. 你认为如何才能实现黄河流域生态保护和高质量发展?
8. 简述《水污染防治法》确定的责任主体。
9. 水污染防治制度有哪些?

参 考 文 献

[1] 中华人民共和国水利部.2022中国水利发展报告［M］.北京：中国水利水电出版社，2022.
[2] 中国气象局.神奇的400毫米降水线［M］.4版.北京：中国气象报社，2018.
[3] 林冬妹.水利法律法规教程［M］.2版.北京：中国水利水电出版社，2021.
[4] 王立久，曹明莉，艾红梅，等.建设法规［M］.3版.北京：高等教育出版社，2023.
[5] 沈大军.论流域管理［J］.自然资源学报，2009，24（10）：1718-1723.
[6] 何艳梅.我国流域水管理法律体制的演变与发展［J］.水利经济，2020，38（6）：25-30.
[7] 刘建平.解读《水利工程施工监理规范》（SL 288—2014）［J］.河南水利与南水北调，2016（12）：98-99.
[8] 法律出版社法规中心.中华人民共和国工程建设法律法规全书［M］.北京：法律出版社，2022.

编 后 语

《水利水电工程建设法规》终于要出版了,"卒章显其志",能为我国水治理及水利工程建设贡献一份力量,我由衷感到高兴;能为孜孜不倦的大学生们提供一部水事法规教材,我深感欣慰。这部教材是我讲授建设法规多年教学经历的总结和完美升华,也是释义习近平总书记水治理方针的一部教学力作。习近平总书记针对我国水治理中的重大理论和现实问题,提出"**节水优先、空间均衡、系统治理、两手发力**"治水思路,为我国做好水利工作提供了科学指南和根本遵循。其中"两手发力"的那只"看不见的手"就是指遵循水法规的市场,水法规助力水市场,让政府和市场"两只手"相辅相成、相得益彰。

水事法规所涉及的水环境、水生态、水资源、水工程、水安全、水文化的"六水统筹",就是"系统治理"的水治理基本思想。水环境是**目标**。水资源是水环境、水生态的基本**依托**,是水治理的**关键**,是"牛鼻子"。水安全是**底线**,关系到人民生命财产安全、粮食安全、经济安全、社会安全、国家安全。水工程是**纽带**,是实现生态保护和高质量发展之枢纽。水文化是中华民族之**根脉**,水事法规与水文化一脉相承,弘扬好水文化,延续历史文脉是我们义不容辞的责任。

纲举目张,《中华人民共和国水法》是水事活动基本法,以水事**基本建设程序**展开认识水事法规至关重要。从水系入手认识水资源及其法律法规,进而认识水利工程各环节法律法规是本教材的基本构架。这使本教材具有鲜明的逻辑性、系统性和实用性。

皮之不存,毛将焉附。结合水利水电工程专业讲授建设法规是本教材又一特色,更有利于读者有的放矢地学习。书中对涉及的一些专业概念或名词特地加了注释。关于水事法规与中华民族水文化,书中特别给出了相关注解,水事法规教学也是水文化"思政"教育。

为了完成这本教材,我在收集资料、整理编写思路以及构思全书架构等方面可谓竭尽全力,并参照了现行有效的水事法规。本书与目前市售教材编排方式截然不同,可谓独树一帜,令人耳目一新。

教材也称"课本",是系统反映学科内容的教学用书,通常以逻辑式组织,就是按照专业有关知识的内在逻辑顺序组织编写;兼顾心理式组织编写,就是要以学生为本位,注重学生的兴趣、需要和能力,强调以学生毕业后实际需要为出发点,逐步扩大教材的内容范围,同时弘扬水文化,牢固中华民族根脉,调动学生的好奇心,使学生愿学、乐学,而不失知识体系的完整性。

本教材力求系统、专业、完整,但愿能对水事法规事业有所贡献,对研读过本教材者有所补益,对实际从事水事活动者有所帮助。

致此,谨以此书献给我尊敬的恩师,大连理工大学原党委书记、校长,教育家金同稷教授。先生经师人师,循循善诱,令我终身受益。

王立久

2024 年 12 月